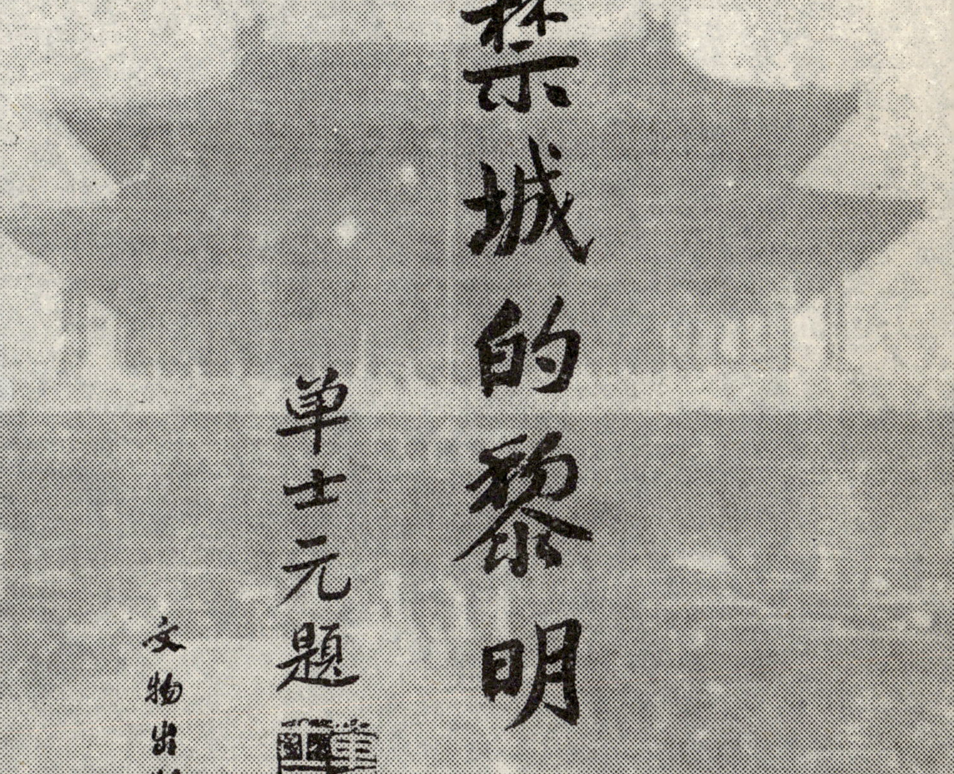

# 紫禁城的黎明

十洲 著

單士元題

文物出版社

# 目　录

# 序

当今博物馆学者吴十洲先生热心研究祖国北京故宫博物院之诞生及其八十年来成长之历程，以孳孳不倦治学精神，数年辛勤广罗史料分析，又采访耆老燕谈，加以参考印证，可称文献足征。益以史学卓识之长，纂成二十万言《紫禁城的黎明》大作，使人敬佩无量。不佞厕身博物院工作，已近七十年，闻见之事虽有万千，能述其原委者则百无一二。十洲先生嘱余写数语为介，自思樗栎之材，何敢序于大作之端，若赘言于末，亦非衰朽无知之叟可能相称。如方雅命，又感不恭，乃强记所知，拉杂覆陈，皆属老生常谈之言，用以塞责而已。

查紫禁城张博物院之匾额，虽始于 1925 年 10 月，而其权舆则在 1914 年。当 1911 年孙中山先生领导辛亥革命成功，肇建民国，中山先生在南京就任临时大总统，时为 1912 年元月 1 日。2 月 12 日清帝宣布退位，掌握军政大权的清室总理大臣袁世凯，电临时政府，宣布政见绝对赞同共和主义。2 月 13 日孙中山先生提出辞职书于参议院，并荐袁世凯自代。2 月 15 日参议院开临时大总统选举会，到会者十七省代表，袁世凯得十七票当选。此后袁世凯制造北京兵变，不去南京就职，3 月 6 日允其在北京受职。4 月 1 日，孙中山先生莅参议院行解职礼。届时袁世凯在北京行使临时大总统职权。根据中山先生在南京议定的对清室优待条件，清室交出政权，溥仪暂居宫禁，日后移居颐和园。象征政权的外朝金銮殿，乃由民国管理。这时袁世凯政府内务总长朱启钤氏，是一位热爱祖国传统文化者，目睹辛亥革命后，沈阳故宫、热河避暑山庄所藏历代文物，监守自盗者有之，惧文物散佚，在民国三年（1914 年）乃倡议将两处陈设和库藏运至北京，在故宫武英殿、文华殿成立古物陈列所，从两处运京文物廿多万件，这是紫禁城皇宫成为博物院的开始。第二年袁世凯改民国为王朝体制，自称皇帝，年号洪宪，并有将太和殿更名承运、中和殿更名体元、保和殿更名太极之议。事未果行，只是将旧匾额满字取下，溥仪所居内廷未动，现仍保存满汉合璧之匾额，还拟以红色为新朝所尚之色，制作出嘉禾图案宝座、服饰等。行将举开国大典之时，参与推翻清室的爱国将军蔡锷在云南起兵反袁，全国响应。袁世凯尚未及在皇宫登基，帝制梦只有八十三天而夭折，袁世凯抑郁而死。当时未用上的洪宪服饰等物，仍留在紫禁城中，其后古物陈列所曾经作为展品，可惜这历史短暂的遗物，早已作为废品处理，或许当有遗存，余非典守者，已不能道其详矣。

袁世凯帝制未成，却引起仍在紫禁城居住的溥仪复辟之念。忠于清室的大经学家康有为和掌握兵权的武人张勋等人，在民国六年（1917 年）拥溥仪复辟。一时北京城龙旗飘扬，并任命大批官员。康有为任为弼德院副院长，院址暂在坤宁门之左，其匾额在 1925 年犹存。在复辟之际，掌兵权者段祺瑞与张勋有隙，在天津马厂誓师反对。复辟之梦十三天即烟消云散。当段祺瑞军队围困北京城时，康有为避居租界美森院，曾赋诗曰：“高木鸣蝉午苦暑，围城炮声密如雨。步廊搔首莫问天，下帷且校《春秋》注。”一代经学大师，在失望之际，只得校《春秋》以解愁。这次溥仪复辟是背叛民国罪，当时民国政府大官，大都为清室遗老，将责任推到张勋身上了事。溥仪仍平安地居住在紫禁城内，但再复辟之念未释于怀，忠于清室的遗老之流，亦怂恿其间，国内由康有为游说各省督军，金梁遴选人才，英国人庄士敦进入紫禁城为溥仪英文教师，实际非请来的“家馆先生”，而是参与溥仪复辟阴谋，带有国际性变更中国国体之外忏。虽然是秘密进行，但风声早已外露。

1924年11月，冯玉祥将军在推翻贿选总统曹锟之后，由其将领鹿钟麟、警察厅总监张璧、追随孙中山先生进行民主革命的北京大学教授李石曾，劝请溥仪迁出紫禁城，目的是以断其用紫禁城为再复辟之根据地。报纸轰传称之为“逼宫”，其实质是完成辛亥革命未竟之业。此举可载入史册矣。

溥仪出宫后，由当时政府组织清室善后委员会清点宫中物品分清公私。属于公者为历代历史文物以备成立博物馆的展品，也是大公无私之事；属于私者为溥仪生活衣物钱财包括金银锭等，均由溥仪带去。又制定严密点查规章以取信于国人。清室善后委员会刚刚进入点查工作，这时北京政府政局变更，段祺瑞以执政名义掌握政权，怀念故主，由执政府秘书厅发布命令制止点查清宫物品。此令既下，点查物品事遭到挫折。在溥仪第一次举行复辟时，段祺瑞在天津马厂誓师，表示反对，为人民所赞赏。有人举一联曰：“蔡松坡滇池起义，段合肥马厂誓师。”前一句是指蔡锷反袁世凯称帝，下一句是指段祺瑞反溥仪复辟。通过这次制止点查，有请溥仪二进宫之意。由此可知，蔡锷反袁称帝，维护民国是真，段祺瑞反溥仪复辟是假。并借“三·一八”惨案指控缔造故宫博物院元勋李石曾教授是学生游行幕后制造者，致使李教授出京避祸。1924年年底孙中山先生北上到京，清室曾向中山先生声诉，要求政府履行优待条件。中山先生秘书处答复曰优待条件早已为清室自己废弃，清室亦无再请民国政府履行优待条件之理。清室亦无言以解。段祺瑞执政时间不长，军阀张作霖以大元帅名义在北京行国家元首之权，清室善后委员会又遭摧残。一位爱护博物院的社会名流江瀚叔海先生，愤而不接受聘为大学长之职。随之不久直鲁联军又进北京，干涉紫禁城事，更为粗鲁，将当时主持院务的陈垣教授逮捕。同时又将公正廉明的博物院监察员庄蕴宽先生软禁。博物院之厄运，在诞生两三年中频至。政局不定，国家之政权都在北洋军阀手中，故宫事业只是勉强维持。

1927年北代成功，1928年国民政府正式任命易培基为院长。易氏到院之后，百废俱兴，院事出现光明。到1931年日本军国主义发动"九·一八"事变，侵略我国东北领土，故宫博物院在1933年将部分文物南迁，社会沸腾，出现易氏盗宝案。事属突然，院中群众既无所见，亦无所闻，易培基因此受抑含冤而死。院事遭到极大挫折。公正的国民党元老吴稚晖在易培基含冤逝世时写一挽联曰："最毒悍妇心，沉冤纵雪公为死；误交卖友客，闲官相攘谋竞深。"道出当时国民党一位号称元老夫妇二人，制造陷阱，致易氏于死地。新中国成立后，全国政协根据真实史料，印成《故宫盗宝案真相》，与吴稚晖所作挽联均系实录。1937年日本又发动卢沟桥事变，大举侵略我国。故宫一部分人员随文物流离西南各省，北京一部分人以留守之责，留在北京，故宫则大门一度紧闭。当时日人亦未进入故宫抢劫。其时日人气焰方张，何以如此？揆其意图在灭亡我国，北京故宫文物，已视为日本掠夺中国文物收藏之外府，而忙于军事侵略，不急于夺宝。在日本末路将临之前，北京成立了伪华北政务委员会，曾派人接管故宫博物院，亦无日人参与。后知其原因，是避居上海、天津一部分爱国人士知有伪满洲国之近属，阴谋接管故宫博物院，乃请当时伪政务委员会派人接管，可避日人进入。抗战胜利，由南京政府派人接收，文物无损，只是在日本投降之前的1944年，掠走无款识的破铜缸数十。在八年日人占据中，故宫应算是幸事。方期在胜利后开展博物院事，又在三年解放战争之役中，博物院工作亦不能顺利前进。到1949年全国解放，新中国成立，故宫博物院喜庆新生。紫禁城黎明之后，经历数十年，坎坷道路，随新中国，始得见旭日东升，光辉普照。博物院各类文物事业，在保管、陈列、研究、鉴定等专业人才辈出的时代里，与旧日相比，可称青出于蓝，令人欣喜。使人有患不足虞者，近年在维修紫禁城历史建筑，老一辈哲匠大都逝世，娴熟传统工艺者后继乏人。继业箕裘之人材，今日亟宜谋之。用借《紫禁城的黎明》出版之机，以告贤者。

单士元

1992年春

# 引　言

按照中国传统的干支纪年方法，在距今一个甲子前的辛未年，一位曾经给中国的末代皇帝做过师傅的英国绅士返回自己的祖国，在那里完成了在中国皇宫里亲历的回忆录。这位英国绅士的中文名字叫庄士敦。

作为辛亥革命以后进入小朝廷，并在紫禁城生活过的惟一外国人，庄士敦有幸接触到“真龙天子”的个性与帝后生活，因此这本著作无疑具有十分特殊的价值。末代皇帝溥仪亲自作序，称之“仓皇颠沛之际，唯庄士敦知之最详，今乃能秉笔记其所历，多他人所不及知者。嗟夫！丧乱之余，得此目击身经之实录，信乎其可贵也。庄士敦雄文高行，为中国儒者所不及。此书既出，予知其为当世所重必矣。”[①]

这本书正是早为世人所知的《紫禁城的黄昏》。遗憾的是，这本书自 1934 年在伦敦出版之后，在很长的时期里，中国人只是间接地听到过这本书，直至近年，人们才接触到这部记述了中国末

① “序文”落款日期为辛未九月，庄士敦的注释是：辛未 1931 年。此序为皇上在天津时所写，由其仆从、著名诗人、政治家和书法家郑孝胥誊录。1989 年 3 月由求实出版社出版发行的《紫禁城的黄昏》中译本，该序文的影印件的脚注写道：1934 年《紫禁城的黄昏》出版之际，爱新觉罗·溥仪亲笔题写的序文，疑为笔误。

代皇宫轶事的图书的中译本。这本书的发行以及在广大读者中所引起的强烈兴趣的事实，足以证明，在长达六十年后的今天，它的出版对于中国与中国人来讲仍然具有隽永的意义。

庄士敦在他的这本长篇回忆录中，为读者反复地描绘了一个凄楚不堪的黄昏。他写道：

> 随着退位诏书的颁布，清王朝的太阳落山了。黑暗的风暴给这块曾经被十个皇帝先后统治了近三百年（并不都是无效愚昧的统治）的土地，罩上了一层沉沉的夜色。但是，阳光似乎依旧眷恋着紫禁城的层楼殿宅。日落之处，我们看到的将是一片长久不逝的黄昏。①

这一“黄昏”的内涵可以被认为是，辛亥革命在中国建立了一个共和制国家，1912 年初，清廷（不如说是袁世凯）与革命党人之间的一个妥协的产物——被剥夺了政治权力的皇帝，仍保留着皇帝的身份和尊号，继续把持紫禁城，占据着“龙位”。它可以说是大清朝的黄昏，是帝制的黄昏。而这位来自世界资产阶级革命发源地的英国人却按捺不住对紫禁城尊严的敬慕，与对“黄昏”时分的无限眷恋。

庄士敦是 1919 年春天进入紫禁城，担任末代皇帝溥仪的英文教师的。他这样描述了第一次进入紫禁城时的情景：

> 1919 年 3 月 3 日，我第一次进入紫禁城。庄严肃穆的神武门，将我引进了一个空间与时间上与外界迥然不同的世界。通过这道城门，使我不仅从共和制回到了君主制，而且从 20 世纪的中国倒退回了其历史可追溯到罗马帝国之前的古老中国。在这座门洞之外，坐落着 100 万

① ［英］庄士敦：《紫禁城的黄昏》中译本，求实出版社 1989 年版，第 63 页。

人口的城市，这座生机勃勃的城市正满怀着新的希望与理想。或许万幸的是，其中许多的理想和希望，从未成为现实。这个城市正在努力追赶着时代的步伐，力图使自己无愧于伟大民主的首都地位。这个城市的大学中，聚集着渴望变革的学生，他们正怀着不顾一切的急切态度，将现代科学和哲学，与世界语和卡尔·马克思的著作一起，用来夺取过去被儒家传统和腐朽圣贤们占据的领域。这个城市的内阁部长们，在总统茶会上身着晨礼服和大礼帽露面。这个城市有一个尚未产生自己的庇特与格莱斯顿，却已装备了活动墨水瓶的议会，而且希望有朝一日能够拥有一位通过正式选举产生的议长，而这样一位议长过去从未存在。

在这同一门洞以内，可以看到四人大轿抬着像貌堂皇的官员，他们头戴镶有红宝石和珊瑚珠以及孔雀花翎的朝冠，身着前绣白鹤金雉的绸缎罩袍。高级的宫廷官员身着貂皮褂，上面带有一簇簇取自貂颈的雪白皮毛，这表明穿着者曾经受到君主的恩宠。年轻的贵族和宫廷内侍骑在马上，他们宽松的绣花礼服遮掩着鞍座与马蹬。宦官们依其等级，身着不同服饰，恭敬地侍立于一旁。穿长袍的苏拉侍候着，随时准备帮助显贵们从四抬大轿中出来，或者跨下马背，然后把他们引导到等候室中，在那里他们将按照相应的礼仪得到必不可少的一杯茶。内务府的官员审查被接见者的名单。最后，从养心殿内侧的房间，出现了一个13岁的男孩，身材削瘦，仪态文雅，衣着整肃，这就是世界上最古老的帝位的最后一位占据者，天子“万岁爷”。位于紫禁城深处的这些宫殿，与中国的共和世界在空间上相距不啻万里之遥，断非数百步之隔；在时间上相距无异千年之久，决非共处同一时代。[①]

这便是民国时代的北京城里的“国中之国”的怪现象。“在紫禁城之外，1919年是民国八年。但是对于所有能够有权通过神武门的人来说，这一年应是宣统十一年。”[②]

庄士敦是《清室优待条件》的忠实维护者。他曾引用另一位西方人士的话，表达了他在紫禁城黄昏到来之前的洞察与忧虑，在他们眼里紫禁城里的末代皇帝就像一条飘零的丝质索带：

在这些骚动混乱日子里，共和中国慎重地把金黄色的丝质索带保留下来，以便将她的过去与现在捆绑在一起。也许在日后某黑暗时期里，这条索带将突然地，无可挽回地被磨破乃至撕裂。[③]

1924年11月5日，冯玉祥终于动用武力驱逐溥仪出宫，废止了《清室优待条件》，这使庄士敦感到无比的困惑与悲戚。为此庄士敦“心里又焦急又沮丧。一方面，那个百无一用，开销巨大，腐败得不可救药的内务府被推翻了，终于垮台了，算是寿终正寝了。没有人比我更急切地希望看到这样的结果。宫廷制度混乱不堪，皇帝从这种纠缠中最后出来，并不是一件可悲的事。如果这些令人高兴的事出自皇帝自己的意愿，以我一直计划和为之努力的方式而发生的，我应该感到宽慰和振奋。不幸的是，这种感觉被深深的遗憾和某种预感淹没了。事件进行的方式是有损中国和中国政

① ［英］庄士敦：《紫禁城的黄昏》，第146～147页。

② 同上，第147页。

③ 珀西瓦尔·兰登在1924年2月6日于《每日电讯》上的文章。摘自《紫禁城的黄昏》第156页。

府的信誉的，甚至也有损于那些无需承担责任的士兵，和那些盗用了政府职能的政客的信誉。我知道，这种做法会引起大批中国人的强烈不满，他们仍然忠于旧秩序，对皇位仍然尊重和敬畏，平时又无法表达自己的意见。”①

他又说：“我早有预料的事不幸地发生了。宫廷制度、皇帝头衔及其所属特权的废除，无论如何，不是宽宏而高尚的年轻君主的自愿行为，而是通过蛮横地使用武力实现的。使用武力的人不知道，并且也许永远不会相信，皇帝自己也急切的希望放弃这些特权。”②

为了付给他束脩的皇帝，也为了隐藏在心灵深处的个人恩怨，庄士敦曾不遗余力地反对发生在1924年11月5日的事件。我们已经看到庄士敦不仅对中国政府与执行这一使命的国民军进行诋毁，而且把更强烈的仇恨集中到“基督将军”冯玉祥的身上，为此他不惜对冯玉祥进行更加恶毒的人身攻击。他写道：

> 皇帝和皇后的所有结婚礼品都被1924年11月成为北京主人的士兵们和政客们攫取了，尽管民国政府曾庄严保证，皇室的私有财产不得触动。紫禁城中珍藏的财宝也被没收，其借口是均为“国家财产”。似乎，这块土地上的皇帝和他的祖先们不能以个人的资格收集艺术品。无论对于这一没收进行怎样的辩护，也不能说皇帝退位后别人慷慨送予他的结婚礼物也是合法的中国国家财产，如果以此为理由剥夺这些财产，就不能不令人耻笑了。……也许，唯一例外就是送了大喜白玉如意的那

---

① ［英］庄士敦：《紫禁城的黄昏》，第313页。

② 同上，第314页。

位“基督将军”。因为，当他以武力使自己成为紫禁城的主人时，他毫不费力地拿起了自己送的结婚礼品，把它还给了他曾经将它送给的那个人。①

关于动用国家机器进行的皇室“个人收藏”合法与否，我们将在这本书的以后的章节里予以论述；关于冯玉祥是否假革命之名，将自己变成了紫禁城的主人，又是否盗走了紫禁城内的财物等问题，也会在后来章节的陈述中真相大白。这里要提供读者的另一件史实是，与上述描写的对紫禁城的“侵犯”似乎相似，又尤甚了许多的侵扰皇宫事件，但侵扰者不是中国的士兵，而是来自所谓“文明世界”的武装人员。对此庄士敦当然也不会陌生。因为这一震惊世界的大事件发生在庄士敦来华的第三年，即1900年。②

1900年6月20日凌晨5时，年已67岁的慈禧皇太后在周围簇拥的人们的反复怂恿下，终于正式下诏向各国宣战了。此后的一天，德国公使克林德男爵前往总理衙门磋商离京事宜，途中被一名八旗兵开枪打死。射击者称是奉端王载漪之命：“凡遇外人杀之，可以求赏。”下午4时，遵照圣旨，中国军队向各国驻京使馆开火。这场由执掌大清帝国命运的最高统治集团与义和团神术相结合的针对洋人的战争，就这样开始了。

当时，在西方帝国主义的百般欺凌下，从皇太后到一般老百姓，都在虔诚地相信：焚香念咒，可以刀枪不入，可以使洋人的枪炮不响，可以使教堂立即起火，以及“红绳拽楼”、“空中掷火”、“天神下凡”等神话。然而，人们幻想中的胜利的“奇迹”，

① ［英］庄士敦：《紫禁城的黄昏》，第253～254页。
② 庄士敦是1898年来华的，曾在香港、威海卫任要职。

被八国联军的洋枪洋炮冷酷地打碎了。成千上万的义和团勇士们倒在血泊之中，这一年的8月14日，八国联军攻入北京，进入北京各使馆。第二天，慈禧太后从北京逃往西安。帝国主义者们对中华民族“从容”地进行了一场空前野蛮的劫掠。对于中国人来讲，这是一幕令人不堪回首的古老民族的近代悲剧！

在北京城内，侵略者各国的军队实行分区占领。表面上他们相约对紫禁城不实行占领，事实上，各国的军官们和士兵们都在利用各种机会进入紫禁城劫掠那里的财宝。当时在北京就出现了交易这些不义之财的“市场”。据日本人植松良三的记载：“至夺来之物，金银、珠玉自不必言；此外书画、骨董、衣服，以及马匹、车辆等值钱之物无论兵卒，平人，所获之数均属不少。军人因不便悉持去，虽是金银、珠玉，亦以贱值转售，以故操奇之人颇多。余见某国人购得三分大之珊瑚珠百余颗，仅一弗银耳（按：一弗，即墨西哥银一元）。”[①]

法兰西人贝野罗蒂作为随军文官，乘罗督大卜战舰，和“法兰西整千整万的兵一起”，跨越地中海，于1900年9月下旬侵入中国黄海海岸，随后他亲历了一场对中国皇宫进行的空前掠夺。后来，他撰写了《在帝都——八国联军罪行纪实》[②]一书，记载了八国联军在占领北京后的一系列暴行。书中写道：“西方蛮人”占据了这个地方，“成了北京之主人翁”。八国联军的占领使“中国神秘之中心，真正的天子窠穴，宏伟的堡垒——紫禁城已成了坟墓，壕沟中堆积着尸体。”“三重城的宫殿，给人侵犯到最秘密处”，他

---

① ［日］植松良三：《北京战后记》，摘自《西巡回銮始末记》第3卷。

② ［法］贝野罗蒂著，李金发译：《在帝都——八国联军罪行纪实》，人民日报出版社1990年版。

们抢夺紫禁城的财物，并将这里的珍宝据为己有。当时，基督的教堂成了窝脏的据点。“教堂中的储蓄来自伟大（的），是最充实之阿里巴巴之地窖，全是从紫禁城搬来的。”“皇帝的厚丝之袍，绣着金龙的，现在委弃在地下各种杂物之中。人们在上面走，在象牙，玻璃，刺绣，珍珠上面走。”

第二年初，征服者们还用他们的方式“开放”了紫禁城。驻守皇宫的美日两国军方头目还订立了“驻京美日两国提督议定游览紫禁城章程”，兹录如下：

[一] 此章程自西历十九日，即中历元旦日为始，照行。

[二]此章程因方便文武官员及各国士商入紫禁城而设，以免有屡报宫中之物为游客所携失之事。此系美日两国提督会议，开定下列各条：

(一) 凡文武官员，及各国士商，应持有联军各军管带之信函，准于每礼拜二、礼拜五等日，自午前十点钟，至午后二点钟止入内，二点钟以后，应请各位退出。

(二) 按前条所开之管带官之信函，应请于前两日预投，或致美提督，或致日提督。函中声明系某官居长，及应偕行人数。美日提督自当互相知会。

(三) 游者应由南门入，由北门出。其余各门均不能擅开。(按第八条所开各位，不在此例)

(四) 凡大内悬有免入等牌之门户，均请免入。

(五) 当开明各日期时辰内，应有派出值日美日武官照料。

(六) 大内所用华仆，除奉有美长官或日长官之准状外，不准带物件外出。

（七）所有华人出宫禁者，应由把门美兵日兵认真搜检。尚查有违章之物在身上，应由把门兵丁扣留，具报长官，以便申报提督核办。

（八）如瓦统帅，及联军各官长提督，及其偕来之友，不论何日，在上午十点钟至午后二点钟之间，紫禁城之南门可以启开延入。或有人持瓦大帅及联军各官长提督之名片投交守门武官，亦可放行。[1]

据以上文件，起码可以得出以下两个方面的结论：

首先，证实了紫禁城曾有过那么一次异样的“开放”的史实，开放时间启于八国联军占领北京后的某一天，即庚子年七月二十日（1900年8月14日），止于《辛丑条约》的签定。如果按照这一条约，八国联军应于1901年9月17日前一律撤出北京，即在此之前的某一天。开放的地点就是紫禁城，一个在伦理上拥有数以万万计的忠孝灵魂的中国皇帝的居所。开放的性质是游览，并对游览地实施法令保护，这在古老的中国无疑是前所未有的。

其次，是这份议定于辛丑年元旦的“章程”本身的意义。这一规则对游览手续、游览区域、游览时间等都做了较为明确的限制。无疑这一“章程”带有极大的殖民性，在很大程度上辱没了中国人民，其中享有最大特权者只是以德军统帅瓦德西伯爵为首的少数列强上层军界人员。同时，我们也能看到外国占领军与中国皇族之间的妥协，具体反映在“章程”的第四条款中。据传，清朝官员世续此间留守北京，照管宫廷事务，曾在宫中宴请联军头目，请求保护宫廷、坛庙。“章程”中并未明文规定华人不得入内，但第六、第七条款对华人出入宫禁（尤其是出宫）有非常苛刻的

① 载《西巡回銮始末记》第4卷，《庚子国变记》，第235～236页。

规定。目前，我们还不能看到一份有中国人在此期间游览紫禁城的记载。对于这样一次不平等的事件，中国人是有权利表示愤慨的。当时的皇室亦不例外。据德龄女士的记述，慈禧曾回忆说："在光绪二十八年（1902 年）初，我们回到北京，当我看到宫中这一番景况，又是一番伤心，一切都变了！许多名贵的器皿不是被偷了便是毁了。西苑（中南海）里的宝物完全一扫而空。我那天天礼拜的白玉观音也不知被谁砍断了手指。有的外国人还坐在我的宝座上照了相。"①

这次紫禁城的开放，早于1905 年张謇创办的中国人的第一座博物馆——南通博物苑 5 年，早于 1925 年建立的故宫博物院 25 年，而且，亦不乏博物馆的"藏品、陈列、开放"三要素。那么，这一"章程"中所反映的"开放"是否就已经具备了博物馆的性质呢？

回答是否定的。博物馆作为近代社会历史发展的产物，其含义是："以其具有相对独立的目的和职能而出现，是以人与物的自身解放成为独立的存在为其先决条件的。自立之人与独立之物的这种关系，是与近代同时出现的。它首先是个社会史的概念。"②

所谓"人的自身解放"与"物的自身解放"，体现了近代社会的个性与主体性的价值观。这一认识比较明确地说明：在帝国主义与中国封建专制主义压迫下的半殖民地半封建的社会里，中国人民完全处于无权的地位，在八国联军枪炮的威逼下，"开放"紫禁城一事完全是强加在中国人民头上的强盗行径，是对中国人民、

---

① 德龄著，顾秋心译述：《清宫二年记》，云南人民出版社 1981 年 5 月版，第 100 页。

② ［日］伊藤寿朗、森田恒之主编，吉林省博物馆学会译：《博物馆概论》，吉林教育出版社 1986 年版，第 3 页。

中国文化以及博物馆崇高职能的污辱，而这一事件为紫禁城留下的悲哀却被《紫禁城的黄昏》的作者所忽视。

最后有必要说明的是，这本书的写作目的并不是专门针对庄士敦先生的。《紫禁城的黄昏》收笔于溥仪出宫，至于溥仪出宫以后的故宫与后来在紫禁城建立的博物院，庄氏已不再关注，在《黄昏》一书中也只字未提。然而，这本名为《紫禁城的黎明》的书，其主要笔墨是放在了溥仪出宫之后的围绕着故宫博物院的历史上。勿庸置疑，这本书的写作立场、思想情感与观察角度，与《黄昏》是截然不同的。在庄氏看来的黄昏，在这本书看来正是预示着新时代即将到来的喷薄日出的黎明。

作者于辛未年（1991年）

# 一　漫漫长夜中的宫廷宝藏

80年代以来，海峡两岸的学者说到中国博物馆的渊源，“古已有之”的观念不可谓不深。在大陆，有的学者认为：“在河南安阳殷墟，曾发现殷人保藏典册的府库。我国古代文献中也不乏这方面的记载。《周礼》说，周代春官之职，掌祖庙之收藏，‘凡国之玉镇大宝藏焉’。《春秋·桓公二年》记载：‘夏四月，取郜大鼎于宋，戊申，纳于太庙。’《史记·孔子世家》记载，孔‘故所居堂弟子内，后世因庙藏孔子衣冠琴书’。”尤其是“宋代以降，搜集、研究古物更成为朝野的风尚，与文物、博物馆工作有联系的金石学、方志学、考据学、目录学等学科也逐渐建立起来。古代收藏家和鉴定家的搜集活动及其研究成果，为我国博物馆的诞生，提供了基础。”“当时我国虽然还没有博物馆的名称，但就其实质而言，业已具备了博物馆的雏形。”①

在台湾，有的学者认为：“如论宫廷收藏，已经有了博物院（指故宫博物院）的事实，则汉宣帝甘露三年（公元前51年）图画功臣于麒麟阁，在公元前1世纪，吾国已有画像博物馆了，此后如后汉有云台，隋有妙楷与宝迹两台，唐有凌烟阁，明有平台，

① 文化部文物局主编：《中国博物馆学概论》，文物出版社1985年版，第5～6页。

清有紫光阁，都是画像陈列馆，历朝也都有古物的珍藏，不过没有公开展览罢了。”

说到故宫博物院与宫廷收藏的承继关系则有如下观点：“宋承五代扰攘之后，太祖于建隆元年（963年）即设翰林图画院，太宗太平兴国元年（976年）诏天下郡县，求前哲书画墨迹，太宗又命高文进，黄居寀搜进民间书画。太平兴国四年作太清楼，庆历中辽送‘千鹿角图’与宋，悬挂于此楼，故宫博物院藏有‘景德四事图’，末幅即是太清观书。太宗瑞拱二年（989年）于崇文院中央建秘阁，以三馆书籍真本并内出古画墨迹藏之。秘阁可以说是北宋宫中博物馆了。徽宗宣和间，内府所藏益富，因勒撰宣和书谱20卷、宣和画谱20卷，这是北宋宣和年内府所藏的书画目录，今天幸都存在。故宫博物院藏品，在这两目录里的有19件之多，还有不在此目录而有北宋印玺的，计有22件。换言之，就是北宋内府所藏，现在还藏故宫博物院的，有42件之多。故宫收藏书画中，仅有南宋印玺的，有17件，南北宋内府盖印人藏在故宫博物院的竟有59件，这个数字实在惊人，也足征故宫博物院与两宋内府关系的密切，也可以知道故宫博物院上溯到两宋，证据确凿，令人兴奋。北宋靖康之乱，图籍、书画、宝器，悉归于金。宋高宗南渡以后，因为性耽书画，又事搜集，并且从榷场方面，向金购回不少东京宫中所藏书画，所以南宋内府珍藏，也颇可观。南宋亡国，临安未遭兵革，元相伯颜派郎中董祺由海运到大都，即是今日的北平。元王士点、商企翁同撰‘秘书监志’，接收宋室的物品，曾有记载，但不详细。元王恽目睹由南宋移来的书画，撰有书画目录，记载有两百件，其中有唐孙过庭书谱及宋十二帝后画像，还藏在故宫博物院。宋十二帝后画像原藏在宫内南薰殿，还有唐、五代及明代帝后的画像，因宋十二帝后画像是宋宫原物，所以至少明代帝后的画像也是原物。王恽所记，并不齐全，因为故宫博物院所藏晋、唐、宋书画，不入王目而有宋印玺的，还有数十件呢。自来装裱、题跋及藏章每被割去，所以故宫所藏古书画曾入赵宋宫廷的，更不知有多少。铜器、瓷器、玉器及雕刻、丝织等件，因无题识及藏章，无法明辨，恐怕也有不少是宋室故物。我们从故宫藏宋内府文物之多推断，故宫应从宋代算起，历史一千年，并非是过甚之说。”①

以上记述所传达的认识是，博物馆渊源于人们的文化收藏行为，进而，中国的古典收藏传统即可演绎为中国博物馆的萌芽，或称启始，等等。说到故宫博物院，更是来源于两宋内府，发扬于清高宗乾隆帝的收藏，宫廷收藏即“没有公开展览”的博物馆。我们认为，中国博物馆的产生是社会变革的结果，不是宫廷收藏或私人收藏的继承。宫廷收藏与博物馆收藏的表层关系，体现了近代资产阶级民主革命的成果。宫廷收藏在变成为博物馆收藏之前，仅仅是封建帝王的专制主义文化的反映，是千百年来封建文化专制制度的产物。为了明确宫廷收藏与博物馆收藏的关系，进而，搞清楚清室宫廷收藏演变成故宫博物院的历史真相，有必要首先对宫廷收藏进行深入的分析。

## 1 “紫禁城”之所谓

今天所称故宫，即明清两代皇宫，亦称紫禁城。它始建于1406

① 蒋复璁：《国立故宫博物院的历史使命》，摘自《故宫文物》，台湾商务印书馆1981年版，第6～8页。

年（永乐四年），建成于1420年（永乐十八年），至今已有近六百年的历史。在这里曾居住过明清两代24个皇帝和他们的后妃及一部分皇子们，在这座占地约72万平方米的“城中之城”中曾演出过中国沧桑史上最为惊心动魄的“帝王将相戏”。

对于故宫中的宝藏，世间不乏美誉的辞藻，其中以著名考古学家裴文中先生所言最为贴切。他说：“无论是紫禁城这一古代建筑群的本身，还是紫禁城内珍藏的各种文物，都是罕见的旷世之宝。”[①] 其中，“旷世之宝”这一定义下的准确。“旷世之宝”即言举世无双、旷绝一世的宝物，是特定历史条件的产物，在另外一种条件下是决不可能复得的。另外，裴先生还将这一旷世之宝分为古代建筑群与珍藏的各种文物两种系列，此观点颇有见解，下面也不妨分别予以论述。

首先，紫禁城作为古代建筑群，是我国民族文化遗产中最优秀的代表之一。紫禁城的前半部以巍峨的太和殿为中心，是皇帝举行大典的地方。后半部以乾清宫、交泰殿、坤宁宫为中心，东西两侧有十二宫，是皇帝处理政事和帝、后、妃、嫔等居住的地方。“紫禁城居皇城内，周六里，广袤一千六十八丈三尺二寸，城四门，南曰午门，北曰神武，东曰东华，西曰西华门，四隅角楼各一，墙外东西北三面，守卫围房七百三十三间，此紫禁城内维之制也。”[②]

习惯于“天人合一”思维方式的中国人，往往将人复归于自然，与天地精神结通，因此，也就出现了以紫微星垣比喻皇帝宫殿的说法。《晋书·天文志》载：“紫宫垣十五星，其西蕃七，东蕃八，在北斗北，一曰紫微，大帝之座也，天子之常居也。”紫微

① 裴文中：《旷世之宝——紫禁城》，载《故宫新语》，上海文化出版社1984年版。
② 金梁：《清宫史略》第114页。

即天极星，位于中天，特别明亮，旁边群星环拱，故有“紫微正中”的说法。帝王是人间社会生活的中心，“古之造文者，三画而连其中谓之王。三画者，天地与人也，而连其中者通其道也，取天地与人之中以为贯而参通之，非王者孰能当是。”[1]王是沟通天、地、人的“至尊至贵”的天子，于是乎，“天有紫微宫，是上帝之所居也，王者立宫，象而为之”的认识也就不足怪了。

明代永乐皇帝朱棣，从南京迁都北平，改称北京，把皇宫建在当时北京城的正中，在建筑布局及宫殿的定名上都采用了一套附和“天宫”的手法。整座宫殿建筑为南北城的中轴线上最大的太和殿（俗称金銮殿），建在8.13米高的台基上居高临下，象征天子的崇高伟大。乾清宫和坤宁宫，象征天地乾坤。后三宫东庑的日精门和西庑的月华门，则象征日、月。东西六宫，象征十二星辰。在中轴线两侧的外东路，外西路的建筑群，象征环绕的繁星。总之，所有这些象征日月、星辰的对称建筑群，拱卫着象征紫微的中宫，充分显示出皇帝受命于天的意图。这就是“紫禁城”名称的来源。这座把阴阳、五行、自然现象“包摄于天”，又将其人格化，然后再赋予皇帝，并用天宫的总体布局比拟现实世界的宫殿，蕴含着把皇权置于万民之上，使统治者的地位神圣化、绝对化的意味。这一套神秘主义的把戏不过是强化皇权的一种表现，同时也反映了封建专制主义文化的一个侧面。

在中国的封建专制社会里，一般臣民当然并不知道住在高耸宫墙内的皇帝的性格与人品，但是皇帝像一种原始的力量，被人们当作天子来接受和承认，他好像带着一种宗教般的令人敬畏的力量，来自上苍，来自弥漫着神秘色彩的紫禁城。

---

① 董仲舒：《春秋繁露》“王道通三”。

## 2 《西清三编》与《石渠宝笈》

故宫的宝物收藏从某一种意义上体现着皇权的绝对性和神圣性。

鲁迅先生曾说："清的康熙、雍正和乾隆三个，尤其是后两个皇帝，对于'文艺政策'或说是较大一点的'文化统制'，却真尽了很大的努力的。文字狱不过是消极的一方面，积极的一面，则如钦定四库全书。"① 鲁迅先生对当时封建专制主义文化的洞察与论述，实在是令人钦佩。上面所讲的"文化统制"(即文化专制)，消极的一方面，"文字狱"搞得读书人是"避席畏闻文字狱，著书都为稻粱谋"(龚自珍《咏史》)；而积极的一方面，《钦定四库全书》却收书3,503种，79,337卷。同时，"天下琼奇瑰异，希世不易得之珍，咸充物于天府。试取宋《宣和书画谱》，清乾隆《石渠宝笈》诸书读之，乃知'米家之船'、'项氏之阁'犹沧海之一粟也。"形成这一现象的原因也许是，"故古文之国恒宝焉，其为物也。不盈一握，而直或逾万金，且散而之四方，非好之者不能聚也，好之矣而非强有力则其聚也无多。以元首之尊，而笃士夫之好，则四方辐凑焉。"② 这样，一个沟通天人之际的圣君顺应"民

① 鲁迅：《买〈小学大全〉记》，载《鲁迅全集》第6卷，第57页。最初发表于1934年8月5日《新语林》第3期，署名杜德机。

② 龚心湛：《内务部古物陈列所书画目录·序》，北京京华印书局1925年印。"米家之船"指北宋书画家、私人收藏家米芾，《自堂存稿》有"承平米家船，遗我独凄然"的诗句。"项氏之阁"指明大鉴藏家项元汴(字子京)，所贮藏金石书画的处所名为"天籁阁"，在明朝一代私家收藏中堪称巨擘。

愿”而出现了，乾隆皇帝以最高权力者的身份大力搜集天下的古物，在他的倡导下，开创于宋代的金石学又在乾隆时期兴盛起来。臣子们争先恐后地为皇帝考据古器物，编纂出了《西清三编》(包括《西清古鉴》40卷附《钱录》，《西清续鉴》甲编20卷、附录1卷，《西清续鉴》乙编20卷)，同系列的还有《宁寿鉴古》16卷，著录的均为清宫所藏古代铜器。另有《石渠宝笈》(包括“正编”45卷，“续编”88册，“三编”108册)，同系列的还有《秘殿珠林》24卷，亦有续编，著录当时宫廷所收藏的各类书画等。以上书籍均成书于乾隆、嘉庆年间，并形成了以考据为特征的乾嘉学派。正是“上有好者，下必有甚焉者矣。”[1] 这一时期收录清宫藏品的主要著书如下表：

| | | | | | |
|---|---|---|---|---|---|
| 西清古鉴 | 梁诗正等 | 乾隆十四年 | 40卷 | 古代铜器1,529 | 附《钱录》16卷，录历代货币 |
| 西清续鉴甲编 | 王杰等 | | 21卷 | 古代铜器975 | |
| 西清续鉴乙编 | | | 20卷 | 古代铜器910 | |
| 守寿鉴古 | | | 16卷 | 彝器600，镜鉴101 | |
| 石渠宝笈 | 张照、梁诗正等 | 乾隆九年 | 45卷 | | |
| 石渠宝笈重编 | 阮元等 | 乾隆五十六年 | 88册 | | |
| 石渠宝笈三编 | 英和等 | 嘉庆二十年 | 108册 | | 录内府藏书画精品约12,500件 |
| 秘殿珠林 | 张照、梁诗正等 | 乾隆九年 | 24卷 | 书画1,235 | |
| 秘殿珠林续编 | 王杰、董浩等 | 乾隆五十八年 | | | |

这一表格所反映的情况仅限于乾嘉时期，是对于宫廷收藏的

① 《孟子·滕文公上》。

古代铜器与书画两个方面进行整理后所获得的一个简单的证据，还远远不是清室收藏的全部。对于宫廷收藏的有关情况，还将在后面的篇章里予以探讨。另外一方面，帝王一般都对收藏的目的加以隐匿，如乾隆帝为《钦定秘殿珠林石渠宝笈续编》所制御序曰：

> ……然予以此举，实因志遏，而非夸博古也。盖人君之好恶，不可不慎。虽考古书画，为寄情雅致之为，较溺于声色、货利为差胜，然与其用志此，孰若用志勤政爱民乎？四十余年间，应续纂者，又累累至此，谓之为未害勤政爱民之念，己且愧言之，而况于人乎？书以志遏，后之子孙当知所以鉴戒玄取矣。至《西清古鉴》可以类推，更弗赘言。

乾隆皇帝以此来表示自己在考古书画，寄情雅致之时，惟令圣王念兹在兹的是勤政爱民。为了表示这一意志，乾隆帝还时常加盖“自强不息”的御玺。

在《秘殿珠林》的上谕中，乾隆皇帝写道：“列朝家教从不以珍玩为尚时，或怡情烟翰，与古为徒。”而事实上，宫廷却在大力地搜刮“散佚”在民间的书画古董，“是以内府缣缃盈千累万”而专供帝王一人享乐。这些收藏的源流体系大致如下：

一、进呈物品。专制时代帝王一家天下，富有四海，国之所有莫不属于一人，逢年遇节，或万寿大典，臣子必有贡献亦属礼之当然，情之必至。《周礼·天官冢宰下》云：“内府，掌受九贡九赋九功之货贿。良兵、良器，以待邦之大用，凡四方之币献之金玉齿革兵器，凡良货贿，入焉，凡适四方使者，共其所受之物而奉之，凡王之冢宰之好赐予，则共之。”便是这样的功能。

二、没收物品。专制时代，大臣或庶民触犯法纪，皇帝有抄没犯者私人财产的特权。小说《红楼梦》有锦衣卫查抄大观园的描述，等于一篇事实记载；《石渠宝笈》中著录毕沅原藏之件甚多，其中字幅如宋代张即之所书“李衎墓志”，即为毕氏身后没收入宫者；著名的“颜鲁公祭侄文稿”，后有徐乾学、王鸿绪印亦系籍没毕氏之物。此外，亦有皇帝假借名义，收取入宫者，如米芾书“蜀素帖”，原为大学士傅恒旧藏，传之其子福隆安，其间家中不戒而引发火灾，当时此卷因重裱在外，幸免于难。事后进入宫内，所谓进入者，不过是美其名而已，事实上系乾隆帝的借口，以私人甲第，不如天府安全，遂假名乾没，明眼人一看便知。

三、收购物品。《石渠宝笈》收藏书画除上述两项来源之外，亦有皇帝出资购买者。观晋王羲之书“袁生帖”乾隆帝跋云：“‘袁生帖’三行二十五字，见于《宣和书谱》，……乾隆丙寅，与韩幹‘照夜白’等图，同时购得，而以此帖为冠。”然而，此等事例在皇室收藏中是不多见的。

以上所述臣下的进呈也好，没收的家私也好，宫廷的收购也好，其来源多少都隐含着巧取豪夺的成分。《红楼梦》第四十八回中关于宁国府的贾赦为了夺取几把古扇，竟勾结官府把石呆子害得家破人亡的描述，在中国的封建社会里决非虚有。那么，“溥天之下，莫非王土；率土之滨，莫非王臣”的中国皇帝，其手段就更不必说了。

早在唐代，太宗李世民曾不遗余力地搜访王羲之书法，为达此目的，他指使萧翼到老和尚辨才处，骗取老和尚的信任，而后赚取了辨才收藏的《兰亭序》，使善良的辨才和尚留下了终身的痛苦和悔恨。萧翼将《兰亭序》献给唐太宗后得到了丰厚的奖赏。据何延之记载，萧翼被拜为员外郎，加入五品，并赐银瓶一个、金镂瓶一个、玛瑙碗一个，其中都装入了珠宝，还有御厩中的两匹良马及其宝装鞍辔，另有庄室一区。

武则天时，张易之假修整内库图画，以伪作换了内府真迹，在其被杀害后，真迹为薛稷所得，薛死后又归于玄宗之弟歧王李范。李范开始没有申报进献，后来畏罪全部焚毁了。唐玄宗对书画竭力的搜求也曾导致了书画的意外灾难。属私藏名迹又未及时陈奏，因惧罪而销毁书画的事例就时有发生。像这样由于官私争藏引起的文化灾难，甚至引来杀身之祸的事例还有很多。正因为皇帝运用国家机器，采用严厉与残酷的手段，搜刮民间的各种文化珍宝，所以才使宫廷的“秘府之藏，充牣填溢”。

从有关资料中可以得知，宫廷收藏大致有三方面的用意：其一，前朝御笔，“朕每一捧观，辄增永慕，所当敬为什袭，贻我后人”，“谨什袭以示子孙也”。[①] 用以表示对祖先的崇敬。其二，作为一种“财富”“宜子孙”。故“内府所储历代书画积至万有余种”，以备子孙享用。末代皇帝溥仪不是把宫廷收藏作为一种私产予以拍卖、抵押、盗运吗？其三，便是皇帝个人私享。譬如，乾隆皇帝云：“王右军《快雪帖》为千古妙迹，收入大内养心殿有年矣，予几暇临仿，不止数十百过，而爱玩未已。因合子敬《中秋》、元琳《伯远》二帖贮之温室中，颜曰‘三希堂’，以志希世神物，非寻常什袭可并云。”[②] 试问，除乾隆等几个皇帝，又有几人能将王羲之的《快雪时晴帖》“几暇临仿”、“爱玩未已”呢？再者，宫内收藏的著述也完全是为皇帝玩赏服务的。《石渠宝笈》等书的编纂，并不以时代分类，也不以作者分类，而是以殿座分类，分别记载某某宫殿藏有某一些书画、某一些古玩。更不用说所谓

① 钦定四库全书《石渠宝笈》第1册，“上谕”。

② 《御刻三希堂石渠宝笈法帖·序》。

《西清古鉴》的"西清"是皇宫中一个殿的名字；《宁寿鉴古》的"宁寿"亦然，以及"石渠"、"秘阁"都是历代封建王朝宫中收藏图籍、墨迹之处。皇帝御览、鉴藏的玉玺也尽是"乾清宫鉴藏宝"、"养心殿鉴藏宝"、"重华宫鉴藏宝"、"御书房鉴藏宝"等等，不一而足。每有文物珍品，必盖上皇帝御览的大印，以示皇帝一人所有。

末代皇帝溥仪在《我的前半生》中写道："据说乾隆皇帝曾经这样规定过：宫中的一切物件，哪怕是一寸草都不准丢失。为了让这句话变成事实，他拿了几根草放在宫中的案几上，叫人每天检查一次，少一根都不行，这叫做'寸草为标'。我在宫里十几年间，这东西一直摆在养心殿里，是一个景泰蓝的小罐，里面盛着三十六根一寸长的干草棍，这堆小干草棍几曾引起我对那位祖先的无限崇敬，也曾引起我对辛亥革命的无限忿慨。"① 由此可见，这些封闭至深，私于一姓，匿不示人的宫廷收藏有着不可思议的保守的内在力。

《左传》（昭公三十二年）中有句话说："是以为君慎器与名，不可以假人。"器与名是权力的象征或标志，决不可轻易给他人，"若以假人，与人政也"，这是君主的大忌。

人们或许可以从中认识到，宫廷收藏是绝无可能凭空生出一个博物馆的。"曰秘殿、曰宝笈，循名责实，从可知矣，乃使一般普通民众，终身盲昧。"② 另外，所谓"宋以降的金石学也为我国博物馆的产生奠了基"，或金石学在清代"彪然成一科学"的论点也实在值得商榷。

---

① 爱新觉罗·溥仪：《我的前半生》，群众出版社1964年版，第54～55页。

② 易培基：《故宫周刊弁言》，摘自《故宫周刊》，1929年创刊号。

## 3 设立皇室博物馆的“计划”

在我国近代史上，也曾有人希图用维新的手法，变部分宫廷收藏为博物馆，或用皇室博物馆的形式保守皇产，但均未实现。

1840年鸦片战争后，殖民主义者打开了清王朝封闭的大门，随着西方文化的传播，有关外国博物馆的情况也被介绍到国内。如《乘槎笔记》、《漫游随录》、《初使泰西记》、《随使日记》、《环游地球新录》、《使美纪略》等，用“画阁”、“古物楼”、“集奇馆”、“积宝院”、“积骨楼”、“博物院”等不同名称，描述外国博物馆的陈列展览以及文物模型。

19世纪末，一些资产阶级改良主义者曾将创办博物馆作为“新政”的一项内容，最早明确提出建立博物馆主张的是上海强学会，其主张为中国博物馆的建立作了舆论准备。另外，外国殖民主义者已自19世纪中期开始在中国建立博物馆。其中较早的有：上海震旦博物院（1868年法国人创办）、亚洲文会博物院（1874年英国人在上海筹建）、济南广智院（1904年英国人创办）等。无疑建立这些博物馆的举动也唤起了一些中国人对宫廷收藏进行有限改造的想法。首先提出“辟帝室博览馆于京师”、“内府颁发所藏，为天下先”的人是近代立宪派的著名代表张謇。

张謇（1853～1926年）字季直，号啬庵，江苏南通人氏，清季状元，资产阶级实业家。曾在出访日本时，亲眼观览了日本帝室博物馆的张謇，于1905年奏请朝廷，曰“上南皮相国请京师建设帝室博览馆议”。

奏本首先阐述了自古以来朝廷收藏的宏旨。“然考《周官》外史之制，掌四方之志，掌三皇五帝之书，掌达书名于四方。由是推之，则虽天府之薄录，藏史之主守，必反而公诸天下也，彰彰明矣。”这里，张氏的用意无非是要“托古改制”，表明烈祖烈宗已有“公诸天下”的传统。接着，奏本又举“夫近今东西各邦，其所以为政治，学术参考之大部以补助于学校者，为图书馆，为博物苑。大而都畿，小而州邑，莫不高阁广场，罗列物品，古今咸备，纵人观览。”这里，张氏借鉴外邦博物苑的例子，说出了博物馆所应有的性质，并奏请京师建设帝室博览馆。云：“我国今宜参用其法（按：指日本帝室博览馆之建设），特辟帝室博览馆于京师。何以必曰帝室，宣上德扬国光也。”

当然，这一“请京师建设帝室博览馆议”颇有别于原宫廷收藏之处，其主张反映在以下条列中，如其中“甲、建筑之制”一款中，“以类相聚，署为专室，用示特异”，“当以天然、历史、美术别为三部，分别部居，不相杂厕”。如此设制比较起某宫、某殿“鉴藏”，当然要进步了许多。再者，于“乙、陈列之序”一款中提出：“觇古今之变迁，验文明之进退，秉微知巨，亦可见矣。”也要比乾隆帝的“谨什袭，以示子孙也”的收藏宗旨开明了许多。另外，在“丙、管理之法”中也有不少首倡，如：“严管钥，禁非常及其他种种之有妨碍者，均起专定章程期限遵守。又当遴派视察员，招待员（无定员），用为纠监导观之助。必得通东西洋语言文字二三员，以便外宾来观，有可咨询。”这更是区别于清室宫廷收藏的“戒律”。尤其是张謇提出的“且京师此馆成立以后，可以渐推行各行省，而府而州而县，必将继起，庶使莘莘学子，得有所观摩研究，以补益于学校。”同时，亦有“若此馆成立以后，特许外人亦得参观”的提议，都颇得博物馆的要领。张謇的这份奏本，比较明确地提出了帝室博览馆的宗旨，具有很大的改革胆略。

然而，由于历史的局限性，张謇在此所主张的博览馆的宗旨却仍然是很陈旧的。究其根本原因，在于这样的博览馆的设立，所依靠的只能是朝廷。张氏所企望的，“奏请皇太后、皇上颂赐内府所藏，以先臣民，钦派王大臣一二人，先领其事”，其余的还有所谓“表彰之宜”，无非是“不惜爵赏”，“谕令京内外大小臣工及世禄之家，嗜古之士，进其所藏”。其方法无别于乾隆敕定《四库全书》。因而，对拟建立的博览馆当然就要“大哉皇言，垂惠万祀”地颂扬一番，此宗旨也就成了“则帝室博览馆之议，虽今始建言，诚所以绍述祖训，恢张儒术也。”① 这样，即使宫廷“昭示大公”、“公诸天下”，实质上却未能摆脱封建帝王“文化专制”的圈子。这一历史憾事，根源自然在于中国资产阶级软弱的特性。如此小小的“新政”到底并未被清朝政府采纳，终成为改良派悲剧的一段插曲。然而，张謇到底是一位矢志不移的有识之士，他除了又一次上奏，便是于1905年在其家乡创办中国人自己的第一座公共博物馆——南通博物苑，隶属南通师范学校。资产阶级改良派（后来的立宪派）的一次设立帝室博物馆的尝试就这样被冷落了。

第二位倡言者要算是金梁了。这件事发生在1924年。

1925年7月31日，清善后委员会，在点查养心殿物品时，发现了一批密谋复辟文件，委员会随即向社会进行检举。其中有“金梁五折”，为镶红旗蒙古副都统金梁跪奏的折子，曰：

> 一曰“重保护”，保护办法，当分旧殿古物二类：一保古物，拟将宝物清理，即请设皇室博览馆，移置尊藏，任人观览，并约东西各国博物馆借赠古物，联络办理，中外一家人，古物公有，自可绝人干涉。一保旧殿，拟即

① 《张季子九录·教育录》，中华书局1931年版。

设博览馆于三殿，收回自办，三殿今成古迹，合公有，合保存古物古迹为一事，名正言顺，谁得觊觎？且此事既与友邦联络合办，遇有缓急，互相援助，即内廷安危，亦未尝不可倚以为重。宣统二年，臣请查盛京大内尊藏宝物，即拟设博览馆，呈由督臣奏请未允后，竟为人运京，不克保守。前车可鉴，何堪再误！近三年前，臣复创设馆之议，时与东西博古专家往还讨论，皆极赞许，并允助成，尤应提前速办，此保护宫廷之大略也。①

时值1924年的旧历正月，紧接着在旧历二月初（金梁做了内务大臣后），又一次上奏："臣前请查古物，设博物馆，此提倡文化，皆系无关政治，正可借以延揽贤才……"

金梁在宣统二年及"近三年前"拟设博览馆的"奏折"已见不到了。从金梁的上述奏折中可以看出，这位"称臣"的遗老，口口声声清理宝物，请设皇室博览馆，却妄图与国外敌视民国革命的人相勾结，夺回"三殿"（1913年，清室将乾清门以外三大殿移交北洋政府，1914年在武英殿与文华殿成立古物陈列所，公开陈列），并"延揽贤才"，为复辟作准备。因此，所谓设"皇室博览馆"的设想，只是金梁为溥仪着想的，能"遇有缓急，互相援助"，"可绝人干涉"，妄图永久占据故宫的计谋。

直至1924年11月5日，溥仪被冯玉祥驱逐出宫，早已卸任的金梁仍对设立皇室博物院事耿耿于怀。据《遇变日记》载，为了反对修正清室优待条件，金梁等拟有一份《满蒙回藏人宣言书》，奔走于军阀与政客间，散布说溥仪早派人清理古物，议设皇室博物院，"用意正同，何必相迫太过"。11月20日前后，郑孝胥

---

① 引自吴瀛：《故宫博物院前后五年经过记》第1卷，第23（3）号插影。

之子郑炎佐来到溥仪出宫后暂住的醇亲王府说，有日本武官赴天津，愿代说张作霖。为此，金梁等又抬出一个《创办平民工厂学校及文化慈善等事业条例》，其序云："至图书博物馆，予早议设立，曾派员清查、筹备，尤乐观厥成。"用意无不在于恢复清室优待条件。

另一位皇室博物馆的倡言者，则是大名鼎鼎的金石学家罗振玉。

据其孙罗继祖著《庭闻忆略》记载："祖父（罗振玉）奉命入直南书房在甲子年（1924年）八月四日。八日赴京面谢，赐对、赐餐，命检宁寿宫藏器。过了三天，又命与袁励准、王国维同检养心殿陈设。"此前，罗振玉曾应过一次宫里的差使，鉴定内府"新发现"的散氏盘的真伪，即"盘往岁由内府搜出，少府诸臣不能定真赝，邀振玉审定。"①

入宫不久，罗振玉向溥仪上疏《陈三事》，其中之二是"移宝藏"，"即据社会上啧啧浮言，谓宫中宝物乃历代所留迹，皇室不能据为私有之说，以为民国阁员，议员蓄此意已久（按：张乾若名国淦，民国总长，曾代表民国提议，以一千万元购清室全部藏品），宜予谋防维，宝物聚于宫禁，在在堪虞，莫如于东交民巷使馆界内购地建筑皇室博物馆、图书馆……"罗振玉的疏陈有关章节如下：

> 予私意不如由皇室自立图书馆、博物馆，但虑首都频年兵事不已，即设立亦难免咸阳一炬，不如立之使馆界内。顾庚子条约，中国不能在使馆界居住，外人或以为口实。继念两馆关系文化，或不关是。乃以意与德国

① 详见《贞松老人外集·二·散氏盘拓本跋》。

> 友人卫礼贤商之，卫时为德使馆顾问，闻之欣然。转谋之德使，德使与荷使至契，复商之荷使，皆极端赞许，为予言奥国自大战后未派遣使臣，以后且无派遣之日。其馆地甚大，由荷使代管，现方闲旷，若皇室定计，即由荷使电商奥国，借为两馆筹备处，奥必允诺。皇室若无建筑费及维持费，当由使团在各国招募，不难集事。嘱予以此陈之皇室。①

罗振玉的话听起来颇有些“宁赠友邦，不给家奴”（清王公大臣刚毅语）的味道。

以上可见，罗振玉作为清末以来最后一位金石学大家，也为宫廷收藏尽了力。但由于溥仪的用心并不在于此，这位末代皇帝正在借赏赐溥杰，把众多的文物盗运出宫。据《我的前半生》说，此举乃是与溥杰准备出洋留学的资用。因此，罗振玉的“疏陈”只能被溥仪认为是别有所图。罗振玉设立皇室博物馆的计划终于失败的另一个重要原因是资产阶级民主革命的深入。罗振玉入宫仅二个月，宫内悬挂的宣统十六年十月初九日（1924 年 11 月 5 日）的牌示便急行摘去，故宫终于在国民革命的洪流中改变了面貌，而以上三项设立帝室博物馆的“计划”亦作为封建文化专制的尾声而付诸东流。

---

① 罗振玉：《集蓼编》。

# 二 向往曙光的追求

1911年武昌起义的隆隆枪炮声，似来自天边的闷雷，震撼了早已是摇摇欲坠的清王朝。但是由于革命者的妥协，这场革命并没有给紫禁城带去什么变化，它被抛在中华民国之外达十三年之久。正像后来参与故宫博物院初建的吴瀛先生所说：“故宫博物院者，其为由清宫嬗递而来，夫人而知之矣。夫由一故宫蜕化而为博物院，此为国体变更应有之结果，若法、若俄、若德，何莫不然，则故宫之为博物院，一刹那顷之事耳，何有于若干年之经过，又何有于记。而不知吾国之有故宫博物院，既非由国体变更而一蹴即几，则故宫之成立为博物院，自非有其相当之曲折而以演成其若干年艰难缔造之经过，且耗费若干人之心血不可矣。”①

中国资产阶级民主革命的曲折性使得故宫之为博物院的道路异常艰难。辛亥革命功在国体变更，而在故宫中却仍存有一个称孤道寡的逊政皇帝，这件事本身就说明了中国资产阶级的软弱性与这场革命的不彻底性。直至1924年11月5日，国民军驱逐溥仪出宫，辛亥革命已越十有三载。如此一段历史实在值得研究。

---

① 吴瀛：《故宫博物院前后五年经过记》第1卷，第1页。

## 1 孙中山的国民革命运动

甲午战争爆发期间，孙中山重到檀香山，于1894年11月在那里成立了名为“兴中会”的组织。这一组织的章程对中国处境表示深切的忧虑，不指名地斥责清朝统治者的误国。檀香山的兴中会成立后，孙中山随即回到香港，第二年2月，又在香港成立兴中会。香港的兴中会一成立，立即准备在广州发动起义。香港的兴中会誓词是：“驱除鞑虏，恢复中华，创立合众政府，倘有二心，神明鉴察。”这是把三合会的反清复明的老口号，改造成了中国资产阶级革命的誓言。

兴中会在广州的起义失败后，清政府悬赏缉拿孙中山。1895年，官方侦察到孙中山在英国伦敦，随即设计把孙中山诱骗入驻英使馆，准备把他偷偷押运回国。由于他的英国朋友的营救，孙中山才得以释出。经此事件，孙中山在国际间开始作为中国的革命家而驰名。孙中山此后过着多年的流亡生活而为革命奔走，他作为资产阶级民主主义革命活动家的社会影响，在1900年后迅速地扩大。1904年，孙中山在美国报纸上发表了《中国问题真解决》一文，指出“以一个新的、开明的、进步的政府来代替旧的政府”，“把过时的满清君主政体改变为‘中华民国’”，才能真正解决中国的问题。孙中山作为资产阶级民主革命派的立场由此而确定了。与此同时，在国内的资产阶级、小资产阶级的爱国政治运动正在涌起，许多先进分子已经趋向于革命。

另一方面，清朝政权为了削弱革命的力量，光绪三十一年（1905年），慈禧太后居然同意了一些官员的建议而考虑立宪问题，并在第二年宣布预备立宪。容闳所带领的为数不满百人的留美学生，从被埋没中崭露头角，他们以及在其他地方受教育的另外一些人，分担了起草新宪法的主要任务，其中最知名的有留美的唐绍仪、梁敦彦和梁诚，以及在英国获有律师资格的伍廷芳。他们以袁世凯的强有力的支持为后援，在 1906 年 9 月和 1908 年 8 月间，以一系列的上谕为 1917 年建立有限的君主立宪制度大造舆论。后来，他们中的多数人都成了立宪派的代表。

就在立宪活动进行的同时，革命的形势发展依然十分迅猛。其重要标志是 1905 年 7 月 30 日，原兴中会、华兴会、光复会等革命团体在日本东京召开筹备组党的会议。这次大会有七十多人参加，会上孙中山提议建立革命同盟会，经过一番争论后，定名为中国同盟会，并决定以“驱除鞑虏，恢复中华，创立民国，平均地权”十六字为宗旨。8 月 20 日同盟会举行正式成立大会，选举孙中山为“总理”，由此诞生了中国第一个资产阶级政党。

同盟会成立以后，革命派利用在日本出版的机关刊物《民报》，与以梁启超主编的《新民丛报》为主要阵地的立宪派之间展开了一场针锋相对的论战。这场论战的中心问题是要不要用暴力革命推翻清朝政府，建立一个民主共和的国家。革命派通过这场论战，使“革命论盛行于国中，今则得法理论，政治论以为之羽翼，其旗帜益鲜明，其壁垒益森严，其势力益磅礴而郁积，下至贩夫走卒，莫不口谈革命。”[①] 其实，革命派之所以有这样的声势，并不在于他们的“法理论”或“政治论”多么高深。立宪派方面，像梁启超这样的人，比起革命派来，似乎更善于谈资产阶级的政

---

① 与之文：《论中国现在之党派与将来之政党》，原载《新民丛报》第 92 期（1907 年）。

法理论，然而，革命斗争的实际形势却越来越高涨，用资产阶级思想来论证革命，虽然流露出许多弱点，但却能对广大群众产生吸引力。因此，尽管在具体问题上革命派的理论还显得很幼稚，却在实际斗争中显示了强大的生命力。

据古本《竹书纪年》记载，中国历史上准确纪年为公元前841年，即共和元年，周厉王因“国人暴动”而出奔，召公、周公二相共同执政，故号共和。不知道从什么时候开始，国人便用“共和”来泛指由复数的人们采用选举产生国家代表机关和国家元首的政治形态。所谓“共和”无疑是借取了公元前841年开始的而后14年无君的历史典故。近代学者柳诒徵这样说：“海通以来，译人以法美诸国民主立宪之制，与中国历代君主之制不同，求其名而不得，因以‘共和’二字译之。盖以周厉王宣王之间，国家无天子者，凡十四年，其时号曰‘共和’，故以国家之无君主者，此附于‘共和’。”① 自这个世纪俨始，向西方探求真理的人们开始为建立一个“无君”的国家而进行了卓绝的斗争。

通过革命派与立宪派的论战，孙中山领导的革命政党逐步地清除了单纯“排满”的主张，倡导“革命宗旨，不专在对满，其最终目的，尤在废除专制，创造共和。”同盟会为此开展了包括暗杀、爆炸、武装起义等在内的许多形式的斗争。仅1907至1908年，孙中山在广东、广西和云南策动和直接领导了六次武装起义；1907年，光复会的徐锡麟和秋瑾分别在安庆与绍兴发动起义，起义失败，两位领导人都壮烈就义；1910年倪映典领导了广州新军起义；1911年3月29日黄兴领导“广州起义”，此役牺牲了72位烈士，孙中山先生称这次起义行动是“吾党第十次之失败”。如此流血斗

① 柳诒徵：《中国文化史》第二十一章，“共和与民权”。

争已不可不谓惨烈。

1908年11月15日，操持皇权垂半个世纪之久的慈禧去世，光绪皇帝在早一天晚间逝世。在11月14日晚上，慈禧皇太后宣布以醇亲王的年甫3岁的儿子溥仪为嗣皇帝。虽然此时清王朝已进入了黄昏时刻，但直至1911年时局仍不明朗。

1911年的中国，秘密会社遍地皆是，其中有很多都是反满宣传中心。孙中山在国内外策划推翻满清皇朝已达十五年以上。自1895年以来，广州一直是已经逐渐转化为反清的立宪改良派的大本营。1911年4月，广州将军遇刺，总督衙门被焚，但一时还未酿成巨变。四川方面反对铁路政策和中央集权的斗争特别激烈，8月24日成都开始罢市、罢课作为消极抵抗，一时间已酿成“山雨欲来风满楼”之势。

## 2 武昌起义与封建君主制的覆亡

1911年10月10日，武昌起义终于爆发了。这一天夜里，武昌城内外的革命士兵在革命领导机关遭到破坏，部分革命组织的骨干分子被杀害的危急情况下，自己发动了起义。

10日白天，驻扎武昌城的张彪统率的第八镇和黎元洪统率的第二十一混成协的各兵营中纷纷传说，湖广总督瑞澂要派巡防营到新军各营中按名册捉拿革命党人，形势十分紧张，即使未参加革命组织的士兵也感到有受牵连的危险。当天晚上，驻扎在中和门的第八镇所属工程兵第八营的营房内首先发生了士兵哗变。有几个军官被士兵打死，其他军官未敢拦阻，士兵们很快夺取了营房的弹药，一哄而出。他们首先到了附近的楚望台，驻防在这里的本营左队士兵起而响应，反对革命的军官随即逃走，因此这里的军械库很轻易地为起义士兵所占领。这时，起义的士兵有三百多人，为掌握局面，士兵们要求事变发生时躲避起来的左队官（相当于连长）吴兆麟充当总指挥。这时，在城外的属于第二十一混成协的工程兵营和辎重兵营，以及第八镇的城上的三个炮兵营的几乎全体士兵和城里的第二十九标、第三十标的各一百多名士兵，还有陆军测绘学堂的近百人，知道了起义的消息也起而响应。他们都集中到了楚望台，这里已成了起义的大本营。革命士兵们群情激昂，特别是当炮兵营的兵士们拖了三门大炮进城参加起义，更使得军心大振。当天午夜，集中起来的起义军向湖广总督署发动了进攻。在楚望台的炮声响起来后，武昌新军各标、营中又有更多的士兵参加了起义，起义部队到天明时已有二千人之众。他们在督署附近放火，以火光为标志，开炮击中督署。吓破了胆的瑞澂和铁忠等官员携带家小细软，打破督署后墙，出城逃上了长江上的一只兵舰。张彪仍然在督署相邻的第八镇司令部里继续顽抗。起义士兵经过三次进攻，终于在天明前攻占了督署与第八镇司令部。经过一夜的激战，到 10 月 11 日早晨，武昌已经在起义士兵的掌握之中了。

但是，这些取得了胜利的士兵们没有坚强的领导者。同盟会的领袖们或在国外，或在上海、香港等地。发动这次起义的文学社和共进会的一些带头人都不在现场。这一夜间的胜利是革命士兵们发挥主动性和积极性而取得的，同时也是革命党人多年来的宣传、组织工作和前赴后继斗争的结果。

革命士兵们一夜之间取得的胜利为清朝的统治敲响了丧钟，武昌起义的第二天成立了湖北军政府，起义当夜躲藏起来的第二十一混成协统领黎元洪做上了湖北军政府都督。武昌起义胜利后的一个月内，十几个省宣布独立。12月25日孙中山回到国内，在他到达上海后四天，12月29日，南京的各省代表会议进行临时总统的选举，孙中山以十六票当选。12月31日，孙中山率领一些随员从上海到南京。1912年1月1日，孙中山就任临时总统，宣告中华民国成立。2月12日，清朝皇帝溥仪宣布退位。由此不但结束了清皇朝二百六十多年的统治，而且结束了两千多年来的封建专制主义制度。这是辛亥革命的一个巨大胜利。

然而，也有的历史学家认为，“辛亥革命只是又一次‘改朝换代的革命’”，[1] 这一评价来源于人们对革命成果的怀疑。1911年10月10日，由于很少人意识到武昌的事变已经带来了人们久已期待的革命，而使摄政王代表皇帝把统治帝国的大权让给了袁世凯。虽然共和制仅以“无君”为代价得以实现，但是社会矛盾依然日趋尖锐。这一历史场景在鲁迅的《阿Q正传》中反映得无比真切。从阿Q所在的未庄到革命首义的武昌，从杰出的艺术概括到床底下清出个黎元洪的真实历史，革命派让权给反革命派的辛亥革命悲喜剧上演得淋漓尽致。辛亥革命没有使中国社会的性质得以改变，未能产生预期的独立和民主。但是，“把延续两千多年的帝制推翻，在中国的国土上树起民主共和国的旗帜，这不是一件小事情。从此以后，任何违反民主的潮流，要在中国恢复帝制和建立独裁统治的人和政治集团，都不能不遭到人民的反对而归于失败。”[2]

---

① 市古宙三：《试论绅士的作用》，载于芮玛丽编《革命中的中国：第一阶段，1900～1913年的中国》，第297～313页。

② 胡绳：《从鸦片战争到五四运动》，人民出版社1981年版，第905页。

## 3　辛亥革命的失败与《清室优待条件》

从10月10日湖北省的行动开始，在随后的七个星期中有15个省宣布独立。在这些省份中，许多省的较小的政治单位（如市和县）已先于省当局宣布自治。从10月第一批独立政治单位的出现至1912年2月12日清帝逊位这段时期，地方一级和省一级的政权交替无常。在新军官、谘议局领袖、前清官员、商人、秘密会领袖、同盟会会员以及其他革命党领袖之间，形成了多种多样的权力关系。这些关系很少能长时期保持稳定。执政的权力在中国有了新的含义，并且以新的方式来行使。这也许正是中国革命对“无君”的国家体制所付出的代价。

革命后南方的情形，是在许多互相冲突的矛盾中迅速形成了以前尚未存在过的新的公益观念。然而，清政府仍然控制着北方各省，并妄图以武力收复武昌。此时，“隐居”在河南彰德休养“足疾”的袁世凯重新被启用，清廷赋予他以最充分的权力，以图挽狂澜于既倒。野心勃勃的袁世凯一方面让清廷更多地受到革命火焰的熬煎，以至不得不向他交出更多的权力；另一方面，他对南方革命党施行威逼与利诱相结合的手段，妄图夺得革命胜利的果实。由此导演出一场“南北和议”来。在孙中山回国之前，和议已经于12月18日在上海开始。

袁世凯派出的议和全权代表唐绍仪，是上一世纪70年代的留美学生，在袁世凯手下任职多年，1900年后在清朝先后任外务部和邮传部的侍郎、奉天巡抚、邮传部尚书。唐绍仪谈判的对手伍廷芳，也曾在上世纪70年代留学英国，并在香港充当过律师，又做过清朝的修订法律大臣、会办商务大臣、外务部和刑部的侍郎，并且担任过两任驻美使臣。袁世凯最初通电各省说："此次派唐绍仪赴上海议和，实为商谈改革政治问题。本大臣向来坚持君主立宪政体……"[①] 这位一不赞成革命，二同意推翻清廷的前朝重臣，此间正导演着一场利用革命形势造成清皇朝不得不自动让位，同时，又利用清皇朝的存亡问题向革命阵营讨价还价的把戏。袁的谈判代表唐绍仪早已表示并不反对共和立宪，只要袁世凯能够当上总统。

在得到革命党人谈判桌上的承诺之后，袁世凯获得了清皇朝退位，南京政府解散的谈判成果。于是，在 1912 年 1 月 26 日，跟着袁世凯的指挥棒转的将领们联名启奏，吁请皇帝立即退位，确定共和政体。这个结果得到了，"袁世凯暂时放弃了他当皇帝的想望（他将在三年以后重新谋求实现这个想望），但他要以清皇朝的继承人的身份，而不是靠南方的推戴，取得国家的最高权力。"[②]

对于这样一个要求，只有孙中山进行了抗拒。在弥漫着妥协空气的革命阵营中，孙中山处于孤立的地位，因而他的抗拒极为软弱无力。其中一项重大的妥协是"优待清室条件"，这项条约同革命宗旨相违背。早在各省都督代表在汉口开会时，与会者就提出了"推倒满洲政府"而"礼遇旧皇室"的原则，以后在伍廷芳和唐绍仪的谈判中，具体地谈到了在清帝退位后如何"礼遇"皇室的问题。袁世凯还提出了方案，后经过南京的参议院确定了"关于清帝逊位后优待之条件"。

---

① 《中国革命记》第 13 册《记事》栏，时事新报馆 1912 年 1 月版，第 4 页。转引自胡绳：《从鸦片战争到五四运动》，人民出版社 1981 年版，第 874 页。

② 胡绳：《从鸦片战争到五四运动》，人民出版社 1981 年版，第 884 页。

在当时的电文中，还可以看到有关如何“礼遇旧皇室”的谈判方案，现将1912年1月18日梁士诒致孙文、黄兴的电文照录如下：

南京孙大总统，黄陆军总长鉴，(密)今晨唐君送阅。密电如左：

雨一电悉。第一款：“世世相承”四字，改为“统系相承”。如公不以为然，则改为“仍存不废”者，必细细声叙，则动皇族之疑，且恐愈缚愈牢，反留痕迹。第二款：“或仍居宫禁”，五字实难删去。太后发第二次帑金、金锭，云“予必死于宫内，不动。”

此事如有勉强，必生枝节。请将“仍”字改为“暂”字。平心论之，腐旧宫殿，毋论公署，私宅皆不适用，将来以午门外公园、交通车马、三和殿为国粹陈列馆，与民同乐，则乾清门内听其暂居，亦奚不可。第三款，改为“优定大清皇室经费年支若干，由国会议定，惟至少亦须三百万两。”第五款，改为“德宗崇陵未完工程及奉安经费仍照实用数目支出。”希切商再带五电系高明，皇族及阁僚乃发，酉，刻始接雨一电，不及会商，谨先奉复，诒雨。

清王公等于明日会议决定，此条件之交付万不可再迟，前此往返筹商，以明尊意，故廷尊意开交条件如左：

优待皇族条件（略）

优待满蒙回藏人条件（略）

以上条件列于正式公文，电达驻荷兰使，知照万国

和平会，存贮立案。……[①]

后来公布的《关于清帝逊位后优待条件》证实，以上电文已是有关谈判的最终议案。这一优待条件的主要内容是：清帝仍旧保留皇帝的尊号，并暂居紫禁城内；民国政府待以外国君主之礼，而且每年供给四百万元的费用；宫内各项执事人员照常留用；民国对皇帝原有的私产特别加以保护。此外，还规定了对皇族的待遇，他们的王公世爵照旧保留，他们的私产一律得到保护。鲁迅在事后对此评价说："二十四年前（指辛亥革命），太大度了，受了所谓'文明'这个字的骗。"[②]"况且当时的'胡儿'，不但并未'杀尽'，而且还受了优待，以至于现在还有'伪'溥仪出风头的日子。"[③]

事后庄士敦对此评价说："'优待条件'给人的第一个印象，就是上述国家文件中表现出异乎寻常的宽宏大度。实际上，当外界刚一得知革命党同意皇帝保留尊号，继续居住皇宫内廷，并负担巨大的年度津贴，以维持他的朝廷和其他消息，便自然而然地以此与西方国家处理废黜君主的方式进行比较，并对中国的做法表示高度赞赏。"他又说："'优待条件'是解决革命问题的不可缺少的部分。如果共和派不赞同'优待'，也许从来不会产生民国。无疑，一旦共和派和君主派正式签署了'优待条件'他们便被永久地束缚到了一起。"[④]

清室优待条件的议定无疑是袁世凯的一个胜利。此前，袁曾向人表示：他是有"良心"的人，"虽时势至此，岂忍负孤儿寡妇

① 引自观渡卢：《共和关键录》，台湾文海出版社有限公司印行，第100～102页。
② 鲁迅：《致萧军·萧红》，摘自《鲁迅全集·书信》第13卷，第250页。
③ 鲁迅：《诗和豫言》，摘自《鲁迅全集·准风月谈》第5卷，第227页。
④ ［英］庄士敦：《紫禁城的黄昏》，第69～71页。

乎”。然而，当时谁也不相信他会真的维护清皇朝，可是，袁世凯最终还是把紫禁城里的小朝廷合法地保护下来了，并赋予优厚的待遇。这里除去中国文化本身的保守因素不谈，袁世凯所依靠的是外国帝国主义，是本国的大地主和大买办阶级，他必须使他们相信，虽然他表示赞成共和，但他是清皇朝的继承者，而并不是资产阶级革命的同路人。所以他要如此“好心”地为清朝皇帝和皇族争取到这种优待条件。南方的革命阵营既然不认为自己有力量推翻清皇朝而要借助于袁世凯，他们就不能不接受袁世凯的条件。因此，清室优待条件本身就成了辛亥革命失败的写照，它反映了中国资产阶级革命的不彻底性，这不仅是对袁世凯的妥协，也是对中国封建势力的妥协。这样仅仅以“无君”为目的的革命，在封建势力的阻扰下，也不得不有所保留，以至世界史上因国体变更而使皇宫之为博物院的“公式”在中国却未得以实行，其直接的后果是清室小朝廷保持皇帝的尊号，又在紫禁城内苟延残喘了十三个春秋；故宫博物院的诞生因中国国民革命的艰难曲折而推迟了。

# 三　小朝廷的黄昏时分

宣统三年十二月二十五日（1912年2月12日），隆裕皇太后颁布了最后懿旨，宣布清皇帝溥仪退位。在这份退位诏书上说："皇帝但卸政权，不废年号。一此后务当化除畛域，共和治安，重睹世界之升平，胥享共和之幸福，予实有厚望焉。"[①] 由此，袁世凯根据皇太后的懿旨，组织了民国临时共和政府，由大清帝国内阁总理大臣一变而为中华民国的临时大总统，旧朝皇室则根据"清室优待条件"开始了小朝廷的生活。

此后，在紫禁城内便呈现出一番独立于民国的小朝廷的景象。根据优待皇室条件中清帝逊位后"暂居宫禁"、"尊号仍存不废"等条款，内务府、宗人府等一套宫廷皇族事务机构和官员，照常奉职不变。溥仪仍以皇帝的名义颁发"上谕"，对官臣遗老不断进行封赠赐谥，纪年仍用"宣统"年号，甚至继续招用阉人。太监及宫内各项执事人役犯罪，仍由内务府慎刑司审判治罪，俨然是一个独立王国。

对于那些生活在民国而望不到紫禁城内的国民来说，小朝廷的存在仍然具有很强烈的讽刺意味。从故宫中冒出来的封建王朝

---

① 尚秉和纂辑：《辛壬春秋》第1上，《辛壬政纪》，第16页。

礼仪的腐朽气味，更使人们感到是一种与民国时代格格不入的精神污染。当时在北京大学任教的周作人回忆说："宣统在退位之后还保留皇帝称号，他便在这里边设立小朝廷，依旧每天上朝，不过悉由后门入罢了，我午前往校经过此处，就常见有红顶花翎的官员，坐了马车进宫，也有徒步走着的，这事在复辟失败后尚未停止，这是很奇怪的一件事情。还看见有一辆驴子拉的水车，车上盖着黄布，这乃是每天往玉泉山取水，来供给'御用'的。但是这似乎不久停止，因为清宫随后也装上自来水了。"①

紫禁城并未由于安装了自来水而放弃过时的宫廷机构，溥仪也未因剪去了辫子，而不思复辟之梦。一个小朝廷的黄昏时分，一个丑恶、腐蚀的十三年。它除去为我们今天留下憎恶之外，还有一大堆近似于荒诞的问题。

## 1　神秘的宫廷管家——内务府

在古代中国，属达官显贵、士大夫一流之人，由于对儒家经典《大学》中"长国家而务财用者，必自小人矣"一段话的不当理解，往往对仅与钱有关的事物表现出一种不屑一顾的态度。抑或是为了专心于"修身、齐家、治国、平天下"，他们往往把自己的钱财交给管家托管，而管家这一类人在官僚阶层中只不过是记账或管账的"小人"。

清宫内务府与上面提到的管家在业务性质上几乎无所区别，在皇帝面前，内务府的官员卑贱地自称为"奴才"，管理的是宫廷

① 周作人：《知堂回想录》，湖南人民出版社 1982 年 1 月版，第 300 页。

内部的日常事务。但是他们毕竟是有别于其他府第的皇室管家。皇宫中的管家们，也就是内务府的高级官员，他们不仅是达官显宦，而且是朝廷最高等级的官员。在清朝，内务府总管大臣本人往往是内阁成员，世续是革命时期的内务府总管，直到1922年初去世，他一直担任此职，同时也是内阁阁员之一。绍英、耆龄是相续任此职的皇族大臣。内务府的官员统统由满族人担任，这也许是为了说明他们是最受信任的家臣。同时，内务府不仅是一个受命管理皇帝财产的机构，而且还是皇帝通过它和国家的其他各部门处理政务的机构。

辛亥革命后，在袁世凯劝清帝退位，以换取"优待条件"中开列的各项保证的时候，内务府总管世续是参与其事的高级官员之一。换句话说，他同意了用皇权的覆灭来换取对内务府现状的维持。《清室优待条件》第六款规定："以前宫内所有执事人员，可照常留用，惟以后不得再招阉人。"袁世凯在保留小朝廷的同时，也保留了内务府。据说，在劝说隆裕皇太后同意清帝退位，建立民国方面，作为内务府总管大臣的世续起到了一定作用，因此，1922年2月世续去世时，民国总统派了一名代表参加他的葬礼。1915年1月7日，袁世凯令内务总长朱启钤和司法总长章宗祥，与清室商定了一个"清室优待条件善后办法"，其中第五款又一次申明："清皇室允确定内务府办事之职权，为主管皇室事务总机关，应负责任，其组织另定之。"①

内务府曾支持守旧派反对1898年的维新派，它曾默许了一场废黜光绪皇帝的宫廷政变。它曾为那个老太后采取措施使宫廷与

① "清室优待条件善后办法"，引自秦国经：《逊清皇室轶事》，紫禁城出版社1985年版，第27页。

义和团携手合作而欢呼。最后，当革命到来时，它又把自己的祝愿寄托在“优待条件”上。有理由相信，它之所以促成并协助草拟了这些条件，并非因为这些条件对逊位皇帝的利益真有好处，而是因为这些条件是维持其自身继续存在的最可靠的保证，是维护其自身特权的法律依据。

据庄士敦说，宫中的一名内务府高级官员的年收入，“估计在百万两（白银）以上”，当时约合二十万英镑，而减少这批官员薪俸之外收入的任何做法都“自然而然地会使皇帝在皇族成员中不得人心，因为皇族中的许多人都直接或间接地从宫内的敲榨勒索中得到实惠。”[①] 这或许能够解释那个使内务府得以在清廷覆灭之后保留下来的“优待条件”，何以会那样地为皇室以及几乎所有皇族王公所接受。

令人惊异的是，内务府大臣世续与民国大总统袁世凯竟还是拜把的兄弟。袁世凯称帝前，紫禁城内外曾风传政府要逊帝迁往颐和园，一时间宫内大为恐慌。世续便特地找到袁世凯，袁世凯对他说：“大哥你还不明白，那些条条不是应付南边的吗？太庙在城里，皇上怎么好搬？再说皇宫除了皇上，还能叫谁住？”[②] 最终，小朝廷果然如袁大总统所说并未迁往颐和园。

也正是这个内务府，它实际支配着根据“优待条件”由国民政府颁发给小朝廷的“岁金”。宣统三年，皇室经费预算为七百四十九万三千三百二十六两一钱二分九厘，较俄国皇室经费八百五十三万三千三百三十四两为少，较日本皇室经费二百万两为多。辛亥革命以后，国民政府按照《清室优待条件》第二款，大清皇帝

---

① ［英］庄士敦：《紫禁城的黄昏》，第170页。

② 白蕉：《袁世凯与中华民国》，载《辛亥革命资料》第8册。

辞位之后，岁用四百万两，俟由民国政府支付。

据档案记载，各年逊清皇室经费实领情况如下：

民国元年　应领不欠

民国二年　领二百八十八万一千八百六十七两四钱六分二厘

民国三年　领二百四十八万九千六百八十四两八钱

民国四年　领二百六十六万四千两

民国五年　领一百五十三万三千五百九十九两六钱四分四厘

民国六年　领二百万三千九百九十九两七钱六分

民国七年　领一百八十七万二千两

民国八年　领一百六十五万六千两

逊清皇室经费在民国八年之前照银两计算，自民国八年七月一日起照银币计算，自民国元年起至八年六月底止，共领银三千万两。

为此，李大钊在1918年的《新青年》4卷第5号上发表了《新的！旧的！》一文，他愤怒地指出：“又想起我国现已成了民国，仍然还有什么清室。吾侪小民，一面要负担议会及公府的经费，一面又要负担优待清室的经费。民国是新的，清室是旧的，既有民国，那有清室？若有清室，何来民国?”

这批钱当然也用来维持一个宠大的机构，内务府统辖着广储、都虞、掌礼、会计、庆丰、慎刑、营造等7个司（每司各有一套库房、作坊等单位，如广储司有银、皮、瓷、锻、衣、茶等6个库）和宫内的48个处。据宣统元年秋季《爵秩全览》所载，内务府官员共计1,023人（不算禁卫军、太监和苏拉），民国初年曾减到六百多人，到溥仪出宫时还有三百多人。机构之大，用人之多，一般人还可以想象，其差使之无聊，就不大为人所知了。举个例子说，四十八处之一的如意馆，是专伺候帝后妃们画画儿写字的，如果太后想画什么东西，就由如意馆的人员先给她描出画稿，然后由她着色题词。写大字匾额则是由懋勤殿的勾字匠描出稿，或南书房翰林代笔。所谓太后御笔或御制之宝，在清代末季大都是这样产生的。

为了支付奢华的宫廷开销，清室不得不卑躬屈膝地乞求民国政府付给它已过期的，本应分期偿付的津贴，因而一再将自己置于屈辱和可耻的境地。例如，1919 年 10 月 1 日的《北京日报》报道说，总管内务府大臣世续乞求民国总统批准给他五十万元，否则皇室就将无法偿清它的欠债了。这样的请求据说每年也要提三四次。

溥仪出宫后，清室善后委员会在他的御茶膳房里发现了多张遗下的菜单，其中的一张晚膳单内容如下：

十一月初五日（未注年），厨役宋登科恭做：

川(汆)银耳　炸凤尾虾　炖肉　熘桂(鳜）鱼片

锅塌山鸡　烧冬笋　炒鲍鱼丝　五香鸡　清蒸山药

川(汆)丸子　大虾米　炒韭黄　拌熏鸡丝　清蒸扣肉

摊鸡子　糖醋白菜　肉片焖熏肝　柳叶汤　木樨汤

熏菜　酱吹桶　小肚

蒸食膳品：

羊肉白菜馅包　大馒头　杈子火烧　紫米膳　白米膳

甜油炸果　卤咸油炸果　粳米粥　八宝甜粥

玉米身糁粥　大麦仁粥

兹共有 33 道。当吃腻了这些精调美肴之后，就换西餐。因此，便把西六宫的丽景轩辟为西餐厅，反正管家是不担心他的主人有朝一日会沦为穷光蛋的。溥仪出宫后最初迁居什刹海醇王府载沣家，在那里他最初摆脱了由内务府控制支配的宫廷生活，这才心中有所明白。溥仪感慨地说："内务府事事耽误，即论御膳，前须月支三千余金，后减至千余金，今予自料理，每日后妃仅用四元耳。"溥仪又怎么能不为自己十八年的宫廷生涯而叹息呢。①

内务府另一大特征是它统辖着为数众多的太监。太监仅限于汉人，他们虽然在理论上处于内务府的约束之下，但实际上由于他们随侍在皇上及其后妃左右，因而与帝后有着某种直接的联系，往往独立于内务府，一个小小的"御前太监"集团，却有着显赫的权势。即使是在民国时代，他们仍然在宫内干尽了敲榨勒索的坏事。例如，1924 年 4 月的一天，同治皇帝的贵妃庄和太妃在宫中去世了，他身边的太监们竟在她死后不久拆光了她宫内的珠宝，后来这些窃贼为了分脏相互争斗，并在灵堂里造成骚乱。内务府认为这是不合礼仪的，但却没有采取任何措施惩罚他们，甚至没有迫使他们交出脏物，原因是为了顾全已经死去的太妃的"脸面"，必须宽容此事。类似的事件可以说是不胜枚举。由于内务府与太监之间有着千丝万缕的联系，内务府对太监的行为采取了放纵的态度。

《清室优待条件》明确规定，"惟以后不得再招阉人"。但是，内务府仍然利用各种渠道招用太监，迟至 1923 年溥仪将大批太监赶出宫门，紫禁城内仍然役使着一千余名太监。据报界透露，溥仪出宫时，还有太监 470 人，另宫女百余人。末代皇帝在紫禁城内挥霍着巨大数额的金钱、役使着上千人的奴仆，却度过了"人世间最荒谬的少年时代"。

① 参阅单士元：《小朝廷时代的溥仪》。

## 2　宫禁十三年中的少年“万岁爷”

溥仪3岁那年登基做了大清的宣统皇帝，6岁时爆发了辛亥革命。此后一年中，隆裕皇太后下了两道有意义的诏书，一道是为6岁的小皇帝任命了三位帝师，在他们的指导下，溥仪将在毓庆宫开始读书生涯。另一道是代小皇帝宣告退位诏书，表示顺应人心天命，同意确立共和立宪政体。从此溥仪做上了“逊帝”，开始了长达十三年之久的宫禁生活。

这不仅在中国历史上，也许在世界历史上也可被视为一件怪事。在北京的心脏地带，有两个毗邻的宫殿，一边是紫禁城，住在那里的是一个名义上的皇帝；而另一边（中南海）则住着民国现任的首脑。后者占据着大总统的职位，是一个有权却无名的皇帝，而前者则是一个占据着宝座，却仅有虚名的皇帝。后者在总统的名义下，统治着中国广大的领土，而前者在皇帝的名义下，权力却不能向紫禁城围墙外延伸一寸。的确，任何国家都不可能令这种特殊情形延续一个星期以上，但是在中国北京它却持续了十三年。

从表面上看，少年“天子”在紫禁城内过着养尊处优、吃喝玩乐的生活，诸如打网球、弹风琴、养洋狗、骑自行车，还从上海购来大批的玩具，以供消遣岁月。可以说是穷奢极欲，一呼百诺。观前面所列的晚膳菜单，宫内小皇帝的饮食可略见一斑了。按清室规矩，皇帝吃饭叫“进膳”。进膳时间没有限制，只要溥仪吩咐一声“传膳”，便立即有十几名太监抬着大小七张膳桌，捧着几十个绘有金龙的朱漆盒，送进养心殿来。御膳平日有菜肴两桌，冬天则加设一桌火锅。此外，还有各款点心、米饭、粥品三桌及卤菜一桌。这已不是一般意义的餐饮，而是宫廷礼仪的体现。这位少年更换衣服，也有明文规定，由“四执事库”太监负责为其取换。单单一项平常穿的袍褂，一年要照单子更换28种，从正月十九日的青白嵌皮袍褂，换到十一月初一的貂皮褂。至于节日大典，服饰之复杂就更不用说了。按一本并无标明年份的清室旧账单所载：自十月初六至十一月初五，仅一个月内，就给溥仪做了皮袄11件、皮袍褂6件、皮紧身2件、棉衣裤和紧身30件及其他衣服共计53件。这些衣服，正式工料尚且不算，惟光贴边、兜布、子母扣和针线等零星杂项，就已花费银元2,130多元。如此累计，一月53件，一年600余件，其开支何等庞巨呀！

宫里有些规矩，当初也并非完全出于摆排场。比如菜肴里放银牌和尝膳制度以及出门一次要兴师动众地布警戒，这本是为了防止暗害的。据说皇宫里没有厕所，就因为有一代皇帝于厕遇上了刺客。但是这些故事和那些排场给这位少年的影响全是一样，就是使溥仪从任何方面都确认自己是尊贵至上、统治一切和占有一切的人上之主。

另一方面，从青少年的正常发育与所应享有的受正常教育的自由，以及人身自由的角度来看，这位“万岁爷”又是一个可怜的少年。在宫廷森严的礼仪制度与内务府的控制下，这位少年几乎没有什么人身自由可言，直至19岁，溥仪在被驱逐出故宫之前没能跨出这座大院落之外一步，因此，溥仪认为这是一处监狱。作为一个人，溥仪的真正利益没有被周围人考虑过，甚至连配一副普通的近视镜，溥仪个人也没有权利决定。在他周围除了几个皇族兄弟伴读以外，没有一起玩耍的少年伙伴，只有一群供来役使的太监。在这处院子里，溥仪不能亲眼看到外面的世界，更接触不到一个真实的少年儿童世界。

溥仪在未出宫之时，正当读书年龄，他和同治、光绪青年时期一样，皆选择科举出身、有学问的人做师傅，如陈宝琛、陆润庠、徐坊、朱益藩、梁鼎芬教他读汉文，旗人伊克坦教他读满文。在溥仪14岁时，请了英国人庄士敦执教英文，溥仪的英文名字——亨利（Henry），便是庄士敦所起。溥仪本人认为，对他影响最大的师傅是陈宝琛和庄士敦二人。在庄士敦的影响下，溥仪剪掉了在革命后保留了多年的辫子，并在紫禁城内进行了针对内务府及太监的"改革"。溥仪进入青少年时代后更加充分感觉到宫廷生活的禁锢，曾经想逃出这个牢笼出洋留学。溥仪出宫后曾接受天津《大公报》的采访，他表示："余极愿为一自由人，长此因守深宫，举动胥为礼法束缚，余甚难堪。此次出宫，为余夙愿，今始克偿，故并无其他不便之感。"[1] 也算是肺腑之言了。但是，这必定是溥仪宫廷生涯中的"变奏曲"，在更加强大的诱惑下，在日复一日的无聊的宫禁中，溥仪信口咏出了他的"九九消寒益气歌"：

阿弥陀佛第九声，
九九阳回遍地青。
九星斗姥云端坐，
九如散与帝王宫，
九州复大清。

① 《逊帝溥仪之谈话》，载1924年11月14日《大公报》。

## 3 悄然逝去的宫廷收藏

前面已讲到了溥仪的奢华生活，再加上小朝廷事事还要讲排场，内务府经费损耗巨大。如此的挥霍浪费，使民国政府所支付的优待费（这笔钱早已使这一新生的国家感到难以应付，因而除头一年外，再也未能如期如数支付）早已是入不敷出。那么最好的生财之道，就只有典卖宫中的文物了。

溥仪为了维持其小朝廷，解决经费困难，不惜大肆拍卖宫藏珍贵古物。1922 年曾公开用投标的办法拍卖古物（内务府制定有"投标规则"）。除了大拍卖外，清室还在向各银行借款时，抵押了大量金器古董。如 1923 年清室一次与汇丰银行借款的抵押品就有（甲类金器、乙类金器、丙类金器等）48 款共 80 件。清室借款抵押的这些物品，最后无力赎回，只好估价卖给汇丰银行了。甚至连同祖宗的珍宝玉册，也以贷款名义押给了盐业银行，等等。

溥仪等拍卖或抵押宫中大量文物的行径引起了社会舆论的高度关注。一时间北京出现了不少涉及出售宫廷财宝的短评。一些针对这类交易的抗议言论说，被处置的物品是国家财产，皇室没有权利出卖它们。有的短评指出，一些极为贵重的物品最近由皇宫运往了外国银行，"某外国人"（指庄士敦）做了中间人。并暗示，卖掉它们是宫廷当局的意图，这些"无价之宝就可能不再属于中国"。

清室如此庞大的开销究竟用于何处呢？这对于一般国民来说无疑是难解的谜。为此，吴敬恒撰文《冤哉溥仪先生，危哉溥仪先生》，十分生动地向人民揭示了这一谜底。他指出，在溥仪周围有断送其前途的三种人，他们如同“三种动物，包围得他密勿通风，必要送进了卑田院，才树倒猢狲散。什么三种动物呢，(一)耗子，遗老是也；(二) 痨虫，皇室奴才是也；(三) 鳄鱼，奸商及古董贩子是也。”“那班拖辫子的汉官老爷”,“今天碰响头，拿了书画走了，明天谢天恩，领了古玩去了。”“经过这许多大小耗子，每年竭泽而渔的去揩油，如何不在二十年内，把溥仪先生揩得骨瘦如柴，在破宫殿里，卧牛衣中，对窗纸的亮光啜泣呢。”“即如努儿哈赤之宁馨子孙，如玄烨、胤禛、弘历之徒，他吸聚积贮的本事，固十倍高明于盐业银行的乾斋，不料弘历的玄孙，面孔还长得绝俊，便宛转簸弄于乾斋之手。”①

宫内的许多文物就这样不翼而飞了。

另外，溥仪为了准备出洋留学的经费，还以赏赐亲信为名，将故宫珍品运出皇宫。参与这一阴谋的有溥仪的弟弟溥杰与他的英文伴读载涛的儿子溥佳。从 1922 年起，溥仪、溥杰与溥佳三人就秘密地把宫内所收藏的古版书籍（大部分是宋版）和历朝名人的字画（大部分是手卷），分六批盗运出宫。这批书籍、字画为数很多，由宫内运出时，也费了相当的周折。因为宫内各宫所存的物品，都由各宫太监负责保管，如果溥仪要把某宫的物品“赏人”，不但在某宫的账簿上要记载清楚，还需要拿到司房载明某种物品赏给某人，然后再开一条子，才能把物品携带出宫。

当时，他们想了一个自以为非常巧妙的办法，就是把这大批的古物以赏给溥杰为名，有时也用赏给溥佳为名，利用溥杰和溥佳每天下学出宫的机会，一批一批地带出宫去。日子一长，数量

---

① 吴敬恒：《冤哉溥仪先生，危哉溥仪先生》。转引自吴瀛：《故宫博物院前后五年经过记》第 1 卷，第 33～43 页。

又多，于是引起人们的注意。不久，就有太监和官伴（宫内当差的，每天给溥杰、溥佳拿书包的）问溥佳：“这些东西都是赏您的吗？”溥佳当时含混地对他们说：“有的是赏我的，也有的修理之后还回宫里来的。”① 可是长期以来，只见出，不见入，内务府方面心里已明白了大半，只是不知道古物被弄到什么地方去了。

这批古物后来先运往天津，当时也费了一番周折。这些书籍、字画，共装了七八十口大木箱，体积既大，数目又多，在出入火车站时，不但要上税，还要检查，这是他们最害怕的。恰巧当时的全国税务督办孙宝琦是载抡（庆亲王载振的胞弟）的岳父，溥佳找到载抡，说是醇王府和载涛家的东西要运往天津，请他转托孙宝琦办一张免验、免税的护照。果然很顺利地把护照办妥，就由载佳把这批古物护送到天津，全部存在英租界 13 号路 166 号楼。以后，这批文物的大部分都被溥仪等弄散失了。②

溥仪出宫后，清室善后委员会在点查清宫物品时，从账簿上发现经溥仪手里赏出的文物共达一千数百件。故宫博物院曾印行《故宫已佚书画目录》，据该书《弁言》记载，1925 年 3 月 19 日点查毓庆宫至“余字 964 号分号 45”时，发现题名《诸位大人借去书籍字画玩物等造账》一册，上有“宣统庚申年之日记”等字样，庚申年即公历 1920 年。当时知情者对于这位逊清皇帝随意借取故宫藏品的所为，无不大感惊讶。继之，又于这一年的 7 月 31 日，点查养心殿，至“台字 524 号”，又发现赏单一束及收到单一束，二者所载物件大体相符，这便是赏溥杰、溥佳的那一部分。内计宋元明版书籍约二百余种，唐宋元明清五朝字画一千余件，皆属

---

① 参阅溥佳：《1924 年溥仪前后琐记》，载《文史资料选辑》第 35 辑。

② 同上。

宫藏秘籍，缥缃精品，《天禄琳琅》书目所载，《石渠宝笈》之篇所收。大批国家珍宝移运宫外，流传散失，实在令人痛惜。

当时偷盗宫内文物的绝不止溥仪一人。1923 年溥仪拟在宫内进行各宫宝物的检查，没有想到却由此引起了紫禁城内的一场大火。据说这一事故是太监们为了销毁偷盗证据而纵火造成的，1923 年 6 月 27 日的紫禁城大火将建福宫花园及其收藏付之一炬。即使不把被烧毁建筑的历史和建筑价值计算在内，损失也是巨大的。根据事后人们向溥仪的禀报，大火烧毁有价值的物品总数 6,643 件，抢救出来了 381 件。损失或损坏且不可补救的珍宝包括 2,685 件金佛像，1,157 幅书画（主要是佛教方面的），1,675 件金质的佛事用品，435 件瓷器、翡翠和青铜器（有些是周、唐、宋和元代的），数千册书，31 只装有黑貂皮和皇服的箱子。

据庄士敦讲，1924 年 11 月，冯玉祥驱逐溥仪出宫在即，溥仪慌乱之中仍挑选了一捆重要文件和一包值钱的东西交给庄士敦，让他放到安全的地方。庄士敦随即将它们存入了汇丰银行。

小朝廷时期，许多故宫文物就是这样悄然逝去的，其中有些文物已经不再属于她的祖国，她的人民，这是故宫历史上的千古恨事。

## 4 小朝廷时期的复辟梦

1911 年的革命之后，清室小朝廷合法地住在紫禁城里，并以皇帝的名义封官授爵，受着一小撮怀抱复辟清朝愿望的旧官僚及遗老遗少的拥戴。各种复辟的闹剧无不从这红墙内外开锣登场了。

自 1915 年春天开始，北京盛传袁世凯将进行帝制运动，由国会及各省代表投票通过后，袁氏便将入主紫禁城做皇帝了。一个阵容浩大的“帝制大典筹备处”堂而皇之地迅速成立了。为了袁世凯登基，将太和殿改名为承运殿，殿中八座巨柱重新加髹赤金，饰以雕龙彩云，其他各柱也翻新改漆红色，又花了四十万元装了一张金璧辉煌的“御座”，扶手和靠背上都有雕龙的图案，座衣座垫也是黄缎绣龙，座前有雕龙御案，座后有九折雕龙嵌宝屏风。在处处见龙的情况下，硬是烘托出一个“真龙天子”来。一时间，紫禁城内的小朝廷也着了慌，“天无二日，国无二君”的道理震颤着紫禁城的旧主人。但是，袁世凯却不断地放风说，“皇上”不能离开皇宫和太庙，搞得紫禁城里的人又多了不少幻想。

袁世凯为了给称帝扫清障碍，对紫禁城里的那个小朝廷采取了既限制、又拉拢的政策，以争取清室的好感，收买遗老、大臣以及顽固保守派的人心。为此，他指使内务总长朱启钤、司法总长章宗祥与清室内务府进行交涉，在 1914 年 12 月 26 日制定了“善后办法”七条。内容如下：

一、清皇室应尊重中华民国国家统治权，除优待条件特有规定外，凡一切行为与现行法令抵触者，概行废止。

二、清皇室对于政府文书及其他履行公权、私权之文书契约，通用民国纪年，不适用旧历及旧时年号。

三、大清皇帝谕告及一切赏赐，但行于宗族家庭及其属下人等，其对于官民赠给，以物品为限，所有赐谥及其他荣典，概行废止。

清皇帝所属机关对于人民不得用公文告示及一切行政处分。

四、政府对于清皇室照优待条件，保护宗庙陵寝及其原有私产等事宜，专以内务部为主管之衙门。

五、清皇室允确定内务府办事之职权，为主管皇室事务总机关，应负责任，其组织另定之。

六、新编护军专任内廷警察职务，管理护军长官负完全稽查保卫之责，其章程另定之。

慎刑司应即裁撤。其官内所用各项执事人役及太监等，犯罪在违警范围以内者，申护军长官按警察处分，其犯刑律者，应送司法官厅办理。

七、清皇室所用各项执事人等，同属民国国民，应一律服用民国制服，并准其自由剪发。但遇官中典礼及其他礼节，进内当差人员，所用服色，得从其宜。[①]

作为中华民国大总统的袁世凯，实际上早已是“身在曹营心在汉”。他一心留恋封建君主专制的余威，他在“巩固清室优待条件善后办法”后批文：“先朝政权，未能保全，仅留尊号，至今耿耿。所有优待各节，无论何时断乎不许变更，容当列入宪法。袁世凯志。”[②] 如果按照袁世凯的想法，清帝尊号将“世世相承”，“或仍居宫禁”，紫禁城将永无开放之日。

1915年8月，袁世凯策划了“筹安会”，想以此来操纵“人民的意愿”。袁世凯声言“国体”问题应由人民决定。然而，他和他的御用工具仍在极力把他们不可告人的私欲塞进所谓的“决定”里去。有一个名叫宋育仁的最忠实的君主制分子，也是位学者，曾写过儒家哲学及类似题目的书，曾鼓足勇气劝告袁世凯让位给年

① 引自［英］庄士敦：《紫禁城的黄昏》，第66、67页。庄氏称“善后办法”是最后一个解释“优待条件”的文件。

② 爱新觉罗·溥仪：《我的前半生》，群众出版社1964年版，第93页。

轻的大清皇帝，很快就受到责难和压制，从此再无人效仿他的例子。

袁世凯毕竟按捺不住对身披龙袍的欲望，从1915年12月开始使用皇帝的称号。清室的“伦贝子”（溥伦）曾代表皇室和八旗向袁世凯上劝进表，袁世凯许给他亲王双俸，接着他又到宫里来向太妃索要仪仗和玉玺，最终还是与紫禁城的旧皇帝做了比邻的新皇帝。

鲁迅先生对此有这样的评论：“错是革命者受了骗，以为他真是一个筋斗，从北洋大臣变了革命家了，于是引为同调，流了大家的血，将他浮上总统的宝位去。到二次革命时，表面上好像他又是一个筋斗，从‘国民公仆’变了吸血魔王似的。其实不然，他不过又显了本相。”“但是，袁世凯自己要做皇帝，为什么留下他真正对头的旧皇帝呢？这无须多议论，只要看现在的军阀混战就知道。他们打得你死我活，好像不共戴天似的，但到后来，只要一个‘下野’了，也就会客客气气的，然而对于革命者呢，即使没有打过仗，也决不肯放过一个。他们知道得很清楚。”① 共同的利益，使新皇帝既做“洪宪天子”，又做“袁宫保”，使旧皇帝既做紫禁城的“皇上”，又去上“劝进表”。相互勾结，相互利用，一起来对付来自人民的革命。

陈独秀1917年5月在《新青年》第3卷第3号上发表文章指出：“袁世凯要做皇帝，也不是妄想。他实在见得多数民意相信帝制，不相信共和。就是反对帝制的人，大半是反对袁世凯做皇帝，不是真心从根本上反对帝制。……现在虽然袁世凯死了，袁世凯

① 鲁迅：《〈杀错了人〉异议》，载《鲁迅全集》第五卷，第94页，人民文学出版社1981年版。

所利用的倾向君主专制的旧思想，依然如故。要帝制不再发生，民主共和可以安稳，我看比登天还难。”

袁世凯与清室商定的“巩固清室优待条件善后办法”七条，最后还有亲题“跋语”等等，无不助长了以清室小朝廷为中心的复辟势力。乱源既伏，祸患迟早发作，终于在1917年7月1日，张勋率辫子军进入紫禁城，上演了一出复辟丑剧。一心复辟清朝的“辫帅”率领他的“辫子军”入京，拥戴溥仪重新登极。当时张勋向溥仪奏称：“国本动摇，人心思旧，垦请听政”。[①] 张勋与康有为一道宣布：自宣统九年五月十三日（1917年7月1日）宣统皇帝“临朝听政，收回大权，与民更始。”[②] 接着连下谕旨，授官封爵，一复清末旧制。一时间北京城内龙旗飘举，皇宫内外翎顶辉煌。紫禁城真正成为1917年复辟运动的策源地。张勋复辟失败以后，清室内务大臣世续致函段祺瑞政府，为清室复辟罪行开脱罪责。段祺瑞、冯国璋均为清朝旧臣，便用通令的形式，把内务府的信函宣布中外，以此搪塞人民的诘责，包庇逊清皇室过关，维持优待条件不变，旧皇帝依旧尊处深宫。

其实，当时支持张勋复辟的人实在不是一个小的数目。据张勋自传《松寿老人自叙》言：“丁巳四月，各省又谋独立，督军或专使群集徐州，推勋主盟。勋于是提兵北上，调停国是。五月十三日，[③] 复辟。诏授勋为仪政大臣，兼北洋大臣，直隶总督。他帅意不合，来攻。二十四日，与战都城中，兵寡不支，荷兰公使以车来迎，居其署中。”

---

① 引自爱新觉罗·溥仪：《我的前半生》，第104页。

② 引自郑里、叶秀云：《逊清皇室轶室杂录》，载《紫禁城》1982年第4期。

③ 此为农历，即公元1917年7月1日。

《北京导报》1924年5月6日的一篇报道说："中国报纸今天报导了被带到巴黎的有关张勋将军1917年帝制复辟运动的重要文件一事。据说，这些文件包括徐州会议的会议记录和一些信电，证实至少有82位有影响的中国人参与了复辟运动。"

当时被溥仪召见的前清大臣，据宫中收存《引见大臣鉴》所录，就有37人。他们是：内阁议政大臣直隶总督北洋大臣张勋、内阁议政大臣袁大化、内阁议政大臣刘廷琛、内阁议政大臣外务部尚书梁敦彦、内阁议政大臣参谋部大臣王士珍、总管内务府大臣世继、头品顶戴弼德院副院长康有为等等。好不热闹的一场重新登极的复辟闹剧，在全国人民的强烈反对下，仅历时十二天便烟消云散了。辫子兵被皖系军阀段祺瑞击败后，7月21日，张勋逃入荷兰公使馆。第二天，溥仪宣告第二次退位。张勋死后，溥仪赠为太保，予谥"忠武"，又犯了民国的"大忌"。

后来于1918年当选"大总统"的徐世昌也是个皇帝迷，在他给清室人员的一封信中，竟以中华民国大总统的身份，高谈什么"仰蒙皇上恩颁……拜宠隆之恩赉，切感悚于私衷……"① 简直是丧尽了民国的威严与共和国的原则。

徐世昌宣誓就任总统后，发布的第一个正式文告，就是赦免1917年参与复辟的那伙人，张勋也未被排除在大赦之外。在徐世昌就职以前，那个选举他当总统的国会宣布，以后将每年的孔子诞辰日，作为全国的假日。这就已证明其保守趋向。1922年6月2日，徐世昌终于明白了他的工作已不可能进行，突然辞去民国总统并离开了北京。他的离去使小朝廷中的一些人感到特别遗憾，因为他们认为，假如时机合适的话，徐世昌会高兴地放弃他的总统

① 引自吴瀛：《故宫博物院前后五年经过记》第1卷，第39页。

职位，并拜倒在皇帝的膝前。在那个已经被解散的国会开会时，他总是不说“前清”，而是说“本朝”，似乎它仍在进行统治。

另外，北洋军阀时期的风云人物奉系军阀张作霖等也与小朝廷有着千丝万缕的联系，张向小朝廷投去的秋波也成为溥仪复辟帝制希望的根据。

为此，吴敬恒在《冤哉溥仪先生，危哉溥仪先生》一文中严正指出：另有置溥仪于危的是，“不料十三年来，竟闹了显著的一个复辟大把戏，又时时对有力军阀，造作不断的谣言，那神武门里又常常做出许多违悖优待条件的怪事，如予谥了，钦赐紫禁城骑马了，准预琼林宴鹿鸣宴了，荣封三代了，皆闹一种类似暗示复辟的笑话。这种无意识的混闹难道可以保得定一方面没有渐进一步的猖獗；又难道可以保得定又一方面没有履霜坚冰的恐惧，生出一劳永逸的決心。”“如此嘲戏变认真”，“于是世界各国都有些小解决，中国便也得了一个大解决，前次，什么世界共主的德皇，混世魔王的俄皇，与神圣同盟的圣子神孙奥皇等，一概请进了历代帝皇庙，继此一战，则庶乎万民一系的天皇，世界飘国旗的岛主，也进历代帝王庙，溥仪先生且做了一只俎上告祭帝王永结局的小鸡。”吴敬恒先生的文章真可谓“其言至为痛切也”。

然而，吴敬恒的警告并没有扑灭溥仪复辟帝制的“不绝希望”。溥仪被驱逐出宫之后，很快逃到日本使馆，在那里溥仪曾几次由于好奇，在深夜里带上一名随侍，骑上自行车外游。有一次，他骑到紫禁城外的筒子河边上，望着角楼和城堞的轮廓，回想起刚离开不久的养心殿和乾清宫，想起了宫内的宝座和明黄色的一切，复仇和复辟的欲望一齐涌上心头，不由得心如火烧。七年后，溥仪在东北终于做上了日本人的“儿皇帝”，背叛了他的祖国。

在小朝廷的黄昏时分，逊清皇室因种种原因也开放了一批皇室禁地，这些开放虽然其目的、方式、用途不尽相同，但却多多少少地对以后故宫开院产生了一些间接影响。其中包括：1913 年 4 月 24 日，步军统领衙门制订《瞻仰颐和园简章》，清室内务府开放颐和园。9 月 28 日，国务院秘书厅致函内务府，将皇宫方略馆所存档案及书籍等项移至国务院，以便随时查阅。是年，清室将乾清门以外三大殿，集灵囿新房及三海房舍移交北洋政府使用。以后在文华、武英两殿设古物陈列所，汇集奉天、热河两行宫的文物。至此，“海内外人士咸得寓目本古者，与众同乐”。清末著名小说家，《孽海花》的作者曾朴还作有一首《燕都小吟·清三殿》七律，诗中写道：“五云楼阁消王气，三代钟彝寄下方。差幸子婴甘让国，不成焦土胜阿方”。无疑是颂扬了逊清“让国”，并将外朝诸殿移交民国作为文化设施的开明之举。

另外，在 1918 年 6 月 17 日，清室赠南池子神库地基一段给政治学会作建筑藏书楼用。1920 年内务府向溥仪提出苑囿行宫出租办法，将钓鱼台行宫等处出租。1923 年 5 月 23 日，释迦文佛 2,950年诞辰纪念大会在京师法源寺举行。大会办事处梁启超、熊希龄、李佳白等借宫内佛化物品数十种陈列展览。1924 年 6 月 28 日，溥仪将紫竹院行宫赏给京畿卫戍司令王怀庆。这桩将皇产赐于卫戍司令之举过后仅三个多月，便发生了新的卫戍司令鹿钟麟为民实演“逼宫”戏，溥仪被驱逐出宫。

## 5 日本人之窥视

就时局而言，民国的厄运与其说是来自清室小朝廷的复辟，不如说是来自东方日本帝国的威胁。在一个庞大的军事占领计划中，清室小朝廷已经在其考虑之中，从战略上讲，这种考虑与侵占广阔富沃的东北地区联系在一起。

早在辛亥革命时期，日本陆军及右翼团体黑龙会就支持过满蒙亲贵组成的“宗社党”。他们计划逼袁世凯辞职或组织“勤王军”，于一旦必要时要求日本陆军以军事救援。在日本的策划下，“宗社党”会同一些蒙古王公拟在日本的保护下，“保留大清之名，暂居满蒙，以养实力，俟民国自相扰乱时，再进中原。”①

辛亥革命爆发后两周年，日本内阁的决议首先提到的是“永久维持满洲的现状”。自 1905 年，日本便开始对东北推行“新大陆”政策，以占有“满洲”，实现“满蒙独立计划”，为日本“北进”的大陆政策铺垫基石。

同时，日本对于清宫小朝廷的各种情况也表现出异乎寻常的关注。在保存下来的日本外务省机密电文中，一份 1922 年 7 月 17 日日本驻中国特命全权公使小幡酉吉致外务大臣内田康哉伯爵的电文中写道：“关于宣统帝出国留学风闻，于第四六七号电文已做了报告。十四日，英国公使馆的 Cluce 参事官对吉田参事官的提问回答是‘Nothing is settled yet’，意思是尚未作出任何决定。同时被告之，候处列席汉文参赞、新任上海总领事 Bastan（庄士敦）氏现在宣统帝处教读，对宣统帝现在处境颇有感触。”②

同年 10 月 24 日，小幡公使致内田外务大臣的电文大意如下：“十月二十四日，荷兰公使对本使说：宣统皇帝的结婚仪式将于十二月一日举行，其间，清帝有招待各国公使意向，各国由于考虑到民国政府承认宣统帝之帝号而接受邀请，并以个人资格出席，各

① ［日］会田勉：《川岛浪速翁》，文粹阁 1936 年版，第 114 页。
② 日本外务省外交史料馆：《宣统帝复辟问题杂件》机密第 322 号。

国将采取一致态度。同时，也考虑到目前世界上唯一之帝国——日本的情况，日本对支那政治所持的特殊立场，以及在支那革命之际日本国民对于清朝皇室寄予的深切同情等诸原因。另外，还要避免为此引起民国政府及各国的疑惑，等等。”①

1924年1月18日，奉天总领事船津辰一郎发给外务大臣男爵松井庆四郎的电文报告如下：“去年末，小官出差北京之际，孙宝琦对小官说：民国政府基于‘清室优待条件’，每年应向清室支付四百万元的费用。然而，由于近年财政困难，政府已无力支付，为此去年以来，清皇帝已陷入窘迫，以至到了用卖书画古董而餬口的境地。此事多少得到了张作霖氏的同情，然而并未得到张总司令的多额援助。一月十九日，张总司令次子结婚，届时，清室也派人出席，日方将重申希望张氏向清室赠与相当金额的意向。”②

2月1日，船津在给公使芳泽的报告中说：“迄旧年末，清室接到张方送金十万元，而孙宝琦所希图的今后每月十万元援助，在目前状态下很难实现。”③

与日本外务省所进行的种种外交活动的同时，在日本陆军内，一种被称为“下克上”的情况正在酝酿而日渐作大，其中的代表是两个关东军的参谋军官。他们是石原莞尔中佐和坂垣征四郎大佐。他们为关东军军部制作了所谓“最终战争论”。

关东军是于1905年日俄战争之后被派驻中国东北的，最初只是关东总督指挥下的满洲驻留军两个师团，约一万兵力。日本那

① 日本外务省外交史料馆：《宣统帝复辟问题杂件》第14563（暗）号。

② 同上：《宣统帝复辟问题杂件》机密公第10号。

③ 同上：《宣统帝复辟问题杂件》机密公第10号。

时也只有在铁路沿线驻扎军队的权利，并从事采矿、农业和商业活动。这两个军官认为，要解决日本的贫困只能在满洲找出路，既可减少国内的失业，还能给人口过多的本土找到土地资源。满洲还能为日本保持其工业国地位提供它极需要的有保证的原料来源和成品市场。但是，石原和坂垣认为，除非日本完全控制满洲，否则这一切是不可能实现的。早在辛亥革命期间，日本军部就外务省对袁世凯的“软弱折中”“表示无限愤慨”。①虽然此间军方的势力尚不如后来那样具有重要影响力，即还不足以形成日后被称为的“双重外交”的局面，但是军国主义的情绪已经首先在关东军中点燃并开始蔓延。用武力与颠覆的手段达到独占“满洲”进而侵占“支那”，做世界霸主的妄想已充满了野蛮的日本军人的头脑。为此，他们扶植奉系军阀张作霖，准备“培养”一个亲日派军阀，大肆地搞军事扩张，并试图促成张作霖与溥仪的联合，最终导致了在奉天特务机关长土肥原竖二（他也是关东军的中心人物）策划下的溥仪脱走大连，并在东北地区建立了一个“满洲国”。

① ［日］传记刊行会：《田中义一传记》上，东京原书房1981年版，第409页。

# 四 破晓的“枪声”

1924 年 9 月，爆发了第二次直奉战争。这场战争是北洋军阀统治时期规模最大的一次军阀战争，以曹锟、吴佩孚为代表的直系军阀，与以张作霖为代表的奉系军阀，共调动了五十万人以上的兵力投入战斗。在战争的紧张时刻，作为直系第三路军总司令的冯玉祥，忽然从热河前线秘密回师北京，于 10 月 23 日发动了推翻直系军阀政权的军事政变。这次政变，对当时国内的政治军事形势和以后的历史发展均产生了较大的影响，是民国历史上一次重大的历史事件。

此次政变是直系军阀与全国人民和孙中山为代表的广东革命势力，直系军阀与奉系和皖系军阀，以及直系军阀内部等诸多矛盾相互联系，相互斗争的产物。自北京政府的政权在第一次直奉战争中落入直系军阀手中后，拥兵自重的吴佩孚一时成为炙手可热的实力人物。在美、英帝国主义的支持下，吴佩孚伺机制服南方的孙中山、卢永祥和西南的唐继尧、熊克武以及东北的张作霖而实现“武力统一”，称雄天下。

1923 年 6 月，直系军阀逼走了总统黎元洪。10 月，曹锟通过贿选登上了总统的宝座，由此引发了全国人民的反贿选运动。孙中山下令讨伐曹锟，并电请段祺瑞、张作霖、卢永祥一致行动。卢通电不承认曹锟总统资格，宣布与北京政府断绝关系。张作霖继起响应。至此，孙中山、段祺瑞和张作霖组成了反直三角联盟。

同时，直系军阀内部各派系的矛盾也在加剧。在第一次直奉战争中立有战功的冯玉祥虽被升任河南督军，但却事事受吴佩孚的节制，后又被夺去督军职位，只落得一个陆军检阅使的虚名。吴佩孚飞扬跋扈，竟克扣冯玉祥部军饷长达十一个月之久，进而吴命令冯部移驻南苑，欲陷其于有兵而无养兵地盘和饷械两缺的绝境，使冯玉祥对吴佩孚心怀不满。另外，吴佩孚对王承斌、胡景翼、孙岳等将领也采取明升暗降剥夺其实职，或施以压制的手段，致使直系内部逐步形成了一支以冯玉祥为首的潜在的反直力量。

另一方面，奉军在1922年战败后，在日本帝国主义的支持下，积极扩军备战。到1924年，直奉之间终于由“骂战”而再次大动干戈。

战争伊始，吴佩孚在中南海的四照堂设总司令部，任“讨逆军”总司令。调兵遣将分三路进军：第一军彭寿莘部沿京奉路出发，主持山海关战事；第二军王怀庆部向朝阳进军；第三军冯玉祥部出古北口趋赤峰，担任热河方面军事。冯玉祥这一路交通困难，地方贫瘠，既无给养，又少装备，而吴佩孚只令“就地给养”，意在削弱冯玉祥的实力。吴佩孚的这种险恶用心更增强了冯玉祥的反直决心，一场精心安排的军事政变正在悄然地进行之中。

## 1　“基督将军”的“首都革命”

冯玉祥在湖南常德驻军时，加入了基督教（一说冯玉祥于北京崇文门内美以美会入教），并试图用基督教义来驾驭军队。他所率军队纪律严明，能征善战，具有一定的爱国思想，颇受时评的推崇和赞扬，由此还获得了“基督将军”的绰号。甚至一些驻华的西方上层人士也赞赏这位基督将军是一位绝对可以依赖的典型的“旧约信徒”，曾任英国驻华公使的朱尔典竟在冯玉祥发动政变之后称他是“中国的克伦威尔”，“除上帝之外，他是他的国家的救星。”① 这种赞辞的动机或许是来源于对其基督教精神的推崇。

第一次直系战争之后，垄断北京政权的曹锟与吴佩孚气焰一天高似一天，坏事愈做愈多，愈做愈大，卖官鬻爵，镇压工农运动，收买猪仔议员贿选总统，闹得乌烟瘴气。曹锟贿选筹款各地都要摊派。对于曹锟的行径，冯玉祥以其“清教徒”的道德观念与操行，兼有爱国爱民的思想，却屈居于一群城狐社鼠底下，耳闻目睹执政诸人的臭秽恶行，早已是忍无可忍。

吴佩孚的勃勃野心很重要的原因是来自英、美帝国主义的支持。1922～1924 年间，美国在军事上不仅输送给直系军阀价值 328 万元的军火，并且还协助吴在洛阳筹设飞行机械厂，以加强直系的军事实力。在政治上，美国驻华公使舒尔曼公开参加了曹锟贿选的活动；曹锟一上台，美国总统哈定表示资助北京政府进行“统一”的活动；1924 年初，美国国务卿许士在伦敦与英国订立密约，由汇丰银行买办陈廉伯等组织“商团军”驱逐孙中山出广东，苏皖赣闽直系势力围攻浙江的异己势力卢永祥，爆发了第二次直奉战争的前奏江浙战争。

与此同时，第一次直奉战争兵败后的张作霖也加紧练兵修武，统一财政，扩充实力，准备再战。日本则对奉张的备战给予了很大支持，不仅将储存在海参崴的两万支步枪及一万元的军械卖给

① 1924 年 11 月 22 日《华北先驱报》。

张作霖，又把从意大利购进的军火运入奉天，并且协助奉系扩建了军火工厂。战争爆发前夕，张作霖通过其日本军事顾问本庄繁和松井七夫向币原外相等表示要“以他之手来统一中国”，借此探询日本政府的态度。可见第二次直奉战争的酝酿和爆发，是有帝国主义参与的国内各派系军阀斗争的集中表现，因而这一场军阀之间的穷兵黩武使当时的政局更加动荡。北京的这场政变正是在这样的形势下发动的。

政变的军事联盟的形成，首先是冯玉祥与孙岳在北京南苑草亭密议，决定联络胡景翼共倒曹吴；胡景翼遂以就医为借口来京与冯玉祥密谈，当即表示了与冯玉祥合作的决心。王承斌当时虽只表示同情，但亦是冯玉祥的联络对象。参加政变行动的主要将领胡景翼、孙岳与孙中山和国民党有着历史上的联系。胡景翼早年留学日本，是同盟会会员，是渭北刀客中的一个有影响的人物，素为孙中山所信任，在形势不利时，受孙中山先生的指示，接受直系改编，待机而动。他所率领的陕军第一师，是一支能吃苦耐劳、勇敢善战的军队。曹吴对胡部是一面利用，一面伺机予以消灭。孙岳早年也加入过同盟会，辛亥革命时，曾参与了滦州起义，胡景翼曾随井勿幕起义于耀州。

第二次直奉战争开始，冯玉祥在离京前为倒戈作了周密布置：他向曹锟推举孙岳为京畿警备司令；派蒋鸿遇为留守司令；令张树声等分任秘密联络，以便一旦前线举事，后方即可接应。

直、奉正式接仗后，在热河的直军第二军王怀庆部屡战屡败，为冯玉祥的倒戈提供了条件。于是，他在表面上出兵古北口，挺进平泉佯称会合第二军攻击奉军右翼，实际上且行且止，到古北口后借口筹措给养，督修道路，却速作率师回京的准备。

山海关战役是第二次直奉战争的关键一战。10月11日，吴佩孚亲率第三师精锐急赴前线指挥。这时，冯玉祥已与段祺瑞派来负责联络的亲信贾德耀等至滦平与奉军李景林部秘密协议停战，奉军便从热河赤峰撤退，秘密开赴山海关战场。10月19日，因山海关奉军骤增，使直军连遭失败，在热河的冯玉祥此时接到了“形势危急，不有意外胜利，恐难挽回颓势”的前线来电，认为时机已至，不容再缓，当即召集会议，布置了倒戈行动：令鹿钟麟自密云秘密兼程回京；张之江、宋哲元自承德回京；胡景翼自喜峰口南下占滦州等地；李鸣钟自古北口趋长辛店截断京汉、京奉两路，切断吴佩孚的后路。

在联奉活动进行的同时，冯玉祥对倒戈后的政局也事先作了安排。10月12日，冯玉祥向贾德耀表示希望得到段祺瑞的合作。同时，冯玉祥得到蒋鸿遇报告知直军后方空虚，即派人就商于黄郛，黄郛亦答以“吾侪立志救国端在此时”促其决计。这样，发动政变的准备工作基本就绪。

10月21日，冯玉祥率部至古北口兼程回京，22日夜，冯玉祥部兵临北京城下，当鹿钟麟部到达安定门时，孙岳即令守城士兵开门放行。23日晨1时，戴着写有“不扰民、真爱民、誓死救国”等口号的臂章的冯军入驻北京城。当天，冯玉祥与胡景翼、孙岳、米振标等联名通电，主张停战言和，呼吁各方对一切政治善后问题“会商补救之方，共开更新之局”，并联合所属各军，组成中华民国国民军，“誓将为国为民效用”。第二天下午，冯玉祥、胡景翼、孙岳及主要将领和一些有关政客在旃檀寺冯玉祥的司令部开会。会议决定电请孙中山北上主持大计，并决定了国民军的编制，由冯玉祥任总司令兼一军军长，胡景翼任副司令兼第二军军长，孙岳任副司令兼第三军军长。冯玉祥推荐黄郛组织过渡性的内阁。

24日，做了政变军队俘虏的曹锟被迫发出四条命令：(一)前线停战；(二)撤销讨逆军总司令；(三)免去吴佩孚本兼各职；(四)派吴佩孚督办青海屯垦事宜。然而，吴佩孚力图挣扎，25日通电否认曹锟命令，并将前敌军事交张福来，自率师旅回津讨伐冯玉祥。但此时直军形势已急转直下，28日，奉军及胡景翼军占领滦州，山海关及秦皇岛直军被围，除张福来、靳云鹗相继搭轮自秦皇岛运出万余人外，其余八万余人全数被俘。同日，阎锡山占领石家庄，截断京汉铁路，阻止直军援军北上；接着，山东郑士琦截断津浦铁路，宣布中立，阻止败退的吴军假道鲁境，并堵截由徐州北上的援军。吴佩孚腹背受敌，又无援军，11月3日，率第三师残部由塘沽乘舰南下，直系倒台已成定局。

冯玉祥率师入京后，立即通电主和，并邀请孙中山北上共商大计。与此同时还积极展开外交，亲与各国使团联系。但在他10月27日会见苏联大使加拉罕后，在京的帝国主义外交使团即有所谓冯玉祥赤化的种种议论。同月30日冯玉祥到丰台，帝国主义势力就策动京畿警备副司令薛之珩蠢蠢欲动，当晚又发生了丰台英军闯入冯玉祥部警戒线，殴打哨兵并拘留冯玉祥部团长冯治安的事件，企图以各种手段对冯玉祥加以挟制。在这种情况下，冯玉祥当机立断，立即着手改组内阁。31日，黄郛摄政内阁成立，由黄郛摄政。11月2日，曹锟被迫辞职。

“北京政变”发生后，帝国主义和段祺瑞、张作霖对冯玉祥成立摄政内阁，将清室迁出宫禁和邀孙中山北上等措施，是极其疑忌的。日本帝国主义本想利用冯玉祥打败吴佩孚，而后再由段祺瑞出任执政。于是，段祺瑞、张作霖一方面在舆论上给冯玉祥制造压力，另一方面在军事上重新联合以制冯。在诸种复杂的情况之下，冯玉祥只得于10月27日通电迎段祺瑞入京就任国民军大元帅。但段基于当时“手无军队，若贸然出任艰巨，恐不免为冯所操纵”，以及“奉张此次自恃其功，进兵京畿以制冯氏亦未可知”等盘算，故而迟迟没有进京就任。至11月8日，张作霖率军自奉天入关进驻天津，段祺瑞在暗联长江各省直系势力已有头绪的情况下，他才决定抢在孙中山北上之前于天津召开会议，以图左右时局。

此时，段祺瑞与张作霖的联合日渐明显，冯玉祥已处于孤立地位。11月10日，即在孙中山发表北上宣言的同日，长江各省通电拥段；当晚，奉军即将冯玉祥在天津的新编第三、四混成旅缴械；次日，又将王承斌的第二十三师缴械。13日，长江东南八省在南京开会，由吴佩孚领导组成联防，阻止北方势力的南下，并通电声称对北京所发命令概不承认。于是，冯玉祥遂与张作霖推戴段祺瑞为中华民国临时执政。19日齐爕元等再次联名通电请段祺瑞早日出任。段祺瑞感到时机已到，便于20日入京。11月24日，段祺瑞就任临时执政。接着公布《临时政府条例》，发表政府任职要员名单，完全把冯玉祥的人员排斥在外。这样，震惊一时的“北京政变”仍以军阀重新上台而告结束。

冯玉祥这位“基督将军”自1924年10月23日率师回京，到11月24日段祺瑞就任执政的同日通电下野，历时仅一个月，虽令人有“昙花一现”之感，却在民国史上留下不可抹灭的功绩。用冯玉祥自己的话说，这次政变是“革命之行动”，以后他在五原誓师时发表的宣言中称这次政变为“首都革命”。后来不少人沿用这一说法。

此次武装政变的进步意义在于，它推翻了曹锟贿选政府，削弱了直系军阀的军力，至此成为北洋军阀由盛到衰的转折点；冯玉祥邀请孙中山北上，扩大了国民革命的影响，他建立的国民军，有利于北方革命运动的发展，并对以后的北伐战争也起了积极的作用。另外，这次武装政变废除了溥仪的尊号并迁其出宫，搬掉了封建余孽企图复辟的偶像，清室小朝廷从此消灭。毫无疑问，这是一件有进步意义的大事，不仅在于铲除了复辟祸根，而且对于清除人们头脑中的封建思想和建立保护历史珍贵文物的意识均有重要的意义。

## 2 鹿钟麟实演“逼宫”戏

当冯玉祥的国民军在军事上对直系军阀取得决定性胜利之时，躲在紫禁城里的清室小朝廷早已是惶惶不可终日，他们好像已经预感到什么。11月2日是个星期日，天刚亮，溥仪的英国师傅庄士敦就被召到宫里开会。在场的除了庄士敦、溥仪之外，还有溥仪的岳父荣源和郑孝胥。后两个人举出了各种理由，说他们确信冯玉祥正打算发动另一场针对小朝廷的“政变”。接着他们讨论是否把溥仪转移到使馆区……

另一方面，由黄郛出组摄政内阁，代行大总统职权。黄郛接受了冯玉祥的建议，决定修改清室优待条件，驱逐溥仪出宫，并且选定由鹿钟麟来执行这一任务。“北京政变”时鹿钟麟是冯玉祥主力部队第十一师（兼师长）二十二旅旅长，所辖部队是在10月23日凌晨最先开进北京的。此后鹿钟麟被任命为京畿警卫司令。当时冯玉祥一再对鹿钟麟表示：“在中华民国的领土里，甚至在首都的所在地，居然还存在着一个废清小朝廷，这不仅是中华民国的耻辱，也是中外政治阴谋家随时企图利用的孽根。现在稍明事理的人，无不以留辫子为可耻，留溥仪在故宫，就等于给中华民国还留着一条辫子，这是多么令人羞耻的事啊！”[1] 这段话便成为鹿钟麟执行驱逐溥仪出宫时所奉行的指导思想。

冯玉祥行伍出身，清末入伍当兵升至管带（营长）。辛亥革命以后，曾先后担任北洋陆军第十六混成旅旅长，第十一师师长等职。他是当时北洋军阀系统内具有一定旧民族主义革命意识和社会正义感的将领。早在辛亥革命时期他参与发动了滦州起义，任起义军参谋长，并向天津进兵。他曾强烈反对张绍曾“维持君主立宪”的主张，要求非推翻清朝帝制不可。1915 年袁世凯阴谋称帝，曾封冯玉祥为“男爵” 为此冯玉祥抱头痛哭，表示：这是对我冯玉祥的极大侮辱，不把袁贼铲除，不把帝制推倒，对不起滦州起义的弟兄们。后来四川督军陈宧调冯玉祥入川抵挡云南起义，冯玉祥率部到达叙府，即与护国军取得联系，迫使袁的亲信将领陈宧通电独立反袁，因而加速了袁世凯的灭亡。

1917 年张勋搞复辟，冯玉祥率部由廊坊直捣北京，曾令炮轰紫禁城，因段祺瑞力阻，未能如愿。冯玉祥愤恨地说：“若不是溥仪还留在紫禁城里，哪能有今天的这个乱子？斩草必先除根啊！”接着冯玉祥发表了通电，四项内容即：“一、取消清室优待条件，四百万两优待金立即停付；二、取消宣统名义，贬溥仪为平民；三、所有宫殿朝房及京内外清室公地园府，尽皆收归国有，以为公共之用；四、严惩逆诸犯，以遏奸邪之复萌。”[2] 可惜这个通电并没有得到当时北洋政府的响应。因此，冯玉祥在北京发动军事政变后，立即作出驱逐溥仪出宫的决断并非出自偶然。

这一事件的序幕终于被拉开了。政变后，国民军总部为了统

---

① 鹿钟麟：《驱逐溥仪出宫始末》，载《天津文史资料选辑》第 4 辑。

② 冯玉祥：《我的生活》，第 254 页。

一军权，曾于1924年11月3日，将故宫及景山的驻京师卫戍总部所属部队一千二百余人缴械，调驻北苑，听候改编。对此，清室尤感不安，当即函询国民军总部，为何采取这样的措施。当时国民军向清室说明，这是为了统一军权，以便更好地维持治安，并无其他用意，但清室不仅不相信，反而更觉惊慌。第二天午后，鹿钟麟接到报告，据说清室已电告外界：传说有不利于清室的举动，应早作准备等语。经过分析，认为事不宜迟，鹿钟麟立即面报冯玉祥，建议采取断然行动。冯玉祥表示同意后，鹿钟麟即联系黄郛，商定紧急措施。黄郛即时召集了临时国务会议，决定派鹿钟麟主持此事，名义上是派往洽商修改清室优待条件，实际上是驱逐溥仪出宫。同时，派当时北京警察总监张璧协助，另聘社会名流李石曾（煜瀛）参加。

当摄政内阁把各项准备工作安排就绪后，黄郛召鹿钟麟到国务院，面授机宜。黄郛满怀希望地对鹿钟麟说：“这出戏全仗着你唱了。”鹿钟麟答道：“我一定要唱好这出戏！”接着鹿钟麟又说：“故宫里积有无数的奇珍异宝和金银，我执行这项特殊任务，难免瓜田李下，招人非议。虽然我自信故宫之宝价值连城，而我的人格却是无价之宝。”黄郛笑着说：“请勿过虑，你的一切，我都了解，尽管放手去做，愿早传捷报。”①

当晚，鹿钟麟在警卫司令部邀请张璧和李石曾商讨任务如何执行。张璧首先问鹿钟麟：“这个任务非比一般，需要带多少军警？”鹿钟麟伸出两个手指头，张璧问：“两万吗？”鹿钟麟摇摇头，他又问：“两千？两百？”鹿钟麟摇着头说：“用不着那么多的人，有军警各二十人就够了。”张璧接下来说：“在警察方面，我就这样

① 本自然段引文参阅鹿钟麟：《驱逐溥仪出宫始末》，载《天津文史资料选辑》第4辑。

布置。”这时，李石曾插话说：“事体重大，必须以迅雷不及掩耳的手段，立即行动，迟则生变。”鹿钟麟说：“完全正确，不过还要注意到威而不猛。此事可分两个步骤，第一步是迫使溥仪接受修正清室优待条件，即刻迁出故宫；第二步是进行清室善后事项。遵照内阁指示，第一步由我负责主持；第二步内定由李石曾先生主持。我建议李先生今夜先组织一批接收人员，准备随时调用，免得临时措手不及。”李石曾说：“尽一夜时间，作好妥善准备。”最后三人决定：5 日上午在警卫司令部集合，9 时开始行动，迫使溥仪当日迁出故宫，其他次要问题，可斟酌实情予以宽容。另外决定于溥仪迁出之后，接收人员随即进宫，开始工作。[①]

李石曾和张璧走后，鹿钟麟立刻召韩复榘前来，当面商定布置：以警卫部队一部，潜伏神武门附近；另一部增援张璧部原驻景山附近的警务，同时命令原在天安门一带及故宫附近的警卫部队，届时加强警戒并准备随时策应。此外，以警卫部队两个连，准备接替守卫故宫，另两个连准备派往守卫溥仪住所。所有上述任务，统限于当夜拂晓前布置完毕，不容稍有延误，并力求迅速和机密。

1924 年 11 月 5 日上午 9 时，鹿钟麟携带摄政总理黄郛代行大总统的指令，会同张璧、李石曾由警卫司令部乘汽车出发，后随卡车两辆，分载军警各 20 人，直趋神武门。当时守卫故宫的清室警察见这一行人来势凶猛而惊慌失措。鹿钟麟当即下令预伏于神武门附近的国民军警卫队，先将守卫故宫的警察缴械。继而将神武门左右的清室警察四个队（每队百人，分驻护城河营房）全部缴械，听候改编。待国民军警卫部队完全控制了神武门一带之

① 本自然段引文参阅鹿钟麟：《驱逐溥仪出宫始末》，载《天津文史资料选辑》第 4 辑。

后，鹿钟麟偕同张璧、李石曾率军警各20人，进入故宫，沿路见到人就喝令站住不许动，直入隆宗门原军机处的旧址。

在军机处鹿钟麟召来清室护军统领毓逖，给以监视，令其派人传知宫内全体文武人员一律不准自由行动，再令其传知内务府主管人员即刻来见。不一会儿，内务府大臣绍英和荣源到来。鹿钟麟首先出示大总统指令和修正清室优待条件，限绍英两小时内促使溥仪接受，废去帝号，迁出故宫；其次命令他俩派员移交各项公私物品。

听鹿钟麟宣读完命令，绍英早已是神色慌张，他力持镇静，但却掩饰不住内心的恐惧。在这种极度紧张的情况下，他忽然对李石曾说：“你不是李鸿藻故相的公子吗？何必相逼如此？”鹿钟麟当即义正严辞地回答道：“我们今天是奉命而来，要请溥仪迁出故宫，这不是我们的私意，而是全国老百姓的要求。老百姓们说的好，中华民国成立十三年了，在北京故宫里，还有个退位的皇帝，称孤道寡，封官赐谥，岂非遗笑天下？我们既是国民军，就该替国民办事，我们不来，老百姓就会来的。不过，我们来还可以保护溥仪安全出宫，若老百姓来了，恐怕溥仪就不会这样从容了，所以我们这次来，不仅是给国民办事，而且也是为清室做打算！”①

绍英听后仍不甘休，又说：“大清皇帝入关以来，宽仁为政，民心未失，民国同意的清室优待条件尚在，为什么骤然这样对待呢？”鹿钟麟跟着驳斥道：“按你的立场，当然替清室说话，但你必须冷静地想一想，从清兵入据关内以来，到处杀戮，残害百姓，历史上‘扬州十日’、‘嘉定三屠’等等血海冤仇，到今天老百姓还记忆犹新，你所说的宽仁在哪里呢？再说，张勋拥戴逊帝复辟，

① 本自然段引文参阅鹿钟麟：《驱逐溥仪出宫始末》，载《天津文史资料选辑》第4辑。

时虽短暂，但清室的叛乱祸国，违背优待条款，以怨报德的罪恶行为，老百姓能不愤然要求严惩你们吗？我郑重地告诉你，现在宫外已布满军警，两小时你们不做具体答复，军队就要向故宫开炮，你要三思，急促溥仪从速遵令出宫。否则，你们的安全，难再保证。”绍英听了鹿钟麟的这番话早已是惊魂出窍，待他定了定神又说：“我和溥仪有君臣关系，说话不能随便，要有分寸。”鹿钟麟说：“到这时你还讲什么君臣关系？这是命令，你应该遵照，快去传达。”绍英至此，乃惊惧踉跄地入告溥仪。①

这时大约是上午9点多钟，溥仪正在储秀宫和婉容吃着水果聊天，内务府大臣们突然踉踉跄跄地跑了进来。为首的绍英手里拿着一件公文，气喘吁吁地说：“皇上，皇上，……冯玉祥派了军队来了！还有李鸿藻的后人李石曾，说民国要废止优待条件，拿来这个叫，叫签字，……”溥仪一下子跳了起来，刚咬了一口的苹果滚到地上去了。溥仪夺过他手里的公文，看见上面写着：

大总统指令

派鹿钟麟、张璧交涉清室优待条件修正事宜，此令。

中华民国十三年十一月五日

国务院代行国务总理黄郛……

修正清室优待条件

……②

溥仪看了新修正的条件，并没有自己原先想象的那么可怕，但是绍英说了一句，立即又让溥仪跳了起来：“他们说限三小时（绍

① 本自然段引文参阅鹿钟麟：《驱逐溥仪出宫始末》，载《天津文史资料选辑》第4辑。

② 引自爱新觉罗·溥仪：《我的前半生》，第166、167页。

英私自加了一个小时）内全部搬出去！”[①] 随后溥仪在宫里邀集各贵妃召集了所谓御前会议，讨论对策。与会人佥谓按照民国元年优待条件，清室本应移居颐和园，只因民国政府不令迁出，延迟至今，清室对于迁宫一节本无所谓，不过时间迫促，实在来不及，宫内各物原属爱新觉罗氏私产，当然有自由处分管理之权，不能点收云云。

绍英“领旨”后，从溥仪处出来对鹿钟麟交涉说：“按照清室优待条第三款，清室本应移居颐和园，只因当时民国政府不令迁出，致拖延至今。清室对于迁居一节，本无不可，惟以时间仓促，实属来不及。至于宫内各物，均属爱新觉罗氏私产，当然有自行管理、处理权。”鹿钟麟当即严肃地予以驳斥：“今天要谈的是出宫问题，这一问题不解决，其他一切都谈不到。我再次郑重地告诉你，遵令出宫，我们有妥善的对待办法，如果你们违令，执意不出宫，我们也有既定的对策，所以出宫问题，今天必须得到解决，任何企图拖延的打算，都是徒劳无益的。至于宫内各物，你们仍想据为爱新觉罗氏的私产，这是全国老百姓坚决不答应的。试问：宫内各物哪一件不是从国民手里搜刮掠抢而来的？今天国民要收归国有，这是天公地道的。不过只要溥仪接受修正清室优待条件，迁出故宫，我们给以适当照顾，老百姓还是会同意的。总之，你应该促使溥仪早作抉择，否则悔之不及。”绍英碰壁后，还未死心，仍想作最后的挣扎，他借口瑾妃逝世不久，瑜、瑨二妃不愿出宫，提出给以时间，约定日期出宫，俟这些问题解决后，再行商谈，复遭鹿钟麟严词拒绝。[②]

---

① 鹿钟麟：《驱逐溥仪出宫始末》，载《天津文史资料选辑》第 4 辑。

② 本自然段引文参阅鹿钟麟：《驱逐溥仪出宫始末》，载《天津文史资料选辑》第 4 辑。

绍英一再拖延，时间也已满了两小时，鹿钟麟把面孔一沉，对左右的人说："两小时已到！"接着便把预藏怀里的两枚空心炸弹掏出，用力向桌上一摆，绍英吓得浑身颤抖，荣源竟跑出去寻找藏身之处了。鹿钟麟说："你们不要怕，这炸弹不是用来炸你们的，因为时限已到，我要在外边开炮前，先把自己炸死。"绍英见到这种情况，慌忙要求说："请再宽容时间，好使入告，急速作出最后决定。"鹿钟麟见此着已有成效便说："既如此，再宽限20分钟。"又回顾左右的军警说："赶快去！告诉外边部队暂勿开炮，再限20分钟。"①

溥仪听了绍英的报告，自知不能坚持，传知大内各宫太监、宫女各人，收拾细软物件，准备出宫。并出内帑，每太监一名发洋十元，宫女给洋八元。宫内计有太监四百七十余人，宫女百余人。绍英令尚未资遣的各宫太监，仍旧执行职务，此令一下，宫内一时顿呈混乱状态，宫内悬挂的"宣统十六年十月初八"的牌示，被急行摘去。

绍英又立即回复鹿钟麟等，言溥仪接受了修正清室优待条件，答应迁出故宫，同时交出了印玺。并交付鹿钟麟一份以清室内务府名义致摄政内阁的复文，略谓："修正清室优待条件，业经清帝谅解，一切奉谕照办。"② 谈判至此，继而转入移居何处问题。

绍英对鹿钟麟说："出宫迁至颐和园或迁至别处，颇愿一听司令意见。"鹿钟麟回答说："移居颐和园固无不可，不过还有些先决条件，恐怕今天来不及解决，为了方便起见，我看还是先移居溥仪的父亲载沣家中，然后再从长计议久居之处。"绍英听罢，便

---

① 本自然段引文参阅鹿钟麟：《驱逐溥仪出宫始末》，载《天津文史资料选辑》第4辑。
② 同上。

又入内与溥仪磋商。[1]

溥仪又召集了第二次御前会议，讨论移居何处。结果决定迁居德胜桥醇王府，随即派内务总管往醇王府处赶紧准备废帝移居事宜。鹿钟麟也命令预先准备的两个连的警卫部队，限即开赴醇王府，开始执行警卫任务。

1924 年 11 月 5 日下午 4 时 10 分，溥仪及其后、妃和亲属等离开故宫。同行汽车共五辆，鹿钟麟乘第一辆，溥仪、绍英乘第二辆，溥仪后、妃和亲属及随侍人员分乘第三、第四辆，张璧等乘第五辆，由故宫直驶醇王府（清室称北府）。溥仪在醇王府门前下车，这时才是鹿钟麟与溥仪的第一次见面，他们相互握手致意。鹿钟麟说："溥仪，今后你还称皇帝吗？还是以平民自居呢？"溥仪回答说："我既已接受修正清室优待条件，当然废去帝号，愿意做一个中华民国平民。"鹿钟麟说："好，你既然愿当平民，我身为军人，自有保护责任，一定要通知所属，对你加以保护。"张璧在旁凑趣地说："你既是一个中华民国平民，就有当选大总统的资格。"到此，鹿钟麟、张璧与溥仪等握手道别。[2]

鹿钟麟与张璧驱车回到故宫。鹿钟麟再携带溥仪交出的两颗印玺，先到旃檀寺国民军总部，向冯玉祥报告任务执行经过。冯玉祥听罢，满意地挑起大拇指说："办的好！做了一件大大的好事，同时也得偿了我们多年的宿愿。你的功劳，实在不容埋没。"鹿钟麟回答道："这次所以能够没出什么差错，全仗先生的德威。"冯玉祥一再谦辞，连声说："快去报告国务院罢！"[3]

---

① 本自然段引文参阅鹿钟麟：《驱逐溥仪出宫始末》，载《天津文史资料选辑》第 4 辑。

② 同上。

③ 同上。

于是鹿钟麟转往国务院，面见黄郛。鹿钟麟报告说："溥仪已经接受了修正清室优待条件，并于今天下午4时离开了故宫迁往醇王府。"接着详细地汇报了任务执行经过。黄郛频频嘉许，连说："好！好！这出戏唱得很好，可称文武俱佳，值得叫好，哈哈……"鹿钟麟笑答道："谈不到什么，不叫倒好就可以了。"接着鹿钟麟将溥仪交出的两颗印玺递给黄郛，一颗是"皇帝之宝"，另一颗是"宣统之宝"。黄郛接过去看了一下，即交给秘书长袁良暂行保管。当时黄郛决定，为使外界了解真相，即日发出歌电，通告各方，说明溥仪接受修正清室优待条件及离开故宫的经过情形。电文如下：

民国建国，十有三年，清室仍居故宫，于原订优待条件第三条，迄未履行，致首都之正中，存有皇帝之遗制，实于国体民情多所抵触。爰于十一月五日，与清室商订民国修正优待条件，其文曰：今因大清皇帝欲贯彻五族共和之精神，不愿违反民国之各种制度仍存于今日，特将清室优待条件修正如左：

第一条　大清宣统帝即日起永远废除皇帝尊号，与中华民国国民在法律上享有同等一切之权利；

第二条　自本条件修正后，民国政府每年补助清室家用五十万元，并特支出二百万元开办北京贫民工厂，尽先收容旗籍贫民；

第三条　清室应按照原优待条件第三条，即日移出宫禁，以后得自由选择住居，但民国政府乃负保护责任；

第四条　清室之宗庙陵寝永远奉祀，由民国酌设卫兵妥为保护；

第五条　清室私产归清室完全享有，民国政府当为特别保护，其一切公产应归民国政府所有。①

随即国民摄政内阁政府宣告成立清室善后委员会，由李石曾任委员长，开始查点故宫内一切物品。

第二年的10月10日，故宫博物院宣告成立，开幕典礼盛极一时，鹿钟麟是当然的发言人。他在发言中，除对故宫博物院的成立致以祝贺和期待外，并简要述及往洽修正清室优待条件及驱逐溥仪出宫经过，最后他说道：“在座诸位，都听过‘逼宫’这出戏！有人指责我去年的所作所为，也是‘逼宫’，但是，从我国历史上看到的‘逼宫’，都是为个人谋取帝位，行其改朝换代，或谋取个人升官发财。我所作的‘逼宫’，是为中华民国而逼宫，是为神州四亿国民而逼宫，逼宫之名虽同，而逼宫之实则异。”②

## 3　孙中山先生秘书处的复函

一场“逼宫”戏所引起的轩然大波，绝不亚于几日前的军事政变。

11月8日，《社会时报》报道，鹿钟麟与张璧等向清室代表耆龄等郑重发言：据国务院调查，宫中印玺实有25颗，现在交出的仅有两颗，今日奉命接收其余印玺。随即两方代表前往交泰殿点验印玺，并由民国代表讨论是否运往国务院，煞似一场激烈的夺权斗争。后来李石曾发表意见，谓：搬运恐有撞伤，不如仍存原处，殿门加以封锁，将来仍按原次序位置陈列，以存原状。李石

① 参阅鹿钟麟：《驱逐溥仪出宫始末》，载《天津文史资料选辑》第4辑。

② 《故宫博物院开幕纪盛》，载1925年10月12日《顺天时报》。

曾的意见得到了鹿钟麟与张壁的赞成，即命国务院派来的柳衔书等四人立即予以封存。

与之颇有几分相像的另一场“夺印”斗争也发生在几天之前。11月2日，曹锟被迫辞去总统职务后，获准离开北京。他没有片刻滞留，立即前往天津的外国租界。但是，他显然是居心叵测，打算一旦得到洋人的保护，就立即撤回那些在“国民军的枪口下”被迫发布的指令。为了这个目的，他随身带走了总统印玺。但是运气不佳，火车还没有到达天津，人们就发现印玺不见了。火车在国民军的命令下，在半路停了下来，曹锟被明确告知，现在他的自由，乃至性命，就取决于是否交出印玺。他立即将总统印玺交了出来，随后火车将他平安带到了天津。

或许是由于以上两个事件具有相似之处，华北的一家主要外国报纸——《京津泰晤士报》11月8日的报道，将驱逐溥仪出宫称为“第二次北京政变”，并指责说：冯玉祥的第二次北京政变与第一次政变一样，“构成了所谓中华民国风云变幻的整个历史上最为声名狼藉的篇章之一。”

由于驱逐溥仪出宫，冯玉祥与黄郛政府面临着强大的反对势力，它们主要来自段祺瑞、清室顽固势力、奉系军阀与列强干涉势力。

溥仪出宫后第二天，段祺瑞在天津即发表谈话，声称要竭力为清室维持一切，并致电冯玉祥质问说：“顷闻皇宫锁闭，清帝迫移万寿山等语。要知清室逊政，非征服比，优待条件，全球共闻，虽有移驻万寿山之条款，缓商未为不可，迫之于优待条件，不无刺谬，何以昭大信于天下乎？望即从长计议。”冯玉祥当即复电致段祺瑞，谓：“清室为帝制余孽，复辟之祸，贻羞中外，张勋未伏国法，废帝仍有私号，均为民国之耻。留此孽根，于清室为无意，于民国为不祥。此次移私邸，废去无用之帝号，人人视为当然，除清室少数人仍以帝号为尊荣者外，莫不欢欣鼓舞，所谓尊重民国，正所以保全清室也。”当时冯玉祥还对鹿钟麟说：“段祺瑞居心何在，我不明白。他曾充当过军咨府大臣，叩头叩上了瘾，莫不是他还要留着溥仪过叩头的瘾吗？”[①]

段祺瑞出任执政后，12月14日，摄政内阁宣告结束。段祺瑞竟表示不承认清室善后委员会，清室善后委员会并不示弱，直接向段祺瑞提出质问：“清室善后委员会是根据摄政内阁命令组成的，人选是经过摄政内阁聘用的，合理合法；而且各院、部均派有助理员参加工作，如何能够不承认？”[②] 恰在此时，孙中山先生北上抵达天津，发表公开谈话，特别提出：对国民军修改清室优待条件，请溥仪迁出宫禁之举动，表示满意。孙中山的谈话对段祺瑞来说，无疑是个极大的压力，因此，段祺瑞迫于不得已暂时作了让步。

反对溥仪出宫的清室顽固势力包括清室宗族和遗老、旧臣等，由于他们的切身利害，对国民军的行动当然不满。自辛亥革命以后，这些人为了保全自身的利益，隐匿于紫禁城内，把持着宫廷一切事物，阴谋永久地占据故宫。因此，溥仪被逐出宫禁，这些人感到比清帝退位更难过。溥仪既已出宫，他们就失去了阴谋活动的根据地。这股势力已处于垂死之际，必然要拼命挣扎，故而奔走呼号，分头活动，不遗余力地求助于段祺瑞和张作霖等军阀以及帝国主义者，妄图借他们的力量恢复清室优待条件。其所作所为大多载于金梁的《遇变日记》之中。其中在给张作霖的函件

① 本自然段引文参阅鹿钟麟：《驱逐溥仪出宫始末》，载《天津文史资料选辑》第4辑。
② 吴景洲：《故宫盗宝案真相》，文史资料出版社1983年版。

中，金梁又张起了皇室博物馆的破旗，言："清室善后委员会应停止，设清宫管理处，由清室自行清理、保管、开放、陈列，筹办博物、图书馆。"妄图负隅顽抗。

继段祺瑞之后，张作霖也出来表明态度。据日本电通社讯：奉天的张作霖，不满意冯玉祥驱逐溥仪出宫的办法，与段祺瑞抱有同感。张作霖到达天津，与段、冯会商时局时，将要提出这件事，问一问冯玉祥对此事的真意所在，然后联合段祺瑞决定处理方针。冯玉祥见讯，曾公开宣布：此次班师回京，并无何多贡献，惟修正清室优待条件并驱逐溥仪出宫，尚可告无愧于天下后世。冯玉祥曾对鹿钟麟说："张作霖向溥仪称过臣，现在看来，他们间的君臣关系，倒是名符其实。"①

据传，段祺瑞原本拟联合张作霖，借驱逐溥仪出宫为由，要向国民军和冯玉祥兴师问罪，但迫于当时的社会舆论，以致欲加之罪，终患无辞。这样段祺瑞、张作霖即使到京，"皆空言示好，实无办法，众为所欺，以为恢复即在目前，于是事实未见，而意见已生。"清室遗老们只落得个"有主原订条件一字不能动者，有主必还宫复号者，有主改号逊帝者，有主岁费可减必有外人保证者，有主移住颐和园者，有主在东城购屋者。实则主权在人，无异梦想，皆不知何所见而云然也。"②

另一方面，在庄士敦的鼓动下，荷兰（当时荷兰公使欧登科是外国使团的首席公使）、日本、英国的三国公使，于11月5日午后，③前往中国外交部，约见新任外交部长王正廷，要求了解关

① 简又文：《冯玉祥传》，载《传记文学》第37卷，第4期。

② 金梁：《遇变日记》二十九日（25日），载《文史资料选辑》第13辑。

③ 三国公使是：荷兰公使欧登科、英国公使麻克类、日本公使芳译谦吉。

于所谓“入侵”紫禁城的情况。他们还要求保证前清皇帝和皇族的安全。王正廷向三国公使暗示所发生的事件完全属于中国内政，与国际关系无关，外国使团对此事没有发言权。但是，三位公使不肯就此罢休。他们申辩说，只出于人道的考虑，他们有权使自己相信，前清皇帝不会受到虐待和侮辱。并威胁说，他们所代表的政府将对任何虐待前朝皇帝的行为感到非常不满。

王正廷表示，溥仪没有任何危险，也没有受到虐待，他的个人自由也不会受到干涉。事实上，他平生第一次成了一个自由人。更何况中国舆论一直要求修改清室优待条件，停止使用皇帝头衔，废除朝廷及内务府，溥仪的身份应该是民国的一位普通公民。内阁相信，这是人民的意愿。为顺从民意，已在准备与前皇帝达成一项新的“协议”，包括发表一项改变皇帝身份的声明。那天摆在溥仪面前要他接受的，正是这项声明，即《修正清室优待条件》。

这是外国势力妄图以外交途径干涉中国内政的一次粗暴的行动，但是由于没能找到适当的理由，最终没有提出正式抗议。

摄政内阁针对上述情况，于11月8日以国务院的名义，又向全国发出一个庚电，向全国以至世界说明事实经过。原文如下：

慨自晚清逊政，共和告成，五族人民，咸归平等。曩年优待条件之订，原所以酬谢逊清，然今日时势，隐患潜伏，对此畸形之政象，竟有不得不量予修正以率其德者。诚以北京为政治策源之地，而宫禁又适居都会中心，今名为共和，而首都中心之区，不能树立国旗，依然沿用帝号，中外观国之流，靡不列为笑柄。且闻溥仪秉性聪明，平日恒言愿为民国一公民，不愿为禁宫一废帝。盖其感于新世潮流，时戚戚然以己身之地位为虑。近自财库空虚，支应不继，竭蹶之痛，益伤其身。故当百政刷新之会，得两方同意，以从事于优待条件之修正。自移居后海，并饬由军警妥密保护。从此五族一体，阶级尽除，其基础如磐石。而溥仪方面，既得自由向学之机，复苏作茧自缚之困。异日造就既深，自得以公民资格，宣勤民国，用意之深，人所共喻。缅维荩虑，定荷赞同。至于清室财产，业经奉令由国务院聘请公正耆绅会同清室近支人员，共组一委员会，将所有物件分别公私，妥为处置。其应归公有者，拟一一编号交存于国立图书馆、博物馆中，俾垂久远，而昭大信；并以表彰逊清之遗惠于无穷。恐远道传闻，有违事实，特电布闻，敬祈照察。院庚（八日）印。①

国务院电文一经发布，驱逐溥仪出宫之事在社会上得到了大多数人的理解与拥护。然而，外国干涉势力仍然对此耿耿于怀，一位“不能被认为是同情君主派的西方作家”这样描述中国民众的态度：

政府任意取消退位条例，引起了广泛的惊恐。这个事件的影响甚至比在吴佩孚大帅的背后放暗枪还要大。……赞同政府这一行动的只有少数人，就是那些与苏联大使馆和孙逸仙博士有着密切联系的政治家。②

以上这段话中所指的“只是少数人”，显然是歪曲了事实，这在后面的陈述中便可以得到证实，然而，其中所说的与孙中山有着密切联系的评论确是事实。

---

① 引自吴景洲：《故宫盗宝案真相》，文史资料出版社1983年版，第13页。

② 贝科切诺夫：《旧时代的新光》（1931年版），第197页。引自《紫禁城的黄昏》，第323页。

早在北京政变之前，冯玉祥已向往于孙中山领导的国民革命，并与南方革命力量发生过联系。1920 年秋，冯玉祥由常德调驻武汉时，就曾致书孙中山，表示仰慕之情。随后孙中山派徐谦、钮永建带着他的信到汉口会见冯玉祥。他们向冯玉祥表示希望他“能够一致从事革命工作”，使冯玉祥“很是兴奋感激”。冯玉祥率部移驻河南信阳后，派秘书任佑民去广东回访孙中山，并表示只要孙中山用得着他时，他“当然无不尽力以赴”。以后冯玉祥驻军南苑期间，1923 年 2 月，马伯援奉孙中山之命到京拜访冯玉祥。冯玉祥表示要与国民党人往来，并嘱马伯援代为引荐。马伯援介绍了一些国民党人与冯玉祥谈话。同年夏秋间，孔祥熙给冯玉祥带去了孙中山赠送的亲笔写的《建国大纲》。冯玉祥读了之后，“心里涌起了一种兴奋钦慕之情”。12 月，马伯援奉孙中山之命再次拜访冯玉祥，告以广东方面情形及孙中山对冯玉祥的殷切期望。冯玉祥当即对马伯援表示：“政府兵力，数倍于吾人，冒险盲动，终必失败，稍待则济，不必急急，我终要革命的，请转语中山先生及季龙。”“待时机到来，我一定有所举动。”在此期间，徐谦等还介绍冯玉祥与苏联驻华使节加拉罕相识，他们常有往来，谈论苏联革命后各方面的情形，使冯玉祥得到许多新知识。[①]

“北京政变”后，孙中山说过：“在两三年前，便有几位同志说：我们以后革命，如果还是专在各省进行，力量还是很小，必要举行中央革命，力量才是很大。由于这个理由，那几位同志便到北京去进行。”这就是指国民党人联络冯玉祥共同反对直系军阀的活动。所以孙中山说：“这回变化（按：指“北京政变”）之中，

① 参阅蔡静仪：《北京政变的前前后后》，载《南开学报》，1984 年第 3 期。

有一部分是革命党的力量。”①

冯玉祥早在策划“北京政变”之时，就与胡景翼、孙岳等约定，举事之后邀请孙中山北上共商大计。“北京政变”后，奉军大举入关，抢占地盘，张作霖采取了联合段祺瑞以制冯玉祥的策略。冯玉祥在此形势下，再次敦促孙中山北上。孙中山在收到10月23日冯玉祥等主和通电后，曾于27日致电冯玉祥等祝贺政变成功，并表示“拟即日北上”。冯玉祥等于11月1日复电孙中山，“盼早日莅都，指示一切，共策进行。”② 随后又于11月4日、6日两次致电孙中山，敦促早日北上，并于7日派马伯援南下迎接孙中山。孙中山在4日、7日复电冯玉祥之后，于8日正式电告冯玉祥：准备由粤起行，经沪北上，共图良举。

此间发生的驱逐溥仪出宫与组成清室善后委员会等诸环节均有国民党人的积极参与，据李石曾说：“首都革命以期普遍，抱此志愿者为数甚夥。就个人所知武装同志中如冯玉祥焕章、胡立生、孙禹行，非武装同志中如黄膺白、段子均及吾个人皆从事于此，膺白多致力于焕章方面，子均与吾个人致力于立生、禹行方面，为秘密工作之进行，此国民一二三军未张其旗帜以前一段之经过，亦即使溥仪出宫间接之工作也。”③

冯玉祥驱逐溥仪出宫后，很快就得到了南方国民党人的声援，据《顺天时报》11月13日的报道：

昨日此间国民军总司令部，又接到（国）民党要人胡汉民、汪精卫、廖仲恺之来电，赞美将优待清室条件

① 《孙中山选集》下卷，人民出版社1981年版，第900页。

② 参阅1924年11月11日《晨报》。

③ 李煜瀛：《故宫博物院记略》，载《故宫周刊》1929年创刊号。

加以修改之举动，兹录其原电如左：

北京冯玉祥焕章兄勋鉴，报载先生已令前清帝室全体退出旧皇城，自由择居。此举于正义人心，俱有裨益。无任佩慰。谨电奉贺。胡汉民、汪精卫、廖仲恺庚（八号）。[①]

在北方的国民党人张继、王法勤、丁惟汾等人也发出通电，对冯玉祥国民军此举表示热烈欢迎，积极支持。

退居苏州的近代民主革命家章太炎也致函摄政内阁总理黄郛。信中说："知清酋出宫，夷为平庶，此诸君第一功也。优待条件（此指旧订的）本嫌宽大。此以项城（袁世凯）手定，素立其朝，不恤违反大义政之。六年溥仪妄行复辟，则优待条件自消。彼在五族共和之中，而强行篡逆。坐以内乱，自有常刑。今诸君不但令出宫，贷其余命，仍以过宽，而要不失为优待。"[②] 并致电冯玉祥贺功。章太炎与冯玉祥一向不相投，当时此电曾传为佳话。

继此之后，又有文化教育界陈大齐等二百五十人发表了一个宣言。宣言除赞成驱逐溥仪出宫的举动外，并警告：

……至于溥仪私臣，假托忠爱，尚欲恢复一姓之尊荣，扰乱民国国体，或欲恢复旧优待条件，或欲扩充新优待条件及阴谋复辟，则彼等尊溥仪为皇帝，欲特殊于民国，是即民国之内乱犯，国法俱在，谅难若辈少逭。况若辈怂恿溥仪逃入日使馆，反陷溥仪于不能为民国人民之绝境。若再有其他举动，更予溥仪以莫大之危险……[③]

---

① 《民党表示赞成修改优待条件》，载1924年11月13日《顺天时报》。

② 引自简又文：《冯玉祥传》，载《传记文学》第37卷，第4期，第176页。

③ 引自鹿钟麟：《驱逐溥仪出宫始末》，载《天津文史资料选辑》第4辑，第118页。

在围绕着溥仪出宫新旧两股势力的斗争中，尤其是1925年1月6日，“孙中山先生秘书处复函”更说明国民党在溥仪出宫问题上的严正立场。1924年除夕，孙中山北上北京，卧病于北京饭店。清室方面也认为孙中山先生对于国事有举足轻重之势，于是联名致书诘难，妄想借机还宫。孙中山先生识破了对方的诡计，授意秘书处答复一函。据说当时孙中山已在病中，乃口授汪精卫写成复函，1月6日以孙中山先生秘书处名义发出。这一文件被当时各报刊载，为世人所传颂。现照录如下：

瑞辰、越千、寿民、钟权诸先生均鉴：

近奉惠书。关于十一月间修改清室优待条件及清室移宫一事，已呈请中山先生阅悉。中山先生对于此事之意见，以为由法律常理而论，凡条件契约，义在共守，若一方既已破弃，则难责他方之遵守。民国元年之所以有优待条件者，盖以当时清室既允放弃政权，赞成民治，销除兵争，厚恤民生，故有优待条件之崇报。然以国体既易民主，则一切君主之制度仪式，必须力求芟除，一以易民群之观听，一以杜帝制之再见，故于优待条件第三款载明大清皇帝辞位以后，暂在宫禁，日后移居颐和园。又于民国三年，清皇室优待条件善后办法第二款，载称清皇室对于政府文书，及其他履行公权私权之文书契约，通行民国纪年，不适用旧年号；第三款载称清皇帝谕告，及一切赏赐，但行于宗族家庭、及其属下人等，其对于官民赠给以物品为限，所有赐谥及其他荣典，概行废止。凡此诸端，所以杜渐防微，至为周至。非但以谋民国之安全，亦欲使清皇室之心迹，有以大白于国人也。乃自建国以来，清室既始终未践移宫之约，而于文书契券，仍沿用宣统年号，对于官吏之颁给荣典赐谥等，亦复相沿弗改。是于民国元年优待条件，及民国三年优待条件善后办法中清室应废行之各款，已悉行破弃。逮民国六年，复辟之举，乃实犯破坏国体之大眚，优待条件之效用，至是乃完全毁弃无余。清室已无再请民国政府践履优待条件之理。虽清室于复辟失败以后，自承斯举为张勋迫胁而成。斯言若信，则张勋乃为清室之罪人，然张勋既死，清室又予以忠武之谥，实为奖乱崇叛，明示国人以张勋之大有造于清室，而复辟之举，实为清室所乐从。事实俱在，俱可复按。综斯数端，则民国政府对于优待条件势难再继续履行。吾以认十一月间摄政内阁之修改优待条件及促清室移宫之举，按之情理法律，皆无可议。所愿清室诸公省察往事，本时代之趋势，为共和之公民，享受公权，翼赞郅治，以销除向者之界限，现五族一家之实赡。若于此时肄力学问，以闳其造就，则他日之事业，又讵可限量，以视跼蹐于深宫之中，瞢然无所闻者，为益实多。尤望诸公之高瞻远瞩以力务其大也。将命代为奉复，希裁察为幸。此颂公祉。

孙中山先生秘书处启　十四年一月六日①

这份复函是中山先生逝世前留下的重要文件之一。“复函”观点明确，论据充分，历举清室毁弃条约之事实，论证摄政内阁修正优待条件及敦请清室出宫为正当。对清室的诘难加以规劝，审明共和之义，批驳了清室欺骗公众的谎言，同时在函末，对溥仪的未来致以殷切的期望，可谓语重心长之至。这份文件可以看作

① 引自吴瀛：《故宫博物院前后五年经过记》第1卷，第26～27页。

是国民党人对此事件的严正声明，它以孙中山先生的崇高威望，义正辞严，打击了反动势力的气焰，鼓舞了斗争中的人民群众。

1925 年 3 月 12 日，孙中山先生在北京病逝。那些妄图将溥仪留在宫内给他们过叩头瘾的清室遗老与旧臣们，又想借势于段祺瑞、吴佩孚、张作霖等，一时又在北京得势起来，兴风作浪，妄图夺回紫禁城。为此，同盟会老资格的革命家章太炎致电吴佩孚：“报载溥仪要求还故宫，恢复优待条件。按溥仪于民国六年违誓复辟，罪在当讨；侍从群僚，悉宜骈戮。我国家屡加姑息，未正典刑，已为幸逃显戮，黜之海隅，同于黔首，何负于彼？纵令还宫，仍复帝号，优以廪饩，如民国纪纲何？”[①] 在社会正义力量的一致反对下，清室假军阀势力恢复“优待条件”的企图未能得逞。但是，溥仪最终以自己的行为辜负了孙中山先生的期望。段祺瑞出任执政后，命令国民军撤除醇王府的守卫，对溥仪的行动采取放任的态度。11 月 29 日，在郑孝胥、庄士敦等人的策划下，溥仪从容出走，先到了东交民巷的德国医院，后来就跑到东交民巷的日本兵营里去了。在那里，溥仪发表了一通攻击国民军和冯玉祥的演说。[②] 随后于 1925 年 2 月 23 日移居天津租界。

清室顽固势力最终有感黔驴技穷，便大造谣言，混淆听闻。在此一年以前，驻扎旃檀寺的国民军总部曾不慎失火，总部为便于消防一度断绝交通。后来绍英等为进行搅乱和报复，硬反一年前的事实，拉转回来，牵强附会，说旃檀寺的火警，原因是冯玉祥进宫盗宝，为避外人耳目，施行戒严；并说冯玉祥以大队骆驼，满载故宫宝物而去。庄士敦《紫禁城的黄昏》中的有关记述证明，他

① 引自吴景洲：《故宫盗宝案真相》，第 80 页。

② 爱新觉罗·溥仪：《我的前半生》，第 191 页。

没有参与这一造谣活动，只是听信了这些荒谬的谣言。

其实，自溥仪出宫，冯玉祥从来没有进过故宫，未几便离开北京。1928年7月初，北伐军底定北方，北京改称北平，蒋介石、李宗仁、阎锡山齐集北平，冯玉祥才回到北平与蒋介石等会晤。那时故宫博物院曾举行茶会，邀请他们参观。当时著名学者沈兼士主持茶会，致词欢迎之后，即指定鹿钟麟发言，鹿钟麟当众问沈兼士：“冯玉祥过去到过故宫吗？”沈兼士脱口答道：“没有，今天才是第一次。”①

且说二次直奉战争后，冯玉祥曾主张请孙中山北上主持国事，但奉系则为扩张实力，急需另外物色人选来平衡各方关系以稳定局势。段祺瑞此时已失势，且资历较长，因而成为适当其选的人物。当时拥有军事实力的苏、鄂、浙、皖、闽、赣、豫七省督军也通电拥段出山。在这种情况下，冯玉祥不得已放弃邀请孙中山主持政府的初衷而为“联张拥段”。于是张作霖、冯玉祥决定拥段祺瑞为“中华民国临时总执政”。11月24日，久处寂寞的段祺瑞入京，次日即宣告就职。然而，段祺瑞名义上居临时执政的重位，实际权力已非昔比，只是一位政府的空头首脑。

各派军阀在新形势下为维护各自利益又开始进行新的排列组合。南方的齐燮元、卢永祥和奉浙战乱不已；北京政府内段祺瑞在奉系控制下惟命是从；奉系与国民军系矛盾日益明显；奉系内部也出现了分化；国民军系的冯玉祥则乘张作霖镇压郭松龄倒戈和清理内部的时机，驱逐了直督李景林而占有直隶。1926年初在日英帝国主义撮合下，奉、直军阀在联合“反赤”口号下重新勾结，开始向北方的国民军和南方的革命势力发动进攻。1926年3

① 鹿钟麟：《驱逐溥仪出宫始末》，载《天津文史资料选辑》第4辑。

月间，在奉军与国民军于大沽口交战之际，日本帝国主义军舰公然助战，开炮轰击，并联合英美帝国主义借口《辛丑条约》中天津附近不得驻兵的规定，阻止国民军在天津布防。又由八个帝国主义国家联合通牒北京政府，威逼国民军撤退。这一干涉我国内政的粗暴行径，激起了中国人民的愤怒。3月18日，北京以大学生为主的爱国群众在天安门集会，游行示威，表示抗议，要求段祺瑞政府反对外国干涉。游行队伍行至铁狮子胡同执政府门前时，遭到执政府卫队的野蛮屠杀，死伤百余人，是为震惊中外的“三·一八”惨案。鲁迅先生曾谴责，这是民国历史上最黑暗的一天。

事件后，清室善后委员会委员长李石曾因与事件有牵连，遭到段祺瑞执政府以共产党“罪名”通缉，而被迫离职，由庄蕴宽、卢永祥主持故宫会务。承庄蕴宽向内务部总长屈映光申办，商准借调古物陈列所警卫，改编守卫。4月5日，撤出鹿钟麟所派的警卫部队，结束了国民军守卫之责。鹿钟麟部守卫宫门，为时一年有半，本有饷糈自给，从未另行支取一文。正是这支纪律严明的军队有效地保卫了故宫的开院。

如此这般的“逼宫”戏已是惊心动魄，更有你死我活的反复争夺较量，无所不用其极。而一些吃着民国饭，却对此视而不见的人，说什么“冯玉祥将军也许不再想到中华民族的伦理原则，……这不是一个政治问题，它是一个道德问题。这不是一个中国采取何种政体的问题，而是这个国家是否还懂得做事要正派的问题。”“复辟运动之于中国决不足为恐，然欲变更清室与民国之关系，须用公平而绅士的步调。”如此等等。[1]

① 唐绍仪的谈话。见1924年11月8日《北华捷报》。

由此也足见，中国资产阶级革命虽然推翻了封建帝制，但是国民思想改造的任务则更为艰巨。

# 五　来自“五四”知识分子的认识

从1915年的冬天到1917年的夏天，两次帝制运动使全国都骚动不安起来。旧派官僚们忙着准备即位复辟事宜；旧式士绅们不免牵强附会地传播过去官方阐扬的正统儒家教条，替帝制运动寻求理论根据。在没受过教育的群众中，到处传布着“真命天子”就要重现的谣言。因此，新建的民国不但对外遭受侮辱，同时还由于国内军阀、旧式官僚和士绅的阴谋反对，而险象环生。处于这个混乱的局面里，年轻一代的中国知识分子忧虑重重地开始寻求拯救中国的方法。

也就在此时，大批的海外归国的知识分子带回了新的观念。陈独秀于1915年由日本回国，那年秋天他创办了《新青年》杂志；1916年蔡元培从法国归来，并在第二年开始从事改组北京大学；1917年夏天，胡适、蒋梦麟也从美国回国，逐步形成了新知识分子中坚人物的阵容。以《新青年》主要撰稿人为核心的“新派”知识分子就此开始向旧文化、旧传统提出了挑战。另一方面，一些年轻的大学生在精英分子的指导下，展开了反对封建文化的宣传。1919年3月，北大学生邓中夏等成立平民教育讲演团。李大钊对他们的工作起了重要指导作用。4月，他们在护国寺、蟠桃宫等庙会上讲演，题目有《现在的皇帝倒霉了》等。[①] 以后终于在5月4日喊出了“外争国权，内惩国贼”，“打倒孔家店”的口号。结果有的流了血，有的坐了牢。

代表着社会进步力量的“五四”知识分子，认识到中国社会的罪孽不仅来自外部的异己性力量，而且存在于自我的内部，从而开始重新反省民族文化的内部机制。

陈独秀在《新青年》上大呼：“吾人首当一新其心血；以新人格；以新国家；以新社会；以新家庭；以新民族。”

鲁迅则鞭笞了“吃人”的儒家文化传统，并向社会发出了“救救孩子”的呐喊。鲁迅看到了封建专制的政治结构与封建文化基础的一致性，从而对封建文化采取了一种彻底批判的逆向思维。同时，鲁迅还找到了以对人的尊严与价值充分尊重的批判的价值尺度。后来这一价值尺度在“五四”时代被人们普遍认同。

由于中国所处的半殖民地半封建社会的历史条件的限制，以“对人的尊严与价值的充分尊重”为内核的“五四”时期的个性解放，与在欧洲历史上的“个人”觉醒引导一个持续的以谋取世俗幸福为目标的资本主义运动不同，“五四”所倡导的个性解放不是与个人财产权联系在一起的强调自我组织生命、自我掌握未来的个性解放，它只是知识界自由创造的呼声，并且，由于民族意识的崛起，在中国引导了一场以解脱民族苦难为目标的“救亡图存”运动。“五四”新文化运动同时标志着中国文化的转机，由此大踏步地向着摆脱“普遍沉沦”的新世纪迈进。

在冯玉祥驱逐溥仪出宫之前，人们并没有在道义上，更没有

① 参阅姚维斗、黄真主编：《五四群英》，河北人民出版社1981年版，第8页。

在法律上区分紫禁城的“宝物”哪些是国有财产，哪些是溥仪的私有财产，隐藏在这些财产权后面的思想与文化内涵，在“五四”运动以后的一段时间里无疑也被忽视了。

1924年驱逐溥仪出宫事件发生之后，一时间在社会上出现了围绕着这一行为合理与否的针锋相对的大辩论。“五四”知识分子似乎又感到一个民族“厄运”的来临，因而必然是全力地投入。

## 1 “恭贺溥仪君迁升之喜”的钱玄同

钱玄同（1887～1939年），名夏，后改名玄同，字德潜，浙江吴兴人。早年留学日本。1908年，他在日本东京曾和鲁迅一同听过章太炎讲授的《说文解字》。曾任北京大学、北京师范大学教授。著有《文字学音篇》、《古韵二十八音读之假定》等。曾积极参加“五四”新文化运动，在1918年4月于《新青年》第4卷第4号发表了《中国今后之文字问题》的“通信”，提出“废灭汉文”，代以世界语的激烈主张。成为当时保守势力进行攻击的主要目标之一。1919年3月，复古派文人林纾在上海《新申报》上发表题名《荆生》的小说，攻击新文化运动。小说中有一个“反派”人物名“金心异”，即影射钱玄同。在“五四”文学革命、白话文运动中，钱玄同以“疑古”为笔名，写出不少讨伐旧文化、旧意识的战斗檄文。鲁迅称他为“疑古玄同”。

1924年11月，孙伏园等在鲁迅的支持下在北京创办了名为《语丝》的文学周刊。钱玄同亦为《语丝》的重要撰稿人。鲁迅在《三闲集·我和〈语丝〉的始终》一文中说：“有时便会看见挂着一块上写‘语丝社’的木牌。倘一驻足，也许就可以听到疑古玄同先生的又快又响的谈吐。”

《语丝》的创刊正好与溥仪被逐出故宫同时，这恰好为“五四”知识分子发表评论提供了一个阵地。这样，曾在“五四”文学革命、白话文运动中大放光彩的新知识分子的代表钱玄同，便首先在《语丝》的创刊号上发表了《恭贺爱新觉罗溥仪君迁升之喜并祝进步》的文章。钱玄同在这篇文章中写道：“北京城里有一位十九岁的青年，他姓爱新觉罗，名溥仪，这人便是上列各种丧却人底地位的不幸的人之一。原来他底祖宗在三百年以前不幸沦入帝籍，做了皇帝，不克厕于编户齐民之列。他家父传子，子传孙，传了好几代，经了三百多年，干了许多对不住人的事体。到了十三年前，有些明白的人们起来向他家奋斗，居然把他家底武器毁灭了。但是还给这位青年留下那个极不名誉的名目叫做什么‘皇帝’的，而且还任他住在一个不是住家的房子里，还任一班不要脸的东西常常弯了腿装矮子去引他笑，低下脑袋瓜儿扮成叩头虫的模样去逗他玩，以至于把这位年龄已经到了应该在初级中学毕业的时候的青年，弄到他终日如醉如痴，成了一个傻哥儿，他在七年前还被那班不要脸的东西簇拥到外面来胡闹了一回，险些又要恢复那毁灭了的旧武器，再来做对不住人的事体。”

在钱玄同的笔下并无讨伐、杀戮等激烈的言语，而是以“恭贺”的角度道出了一个对“皇帝”这曾是至尊无上人物的革命化的认识。在这里，皇帝成了不幸的人，不仅在人格上“不克厕于编户齐民之列”，而且在智能上也是个不及初级中学毕业学生的“傻哥儿”。溥仪的祖宗“沦入帝籍”，他本人“住在一个不是住家的房子里”，在人的愚弄下生活……都是“不幸”的。因此溥仪被冯玉祥赶出故宫，“疑古玄同”反倒为他“恭贺”，“并祝进步”。这篇文章以其幽默的笔触刻画出一个与高大民国国民形象相形之下，显得不幸和不健全的“皇帝”，实际上是交给国民一个认识溥仪出宫的认识方式。

此后钱玄同发表了《随感录·不通的外行话》，指出在民国文件中写有的“清室溥仪”，“颇有语病”。① 仍是意在纠正那些不符合民主思想的旧意识。接着钱玄同发表《告遗老》，② 抨击了遗老们阻扰溥仪出宫的倒行逆施。在《语丝》第8期上，钱玄同又发表了《三十年来我对满清的态度底变迁》，总结了近代知识分子从清末至民国初期反清意识的变化。针对围绕着溥仪出宫的新旧势力的斗争，钱玄同说：“我于是把对于亡清的武装已经解除了的，现在又重新披挂起来了，看他们那样勾结外人来捣鬼，说一定仇恨之心比以前还加增些，这是事实使我如此，我虽欲不如此，亦不可能。”表示了与旧势力作殊死斗争的决心。

## 2 匹马单枪与“风磨作战”的周作人

另一位参加这场斗争的思想界斗士是周作人。周作人（1885～1967年）号起孟，又作启孟，后改作启明。是鲁迅的二弟。早年就读于南京江南水师学堂。1906年赴日留学，1911年回国，居绍兴从事教育。1917年4月至北京，先任北京大学附属国史编纂处编纂员，后在北京大学、北京师范大学、北京女子师范大学、燕京大学等校任教。

与前面提到的钱玄同有所不同的是，周作人的论坛主要是在

① 载《语丝》1924年11月24日第2期。
② 载《语丝》1924年12月8日第4期。

《京报副刊》，间有《语丝》，面对的是更加复杂的社会，对手也是更加凶恶的黑暗势力。据周作人的回忆，溥仪出宫确确实实地引起了一场大风波，遗老遗少和那些做惯了奴才的人纷纷出笼，为溥仪叫冤鸣不平。“……可是在中国这怎么能行呢？至少也是在北京‘辇毂之下’，数百年来习惯于专制之淫威，对于任何奇怪的反对言论，都可以接受，所以有些北京商会主张，简直是与《顺天时报》同一个鼻孔出气的。这个关系似乎很是重大，结果乃由我匹马单枪去和这形似妖魔巨人的风磨作战。”①

周作人于1924年11月17日发表了《清朝的玉玺》，载《语丝》第1期，②署名开明。本文针对国民军逐溥仪出宫，讨回玉玺，而《顺天时报》却说“市民大为惊异”，“旋即谣言四起，咸谓……夺取玉玺尤属荒谬”一事，抨击了《顺天时报》的反动立场，批判了“迷信玉玺”的落后国民性。文章说：“玉玺这件东西，在民国以前或者有点用处，到了现在完全变了古董，只配同太平天国的那块宋体写的印一样，送进历史博物馆里去了。”

12月8日，周作人又在《语丝》第4期上发表了《致溥仪君书》，③署名周作人。这篇文章以致溥仪的信的形式戏言对溥仪的出宫表示道贺，希望他“补习一点功课，考入高中，大学毕业后再往外国留学”，并“最好是往欧洲去研究希腊文学”。其用意与钱玄同的《恭贺爱新觉罗溥仪君迁升之喜并祝进步》一文大同小异，无非是希望一些人对“九五之尊”高度紧张的神经松驰下来，以唤起平民的自尊和蔑视旧世皇帝的新意识。

---

① 《周作人回忆录》，湖南人民出版社，1982年版，第407页。

② 收入周作人著《谈虎集》下卷。

③ 收入周作人著《谈虎集》上卷。

在《语丝》的同一期上，周作人还发表了《李佳白之不解》的文章，[1] 署名开明。当时《顺天时报》转载“美国进士”李佳白的一篇题为《对于移宫及修改优待条款之评论》，站出来反对修正清室优待条件，文中说：“（原优待条件）此意与南北首领孙氏袁氏，亦相符合。因当时孙中山氏已提出优待条款，袁氏亦转以此正式交由清室，此中华民国之改革，较各国数百年来之革命多有公平仁慈之尊荣，仁之至，义之尽。在世界中必能受特殊荣誉，盖不特清室之荣，亦民国之荣也。”[2] 周作人在文章中对李佳白的荒谬议论予以批驳，并指责日本人所办《顺天时报》对中国不怀好意。

在本期《语丝》上，周作人还发表了《三博士之老实》，署名开明。文章针对 11 月 28 日《晨报》上译录的日本《北京新闻》的一则记事发表见解。该记事云：“日本京都帝国大学教授佐佐木亮三郎、狩野直喜、矢野仁一等三博士以中国废弃清帝号，实为颠覆王道根基之乱暴行为，将与各方接洽之后，向中国当局提出恢复清室帝位之劝告。”周作人在其文章中抨击了日本三博士这种欲维护“王道根基”，“干涉别国的内政”的“怪论之荒谬”。

12 月 9 日，周作人发表了《外国人与民心》，载《京报副刊》第 5 号，署名开明。文中抨击了当时一些外国人所说“废清帝号”是“中国要过激化了”，“此废帝号之举实出于民族革命的旧思想，新且未必，遑论激哉”的谬论，指出：“我们决不相信中国民心的真相会发现于外国的机关报之上，他们所谓民心者只是顺民与西崽的话，承主人之意旨而照说者耳。”

12 月 27 日，周作人发表了《听说商会要皇帝》，载《京报副

① 收入周作人著《谈虎集》下卷。

② 《顺天时报》1924 年 11 月 21 日，该文原载《国际公报》。

刊》第21号，署名开明。文中讽刺和抨击北京总商会呈请政府恢复清室优待条件一事，指出：“北京市民是中国人家奴气最十足而人气最少的东西，他们要是没有‘主子’在上头，是天也不会亮的；他们之被迫为民国人民实在是很委屈的，真真是对不起的。”无情地鞭笞了奴气十足的国民性。

转年，周作人仍然以《京报副刊》为阵地，继续与“形似妖魔巨人的风磨作战”。1925年1月4日发表《答班延兆先生》，载《京报副刊》第26号，署名开明。文中答复了当日《京报副刊》上班延兆发表的文章。班文认为呈请恢复清室优待条件，不能说明北京市民的奴气十足。周作人在答文中再次批评了北京市民“复辟时欢欣，溥仪出宫时悲愤——具体的成为运动恢复条件，已经足够明了奴气之深了。”

1月6日，周作人发表《介绍日本人的怪论》，载《京报副刊》第28号，署名开明。文中译录了日本《东洋文化》第11号转载日文报《上海》所刊题为《清室之废号迁宫》一文，并加了一些评论，抨击了该文说清室废号迁宫，即指示着“民国末路愈甚”等怪论。

同时，周作人在《语丝》第9期上发表了《元旦试笔》，[①] 署名开明。本文谈到作者自己思想的变化，说“我的思想到今年又回到民族主义上来了”，并说他“最早是尊王攘夷思想”，“后来读了《新民丛报》、《民报》、《革命军》、《新广东》之类，一变而为排满，（以及复古），坚持民族主义者计有十年之久，到民国元年这才转化。五四时代我正梦想着世界主义，讲过许多迂远的话，去年春间收小范围，修改为亚洲主义，及清室废号迁宫以后，遗老

① 收入周作人著《雨天的书》。

遗少以及日英帝国的浪人兴风作浪，诡计阴谋至今未已，我于是又悟出自己之迂腐，觉得民国根基还未稳固，现在须得实事求是，从民族主义做起才好。”

这样从1924年11月初到1925年1月上旬的两个多月中，周作人一共发表有关文章11篇，有力地支持了驱逐溥仪出宫的革命行动，有助于肃清残存在国人头脑中的封建专制主义的思想，以及有助于提高国人对帝国主义破坏中国民主革命真相的认识。由此，也弄清楚了当时“形似妖魔巨人的风磨”正是诸如旧时代的“遗老遗少”，“迷信玉玺的奴隶”，“数百年来习惯于专制之淫威”的“奴气最十足”的“北京市民”，等等。总之是受数千年封建专制统治而形成的落后的国民性。另外，还有那些兴风作浪的“日英帝国的浪人”。因此周作人所使用的思想武器是民族主义的。如果按照1924年《中国国民党第一次全国代表大会宣言》对民族主义的解释：对外反对帝国主义，对内求得各民族平等，即“新三民主义”的民族主义，周作人在其中六篇文章中批驳了外国帝国主义分子干涉中国革命的反动言论。其中有两篇指责了日本人办的《顺天时报》，三篇谴责了日本人干涉中国内政的谬论，另一篇是泛指妄言中国革命的外国人，重点仍是抨击日本帝国主义对废除帝号，逐溥仪出宫的干涉。在《元旦试笔》一文中，与钱玄同的《三十年来我对满清态度底变迁》一样，则借用了旧民族主义的武器，似乎又回到了“驱除鞑虏”，“推翻满清”时代，其实，这恰恰反映了由于辛亥革命的失败，直至1924年，旧民族革命的任务也未彻底完成，因而出现了像武人冯玉祥，文人周作人、钱玄同这样的旧民族主义革命的殿军。周作人的另一个武器则是启蒙的民主主义，用以疗救那些或病入膏肓，或尚可救药的患有“奴气症”的中国人，周作人在他的文章中反复论说，重点是批判

“奴气十足”的国民性。

## 3　胡适进宫心态之谜

还有一位卷入这场斗争的人物是胡适。可惜，这位人物在此间的活动，却给人们带来了许多不解之谜。至于这样的一个新派人物为什么去拜谒一个旧时代的皇帝，并向驱逐溥仪出宫的民国政府提出抗议，等等，于情于理这似乎都不可能发生在这位“五四”新知识分子的身上，然而，这却是事实。

胡适（1891～1962年），字适之，安徽绩溪人。1917年留学美国回国，任北京大学教授。同年发表《文学改良刍议》，主张文学改良，为“五四”新文化运动中的右翼代表。1918年1月至1920年9月参加《新青年》编辑工作。

溥仪出宫之前，胡适曾两次进宫。第一次是在1922年5月底，第二次是在1924年3月27日，胡适第一次进宫的起因是近乎荒诞的。据《我的前半生》记载，溥仪15岁时从庄士敦的谈话中，知道了有位提倡白话文的胡适博士。庄士敦一边嘲笑他的中英合璧的“匹克尼克来江边”的诗句，一边又说“不妨看看他写的东西，也算一种知识”。溥仪因此动了瞧一瞧这个新人物的念头。有一天，在好奇心发作之下他打了个电话给胡适，没想到一叫胡适就来了。在《我的前半生》中记述了这次短暂会面，并将其称为是“无聊的会面”。胡适进宫之后，给庄士敦写了一封信，简单地描述了这次会见的情况。信的日期是1922年6月7日。他这样写道：

在我拜访皇上的时候，他非常友好和谦逊有礼。我们谈了新诗，写新诗的青年作家们，以及有关文学的其他话题。大门口的耽搁使我浪费了本来可以在宫里多停留一些的时间。因此，我没有呆很长时间，大约二十分钟后就告别了陛下，去赶赴另外一个重要约会。……我本打算不让报纸披露这次会见。但不幸的是，一些我不常阅读的报纸报道了这件事，这事对它们来说自然具有头条新闻的价值。……我必须承认，我被这件小事深深地感动了。就在这里，我面对着我国最后一位皇帝，我面对着历史上无数位伟大君主的最后一位代表！①

《我的前半生》的作者为此感慨道："原来洋博士也有着那种遗老似的心理。"这里溥仪似乎有些言不由衷了。其实受到两次会面感动的并不只是胡适，溥仪的感动并不亚于胡适，这一点在溥仪致胡适的信中已经表露得很清楚了。这封信的底稿在溥仪出宫后发现于养心殿。兹录如下：

先生：

久欲见先生，今日相见，深为欣快。上次，先生给吾之大作《胡适文存》，良深钦佩。文学盖今世与古世不同，不当定照旧制，应随时变通，可见真正古代明达之人，并非拘定旧章。古人还说过，达时务者为英雄，不过后代一班穷酸腐儒，造出许多谬论，无论何事，均当守旧，视维新如仇敌，中国数十年来所用事者，止此班守旧人耳。无论何事，不知变通，以致受外人之欺侮，如

① 摘自《紫禁城的黄昏》第217页。《我的前半生》第116页的摘译略有不同："我不得不承认，我很为这次召见所感动。我当时竟能在我国最末一代皇帝——历代伟大的君主的最后一代表的面前，占一席位！"

胶州湾为德所占，威海卫为美所占，朝鲜、台湾为日所占，安南为法所占；中日之战，赔偿二百兆；庚子之役，西后信义合（和）团之邪教，与世界各国宣战，以致帝后蒙尘。吾民何罪，遭此毒酷，此则不得不归罪于清朝太后矣。且太后用海军费修颐和园，只图一己之私欲，对于人民置若罔闻，独不思一草一木从何而出，正吾民之脂膏耳！彼以此等倒行逆施，万恶寻归，原不足论，独惜我堂堂中华大国为一二守旧人所坏也。德宗本欲变法，太后不惟不允，反出帝于瀛台，百般虐待，此非外人所知也。后来，中国国民知此守旧之朝廷绝不能持，故有革命之思想。余甚赞成彼等之国家主义，不惜身命而改革此旧腐政治。余虽满人，绝持公论，绝不能己为满人不道满人之短处也。日本不过中国之一二省地方，彼睹西欧科学及制造之精进，不惜巨费立派人留学泰西，不数年归国，改革一切政治，遂一跃而为大国。中国数十大倍于彼，而受欺于彼，此维新与守旧之别也。[①]

这封信中反映了溥仪的开明进步思想，尤其是溥仪对于满清守旧政治的批评可以看得出是动了感情的，但是，这种情感的表层上的冲击，很可能使这位末代皇帝由此从内心深处泛起一种为天下独尊而沾沾自喜的浪花。同时，胡适进宫在社会上造成了极其不良的影响。

胡适的这一举动顿时引起了舆论大哗，诘难之言，纷至沓来。为此胡适写了《宣统与胡适》，为自己的所为辩护。他说：“清宫里这一位十七岁的少年，处的境地是很寂寞的；很可怜的；他在

① 引自单士元：《小朝廷时代的溥仪》，第19～20页。

这寂寞之中，想寻一个比较也可算得一个少年的人来谈谈，这也是人情上很平常的一件事。不料中国人脑筋里的帝王思想，还不曾刷洗干净。所以这一件本来很有人味儿的事，到了新闻记者的笔下，便成了一条怪诧的新闻了。”① 然而，胡适对溥仪的同情却在传统文化的潜意识的支配下尽情地膨胀，以至没有摆脱“尽忠”的阴影，从既反对帝制，又同情废帝而走向了反对驱逐溥仪出宫。终于在溥仪出宫的当天，胡适致书民国政府，提出抗议，说出反动派最爱听的“公道话”。胡适进宫心态之谜，是否能以“理性指向未来，感情回归传统”作答，似乎已成问题。

上海学生联合会曾郑重致信，批评胡适说：“比年以来，先生浮沉于灰沙窟中，舍指导青年之责而为无聊卑污之举，拥护复辟余孽，尝试善后会议，诸如此类，彰彰皎著。近更倒行逆施，与摧残全国教育，蔑视学生人格章贼士钊合作，清室复辟函中又隐然有先生之名。呜呼，首倡文学革命之适之先生乎！”②

主张“‘费厄泼赖’应该缓行”的鲁迅当然也是不能原谅胡适这一错误的。鲁迅在《知难行难》一文中这样写道：

> 中国向来的老例，做皇帝做牢靠和做倒霉的时候，总要和文人学士扳一下子相好。做牢靠的时候是“偃武修文”，粉饰粉饰；做倒霉的时候是又以为他们真有“治国平天下”的大道，再问问看，要说得直白一点，就是见于《红楼梦》上的所谓“病笃乱投医”了。
>
> 当“宣统皇帝”逊位逊到坐得无聊的时候，我们的胡适之博士曾经尽过这样的任务。

① 引自易竹贤：《胡适传》，第263页。

② 同上，第275页。

见过以后，也奇怪，人们不知怎的先问他们怎样的称呼，博士曰：

“他叫我先生，我叫他皇上。”

那时似乎并不谈什么国家大计，因为这“皇上”后来不过做了几首打油白话诗，终于无聊，而且还落得一个赶出金銮殿。①

这是鲁迅对胡适进宫之举尖锐的批评。

据有人回忆，几年后的一天，胡适来到景山崇祯皇帝上吊自杀的那棵歪脖树下，伫立良久，末了说了句：“看来几年前是我错了。”此种情怀诚可信也。

## 4　鲁迅对封建文化专制主义的批判

鲁迅曾在故宫博物院任事一事见诸于故宫博物院现存历史档案。溥仪既被驱逐出宫，清室善后委员会于1924年11月20日正式成立。由于成员有限，办理清点清宫物件一事，殊不足敷，于是有请求于外界之举。12月19日易培基致信委员长李石曾，开列“清查干事”30人，其中“周树人”大名赫然在上。此卷卷首批有“已照聘为顾问”。然而在后来的“顾问”活动记载中，独不见鲁迅的名字。

在善后委员会成立的同时，按照《善后委员会组织条例》，由政府各部院各派助理员二人，轮流到会办事，一为解决人员不足，

① 《鲁迅全集》第4卷，第339页。《知难行难》，最初发表于1931年12月11日《十字街头》第1期，署名佩韦。

一为昭信于各界。当时鲁迅在政府教育部任佥事。1925 年 1 月 17 日，教育部致函善后委员会，“派定本部佥事徐协贞、徐鸿宝、周树人，参事范鸿泰等四员。”教育部因第一次未派员，故加派连同补派共四人。据此，自 1925 年 1 月 17 日起，鲁迅先生正式被列为清室善后委员会助理员。然而，1925 年 5 月 23 日，善后委员会记录的不常到会的有 12 人，并有 8 人“绝未到会一次”的，其中就有鲁迅。在鲁迅日记中亦未见到赴故宫执行善后委员会公务的记载。1926 年 9 月，故宫博物院再造职员录，助理员下仍载有鲁迅的名字，而这时鲁迅已离京身在厦门了。1927 年 9 月，奉系军阀入主北京，成立“故宫博物院管理委员会”，助理员、顾问均不再设。这便是鲁迅在故宫博物院任事始末的文字记载。

然而，据从溥仪一出宫就参与了清室善后委员会工作的单士元先生的回忆，鲁迅先生在任助理员期间，确实来过故宫博物院，但次数不多。大概是在 1925 年 6 月至 1926 年 8 月之间某些日子。①

鲁迅本人非但未就赴故宫博物院任事作过文字记述，而且除上面提到的几年之后写下的逊位“宣统皇帝”“落得一个赶出金銮殿”的文字之外，并没有就溥仪出宫写过什么评论文章。然而，在鲁迅等所支持创办的《语丝》杂志社周围，则逐渐形成了一个革命青年知识分子的群体，并由他们向反动派发出了战斗的吼声。鲁迅的学生章廷谦，当时乃是“乳毛未褪尽的青年”，竟学着鲁迅先生的口气写了《欠缺点缀的中国人》，载于《语丝》第 4 期，署名川岛。文章写道：“溥仪被驱逐出宫后，顺得人心，可是偏偏有人

① 参阅姜舜源、朱余仁：《鲁迅先生在故宫博物院始末》，载《紫禁城》1986 年第 1 期，第 3～4 页。

来干预了。并且不只是中国人，并且这些外国人也诚如荷马诗里所说的‘不像是一个出身微贱或欠缺知识的人’，并且都是政务倥偬不是闲空的人。于是乎我又想到溥仪实在有出‘宫’之必要，而且叫他出宫实是我们不甘再做‘奴臣’的人的责任了。”像这样的文章还有同期刊载的徐旭生的《胡说八道》等，都是以民族主义和民主主义为旗帜，抗议帝国主义分子和国内反动派阻扰溥仪出宫的战斗性很强的文章。

在《语丝》的论坛上，容庚的文章《散氏盘的说明》另有新意。这篇文章乍看好似一篇考古学论文，它从散氏盘的形制、款式、历史说起，然后引申出对封建文化专制主义的批判。文中写道：“这件器自从‘贡人天府’之后，销声匿迹了一百十六年。究竟是不是在‘天府’？我们在‘人间’的人还是一个疑问，虽是在‘天上’走走的‘簪笔侍从之臣’，也不能晓得。直到今年夏天，有人从‘天上’传出消息，说是这件器忽然发现了——也不晓得是怎样的发现的，于是才有‘奉旨传拓’的拓本流传到了‘人间’。自今以后，我们在‘人间’的人不必‘形诸梦寐’了，无论什么人，都可以得到看见的机会，这是我要替大家的眼福道贺的。”[①]再向前看，溥仪出宫的更大的意义不正是打破了封建的文化专制吗？

到30年代初，对于封建文化专制主义的思想批判又露端倪。鲁迅先生在对于封建的文化专制主义的清算上，可以说是最突出的代表。他往往以从批判国民劣根性入手，肃清文化专制主义的余毒。他早在1925年撰文指出：“现在中西的学者们，几乎一听

① 载《语丝》1924年12月22日第6期。

到‘钦定四库全书’这名目就魂不附体，膝弯总要软下来似的。”[①]后来他发表了《门外文谈》，揭示了封建的文化专制主义的基本特征，指出：“中国在刻版还未发达的时候，有一部好书，往往是‘藏之秘阁，副在三馆’，连做了士子，也还是不知道写着什么的。……文字既然含着尊严性，那么，知道文字，这人也就连带的尊严起来了。新的尊严者日出不穷，对于旧的尊严者就不利，而且知道文字的人们一多，也会损伤神秘性的。”[②] 鲁迅敏锐地揭橥了文化专制主义的根源之一是神秘主义。而且包括其他的文化成就，文化专制主义无不采取“封闭”态度，使“凡属文艺之精奥，大都私于一姓，匿不示人，曰秘殿、曰宝笈，循名责实，从可知矣，乃使一般普通民众，终身盲昧。”[③] 鲁迅的见解一针见血，却未作系统的论述，因而在当时对于封建文化专制主义的批判并未引起中国思想界足够的重视。神秘主义的旧风陋习仍在博物馆建立之后有所残留，可谓是中国文化事业的大害。

---

① 鲁迅：《这个与那个》，最初分三次发表于1925年12月10日、12日、22日的北京《国民新报副刊》，见《鲁迅全集》第3卷，第138页。

② 鲁迅：《门外文谈》，最初发表于1934年8月24日至9月10日的《申报·自由谈》，署名华圉，载《鲁迅全集》6卷，第92页。“藏之秘阁，副在三馆”出自《宋史·职官志》，“国初以史馆、昭文馆、集贤院为三馆，皆寓崇文院。太宗瑞拱元年（988年）诏就崇文院中堂建秘阁，择三馆真本书籍万余卷，及内出古画、墨迹藏其中。”故有此说。

③ 龚心湛：《内务部古物陈列所书画目录·序》，北京京华印书局，1925年印。

# 六　故宫之开院

新月派诗人徐志摩的一首《残诗》，写下了1924年11月溥仪出宫后的故宫：

顶可怜是那个红嘴绿毛的鹦哥，
让娘娘教得顶乖，人跟着洞箫唱歌，
真娇养惯，喂食一迟，就叫人名儿骂，
现在，您叫去，就剩空院子给您答话！
……

溥仪出宫了，然而剩下的紫禁城的空院子如何处置？这在当时能心中有数的人是微乎其微的，而且即使有了想法，将其变为现实仍然具有相当大的困难。在这样一个时期里，各种人，各种势力无不盯住紫禁城及其宝物，都希望能插手此事，从中谋得一些利益。

在这样的形势下，与日本人有着密切关系的《顺天时报》赶紧于11月11日发表了题为《清室宝物公私产之分界及其保管方法》的社论。提出："吾人关于此处分之是否善恶，姑且勿论，兹欲略事研究者，厥惟宝物类之处分是也。"并分别指出："第一问题，即为国有物与清室品之区别是也。以公产为国有，余皆划归清室，然其分界不甚明了，盖区别之，既无法律的根据，又乏理论立脚故也。……然不许清室所持关于一切政治、经济、学术之物件及一切美术品，未免过酷。”很显然，《顺天时报》是在公开地主张清室多分宝物，并在混淆公私产的分界。

《顺天时报》又提出：“第二问题，即决定为公产之物保管方法是也。此问题为目下最紧要之问题。吾人尝观清室无保管宝物能力，渐有散逸之形势，而曾劝告其决定保管方法矣。当时吾人亦以为清室私有为不可，主张移为国家或公法人之保管。由科学的方法分类之，亦确立一种保管方法，以供研究学术之资料也。”表明《顺天时报》与其代表的那个“背景”早已插手于此，并企图继续这样做下去。

无论《顺天时报》是站在什么角度上提出了这两个问题，实际上这些问题也确是不可回避地摆在了人们的面前。一时间，北方各大报都纷纷为此发表了社论和评论，社会各界也无不对此发表见解。

11 月 7 日，(林）白水发表时评《对废帝之善后》，提出：“宫中宝物，多半与历史文化有重大之关系，若非多请公正绅士，及大学有名教授，暨一般名流，公同查点，分类登簿，则将来若有遗失，谁任其咎，且为昭示大信于国人起见，亦不得不力取公开。至各种宝物，何者应归溥仪，何者应归民国，则纯以有无历史的价值，及与文化有无关系为标准，大抵小件珠宝、金银、皮货、绸缎之类，皆可划归溥仪，而大件重器，及与历史文化有关之金石书画等等，则无非数千年国宝所流传，与爱新觉罗全无关系，断难据为私有者也。抑此数年以来，清室擅行抵押之品，亦不在少，自应彻底查明，移交政府承受，以便将来赎回，作为国家之公产，全数陈列，以供研究历史美术文化者之参考。此事必须另派一部分对于美术有兴味有研究之人，专心办理，非可假手于警厅及一二军人，所能称职也。”[1] 这一评论代表了广大国民对于溥仪出宫以后的紫禁城及其宝物所抱有的关注，并且提出了公正的处理办法。

11月8日，署名旨微的人代笔《北京益世报》社论，题为《溥仪出宫与遗物保管》。指出：“我国此次对于清室修正之条件中，有一切公产应为民国所有言，于是颇引起一般人之注意。所注意者，即此项公产之若何保存是也。……一国必于政治优良，而后所附着之一切物皆感其价值，不然，国家衰败，其土地人民且不自保，若清室之抱残守阙，犹微箕之遗，乌足重也。反之，一国之政治修明，其健存之道，区区遗物之流散于各国博物院中，且将以其有益于世界文化，不必为一国所有私有而放任之，历史的遗物之考鉴，正以破除国界而价值弥高，则当局对于保管之道或优为之，然吾人之所期望于当局者，即政治之事，须全盘计划，从宽博处着眼。昨会论之，今日之言，仍不外于此旨而止耳。”[2] 这一意见的论调今天看来是十分的消极，视“政府修改优待条件之举，实无可无不可，并不足感受若何重大之意义也。”视民族文化遗产为虚无，反映了当时一部分知识分子对中国固有文化已丧失了信心。这样的评论对于清宫古物的保存无疑是不利的。

11月17日，当时摄政内阁教育总长易培基，对天津《大公报》记者发表谈话，次日见报。易培基说道：“清宫之古物，此后归入民国，将由何机关管理，实为一大问题。内务部与教育部孰应管理，皆可不论，惟附属于一机关中，殊觉不安。予意拟成立一国（立）图书馆与国立博物馆以保管之，地址即设在清宫中，惟

① 《社会日报》，1924年11月7日“时评”。
② 《北京益世报》，1924年11月8日“社论”。

组织须极完善，办法须极严密，以防古物意外损失。……至于请清室速行移去清宫一事，若不如是，则清室中人闻此风声，不知宝贵之古物又将损失多少。虽外间谓此办法不甚和平，然亦未见得有何激烈，特恐古物流落于外，故不得不迅速行之也。”① 这是摄政内阁政府通过舆论工具又一次向社会表明态度。

11月19日，在京八所高等院校召开联席会议，议决绝对公开保存清室古物。据报道：“兹闻国立八校联席会议，十九日下午开会时，由北大代表提议，为保存历史上艺术上及国粹上之古物起见，拟要求公开，以期永远。结果议决《关于清室古物宝器，要求绝对公开，设法完全保管，并开具清单，宣布中外》并决定一面由联席会议派遣代表，向关系当局接洽，一面请全国各界各团体加入定期召集会议，又开会研究一切办法，期迅速进行既减轻当事者之责任，又能完全保存国家无价之宝，故拟即日分头往访各当局，接洽一切云。”② 11月23日《顺天时报》又对此事予以报道：“最近八校联席会上，于此事件，曾加以讨论，希望其成立一完全美满之图书馆、博物馆。由国家直接管理，并邀集各机关参加监视，期在公开保存，俾垂久远云云。”③ 北京教育界的积极进取的态度和严正要求，在客观上支持了摄政内阁政府变清宫为博物院、图书馆的设想，并起到了一定的监督与促进作用，对克服社会上的一些消极因素，八校联席会议具有特别重要的意义。

以上动态反映了公众对于保存与开放清宫文物的觉悟和要求。然而，关注这批旷世文化珍宝的绝不限于抱有善良愿望的人。

---

① 《教长易培基关于保存古物之谈话》，载《大公报》，1924年11月18日。

② 《顺天时报》，1924年11月21日。

③ 《教育界与清室古物》，载《顺天时报》，1924年11月23日。

据报纸透露："又据津讯，连（日）接近清室之某遗老向段（祺瑞）、张（作霖）疏通，关于古物之分界，不分时代，以清廷所发见者为准，则应为清室所有。而张作霖以如此似太广泛，以朝代分公私似觉公允，较之考古家之盲断，殊较高明。段合肥对此，尚在考虑中。"[①] 清室既被驱逐出宫，一方面伺机反扑，以达到溥仪还宫的目的；另一方面，退而求其次，周旋于官僚、军阀之间，以期在古物公私分界上得手，把更多的宫廷宝物据为已有。

另据报道，"醇王甚愿设一国家博物院展览清室历代之宝物"。[②]这可谓是再退而求再次，然意图却仍在插手古物的保存。只因在两日之后，溥仪已"避居日本使馆"，清室代表又拒绝参加清查古物，由此，古物的公私分界，以及保管方式的采取，清室方面实际上已失去了参与裁决的权力。

另有一于此不甘寂寞者，正是一面喊着与中国同宗同祖，一面又走着"脱亚入欧"道路的日本。《顺天时报》终于按捺不住对这批宝物的占有欲望，竟发表了题为《保管清室宝物与日本文化事务局》的社论。声称："且保存此种文化资料，亦可谓东洋[③]国民全部应尽之责任，此等宝物，由中国国家，或民族保管，最为妥当，诚为当然之事。然在现在之政局混沌状态中，由最近之日本民族，代为致力，以尽保管责任，盖亦数之自然也。"[④] 这种侵犯我国主权的公然要求，充满了强盗的逻辑，已达到令中国人为之发指的地步。

---

① 《北京日报》，1924年11月18日。

② 李佳白（国际公报记者）：《溥仪与外报记者之谈话》，载1924年11月30日《北京日报》。

③ 日本人所指"东洋"即印度洋以东的国家与地区。

④ 《顺天时报》，1924年12月19日。

也正是由于外界的压力，在人们心灵中燃烧起民族主义（包括旧民族主义）的火焰，唤起了一批有志之士投身于故宫博物院的创建中去。同时，由于帝国主义和中国的传统势力和反动势力的强大，因此，注定了“故宫之成立为博物院，自非有其相当之曲折而以演成其若干年艰难缔造之经过，且耗费若干人之心血不可矣”的命运。于是，开始了故宫博物院的第一步，组成清室善后委员会，点查清宫物件，进而形成了公开保存，国家公有，社会监督，博物馆管理，昭示大信，俾垂久远的局面。

## 1 清室善后委员会的“公开一切”原则

民国之初，“善后”一词颇为时髦，各种善后层出不穷。臭名昭著的有袁世凯的“善后借款”，段祺瑞的“善后会议”等。也许由于诸如此类的善后冷了国人的心，以后就不那么流行了。善后无非是妥善处理和安排事件后的事务，而在当时，却成了应付外来列强和国内军阀强人分脏的代名词。

1924年11月7日《北京日报》载：“载沣及绍英等清室要人因要求发还私产问题，昨又向国民军方面接洽。溥仪之英文教师庄士敦（11月6日）晚向外交界极力奔走，希图使团提出抗议。”麻烦接踵而来，善后的契机出现了。最初仍由摄政政府搪塞，为了顺利地接收清宫，政府急需一个专门的代行机构，为此，摄政方面，于1924年11月6日夜发布了一道正式命令如下：

修正清室优待条件，业经公布施行，着国务院组织善后委员会，会同清室近支人员，协同清理公产私产，昭示大公。所有接收各公产暂责成该委员会妥慎保管，俟全部结束，即将宫禁一律开放，备充图书馆、博物馆等项之用。借彰文化，而垂久远。此令。①

这样，以李石曾为委员长的“办理清室善后委员会”（后去“办理”二字）成立，聘请汪兆铭（易培基代）、蔡元培（蒋梦麟代）、鹿钟麟、张璧、范源濂、俞同奎、陈垣、沈兼士、葛文浚等社会人士和知名学者九人任委员，另外绍英、载润、耆龄、宝熙、罗振玉等五人为清室代表。据11月13日的《社会日报》报道：“阁议所通过之‘清室善后委员会组织条例’，现正修文字，尚未公布，兹据确息，及证以李委员长对某记者之表示，章程内重要部分，分为四时期：（一）接收查封时期，军警长官与清室代表会同委员会办理查封接收事宜，移交委员会；（二）责成委员会保管宫殿古物；（三）审查公私物件分别编号公布；（四）结束公务。应交何处，再由阁议决定。”次日，该报刊登了《办理清室善后委员会组织条例》。其中第四条：“委员会以六个月为期，如遇必要时得酌量延长之，其长期事业，如图书馆、博物馆、工厂等，当于清理期内，另组各项筹备机关，于委员会取消后，仍赓续进行。”此后，该文件成为组织故宫博物院时的重要法律依据之一。

1924年11月20日，“办理清室善后委员会”正式成立，并召开第一次会议。清室方面的五位代表全未出席，以示不承认该委员会。会上提出点查清宫物品办法，讨论并通过了《点查清宫物件规则草案》，凡18条。对清查过程中的启封、点查、登记、编号、造册、摄影等步骤、手续，以及点查与监察人员的组合等问题，都作了详细具体的规定。

委员会成立以后，一方面组织所属成员与妄图恢复清室优待

① 引自吴景洲：《故宫盗宝案真相》，第12页。

条件的各种势力作斗争，“当时石曾、寅邨、稚晖诸先生，均以宽大为怀，竭力与对方以相当之机会，令其合作，而清室方面，不悟此旨，挟其与执政府有相当关系，以为必操全胜之局，乃为尽力之反动，其愚真不可及。”① 另一方面，委员会克服各种干扰实施点查宫内物品。然而，政治形势的变化很快开始对刚成立的清室善后委员会不利。国民军虽然取得了占领北京的军事上的胜利，进步势力却仍然处在军阀和反动政客的包围之中，打倒反动军阀曹锟、吴佩孚的意义不久就被奉系与皖系政客的合作而断送。一向仇视修正清室优待条件的段祺瑞，在冯玉祥和张作霖的推举下到北京作了执政，结果不必赘述，对段祺瑞还抱有幻想的冯玉祥看到前途一团漆黑，遂避入天台山，以示消极。而段祺瑞刚一上任，就开始把矛头指向清室善后委员会。在委员会议定自12月23日开始点查清宫物品的时刻，段祺瑞执政府下令制止。执政府秘书厅公函如下：

临时执政府秘书厅公函　　第一百十号

径启者，奉执政谕，据报清室善后委员会于本月二十三日点查清宫物件，现清室善后之事，政府正在筹议办法，该委员会未便遽行点查，著内务部暨警卫司令查止，等因，相应函达。贵部，希即查照办理可也。此致

内务部　　　　中华民国十三年十二月二十一日②

消息传到22日的委员会会议上，与会各委员、监察员、助理员、顾问等纷纷表示反对，委员长李石曾带头主张“反抗政府此种违反民意不合手续之命令”。最后决议照旧点查清宫物品。

翌日清晨，委员会成员汇集于神武门，“时在上午八九时顷，

① 吴瀛：《故宫博物院前后五年经过记》第1卷，第30页。
② 引自吴瀛：《故宫博物院前后五年经过记》第1卷，第20页。

神武门内朔风凛冽，转外间尤甚，以其墙高而风势陡转，刺肌骨如利刃，冷不可当，同人非经昨日之激，其意兴决不能勃勃若是。”“同人意兴犹未衰”，“大有千万吾往之慨，其勇锐为尤甚。”① 点查的第一天（1924 年 12 月 23 日）由于军警不齐，为点查章程所不合，遂未着手。第二天（1924 年 12 月 24 日）委员会偕其他同人，再度出动清查于乾清宫。这些不屈服于强权的人们的名字被保留在点查组的名单上，他们是：

星期二日上午担任职务签名单（开始点查组单〈一〉）

组 长： 陈去病

执行部：

查报物品名目二人 徐潘寅 马衡

物品登录三人 陈宗汉 欧阳道达 胡鸣盛

写票二人 董作宾 庄尚严

贴票二人 罗宗翰 徐炳昶

事务记载二人 魏建功 潘传霖

照相一人 陈万里

监视部：

监视 裘善元 俞同奎 杨树达

吴瀛 易培基

到会共一十八人计一组

（民国）十三年十二月二十三日

（本日因警察未来未实行点查）

星期三日上午担任职务签名单（开始点查组单

① 吴瀛：《故宫博物院前后五年经过记》第 1 卷，第 22～24 页。

〈二〉)

| | |
|---|---|
| 组　长： | 陈去病 |
| 执行部： | |
| 查报物品名目二人 | 黄文弼　徐潘寅 |
| 物品登录二人 | 董作宾　陈宣汉 |
| 写票一人 | 庄尚严 |
| 贴票二人 | 唐佐　李伯荣 |
| 事务记载一人 | 潘传霖 |
| 照相一人 | 陈万里 |
| 监视部： | |
| 监视 | 胡鸣盛　李宗侗　葛云 庄蕴宽 |

到会共一十四人计一组

（民国）十三年十二月二十四日①

故宫古物的点查工作在内部简称为“出组”。最初的“出组”自然首先要点查重要处所，乾清宫便选为首先点查的地点。当时的规定，每一个宫殿的物品，按“千字文”次序，编一个字，然后依次编号。乾清宫是第一个开始点查的，编成“天”字，坤宁宫是第二个点查的，编为“地”字。据说在开始的时候，刚刚打开乾清宫的大门，首先看到的是一个木门墩，就把它第一个登记下来，而列为天字第一号。后来有人开玩笑说，把木墩当做故宫天字第一号的宝物，这真是“乡下佬进皇城”了。以后组数开得多了，中路西路各殿，同时有人去点查了。

清室善后委员会是故宫博物院的前身，委员会所组织的“出

① 吴瀛：《故宫博物院前后五年经过记》第1卷，第19号插影。

组”点查清宫物品更是故宫博物院工作的发轫，其直接成果是形成了我国历史上至今最伟大的博物馆的基础，所清查出的“赏溥杰”古物单据、“清室密谋复辟文件”及其他物单，无不予以公布或提请讼诉，形成了清室善后委员会“绝对公开”的风格。

在点查毓庆宫的时候，发现了“赏溥杰”单据，付印公布，其中说赏溥杰的东西“皆属琳琅秘籍，缥缃精品，天禄书目所载，宝籍三编所收，择其精华，大都移运宫外”[①]（按：包括宋元明版书籍二百多种，唐宋元明清五朝字画一千多件）。

在点查养心殿物品时，还发现了清室密谋复辟文件。委员会当然坚决地予以检举，结果由法庭援引段执政之大赦令，而做不起诉处分。这样，由于委员会的检举，清室内务府死灰复燃的企图暂告破灭。另外，吴敬恒先生根据清查清宫物品的实践，写出了《冤哉溥仪先生，危哉溥仪先生》一文，无情鞭笞了封建宫廷生活对人的摧残，揭露了皇室腐朽、堕落的生活，对于提高国民的民主意识有一定的帮助。总之，清室善后委员会的工作确为故宫博物院的建设奠定了根基。

当时对故宫文化遗物的点查与保藏，受到社会各界的普遍关注，往往一言一行、一人一物都会引起社会上的强烈的反响。驱逐溥仪出宫的主要交涉人鹿钟麟，曾在1926年4月10日发出通电，申明态度。电文摘录如下：

> ……清宫古物，非清室之私产，乃我中华历代文化艺术之结晶。凡属中国国民，人人无私有之权，人人有保护之责。……为求公开之彻底，爰有清室善后委员会之发起，概由各部署慎派职官，各团体公推代表，集合多方人

---

① 爱新觉罗·溥仪：《我的前半生》，第144页。

才，以共组斯会。但所定规章非常严密；所经手续，不惮烦劳。物无巨细，皆经多数人负责签名，载诸簿籍，历历可稽，映印写真，斑斑可考。此种经过，历劫不磨。[①]

这是一次前所未有的皇室财产的公开点查，当然引起了人们的高度关注。清室善后委员会为了永久地保存这批文化艺术珍品，同时也是为了取信于民，就必须从组织、规章、手续、登录，直至及时公布清查结果等一系列措施来保障使维护与公开同时进行，以实践故宫财物的“人人无私有之权，人人有保护之责”的重大原则。故宫的财产由于革命的原因脱离了原有的“主人”，所有权并没有因分清公物与私物而明确，只有在概念上的“人人”与“一人”的对立。清室善后委员会能否以受托人的身份做好清宫文物的点查工作，人们仍未确信，因此，只有绝对公开才能达到保存故宫文物的目的。总之，“举凡院中国宝重器，以到一草一木，愿始终为国人所共同珍护。发扬光大，视听所昭。”[②]

当时，包括《点查清宫物件规则》或“点查报告”等无不公开，或全文见报，或排印发行，公开出售，并无例外。《点查清宫物件规则》议决于1924年12月20日，凡18条。对点查人员、组织结构、分组、分工方式，以及点查手段、工作原则、工作方式、纪律、公布点查报告等方面均作有详实而具体的规定。《点查清宫物件规则》如下：

第一条　点查事项，以左列人员担任之：

甲　委员长、委员或其指定之代表；

乙　监察员（京师警察总监、京师高等检察厅长、北

---

① 引自吴景洲：《故宫盗宝案真相》，第75～77页。

② “庄蕴宽启事”，摘自吴景洲《故宫盗宝案真相》，第83～84页。

京教育会长及聘请员等或其代表)；

丙 各院部所派助理员；

丁 委员会聘请之专门家及事务员；

戊 守卫军警；

己 前清内务府人员（由委员会中代表清室者指定之)。

第二条 点查时分组，每组为执行及监视二部，其职务之分配临时定之。

第三条 每组人数及组长由委员长临时指定之。

第四条 每日应分若干组，每组应执务之地点，由委员长先一日指定。

第五条 每人应隶何组，按各部分人员分配，用抽签法抽定。

第六条 每组人员排定后，于进内执务前，均须在办公处签名，并须佩带徽章。

第七条 登录时，每种物品上均须粘贴委员会特制之标签，一面登记物品之名称及件数。凡贵重物品并须详志其特异处，于必要时，或用摄影术，或用显微镜观察法，或其他严密之方法，以防抵换。

第八条 点查物品时，以不离物品原摆设之地位为原则；如必不得已须挪动地位者，点查毕后，即须归还原处，无论如何，不得移至所在室之门外。

第九条 室内工作时，得视必要情形，更将组员分为小组，以免拥挤。

第十条 室内工作时，不得单独游憩，不得先进或后退。

第十一条　室内工作时，监视人员须分立于执行事务人员之间，不得自由来往于事务地之外。

第十二条　室内工作时，不得吸烟。

第十三条　组员有违背规则时，监视人员得报告于委员长及监察员处理之。

第十四条　点查时间，每日两次：上午自九时起，十二时止；下午一时起，四时止。作息均不得逾法定时间。遇必要时，星期日亦可点查。

第十五条　各组组员，只须勤务半日，以节劳逸。每一处物品开始点查后，即由某组始终其事，以专责成。故每处点查时间，每日只须三小时。如组员愿终日在内勤务者，可声明志愿，得附隶于上下勤务之两组。

第十六条　各组进屋勤务，无论已毕未毕，出屋时每次必须加以封锁，由本组会同军警签字，或作别种符号于上。点查未完之箱柜，亦照此办理。

第十七条　本会应将点查情形，编出报告公布之。

第十八条　本规则遇有必须修改时，应由委员会开会行之。①

根据这一规则所进行的大规模点查工作，不仅是中国博物馆史上的创举，恐怕在民国史上亦数绝无仅有。严密的规章更是非与一般点查物品所能比。其中尤以第二条的“各组分为执行及监视二部”；第五条的用抽签法分配各部人员；第六条、第十条、第十一条、第十三条、第十四条、第十六条的点查纪律规则特别严明。同时，第一条所确定的担任点查事项人员款目，第十七条中

① 引自吴瀛：《故宫博物院前后五年经过记》第1卷，第18～19页。

的公布点查情形报告等又区别于封闭性的物品清查，是一次公开性的大清查。另外，第七条详志贵重物品的特异处，与登记物品之名称及件数，及所使用摄影术、显微镜观察法等严密之方法，与第八条的“以不离物品原摆设之地位为原则”等已含有博物馆保管的特征，并奠定了故宫博物院宫廷陈列方式的基础。

进行这样一次旷日持久、手续严密、规模庞大、品种繁杂的清点工作，还有许多难以想象的困难。据当事人的回忆：“宫殿之内，照例不能生火，点查的地点，都用抽签来决定，不能挑选，只有硬着头皮忍受。为什么要来呢？自然是急公、好奇、好古、有趣。有人问：你们为什么做这样一点报酬也没有的工作，一定是想偷点东西。可见我们参加的人除了吃苦以外，还要负一种名誉上的损失。”① 真是“而其行也，或尼之；其动也，或厄之；其为直也，或且以为曲焉；其为公也，或且以为私焉。”②

这就是故宫博物院史上的第一次文物点查。由于在点查中认真执行了《点查清宫物件规则》第七条的“登录”与第十七条的“报告公布”的条款规定，每次点查之后，核对完毕，由事务记载人把这一组工作情形作成报告，每一个宫殿点查完毕，便排印“点查报告”，详列这一个宫殿所存物品的清单，分送各机关，并公开发售。最后，经过一年多的努力，全院整理出点查报告一份，共六编二十八册，计有文物 9.4 万余号，117 万件文物。

在公开发售的点查报告中，还有清室善后委员会在毓庆宫发现的“赏溥杰单”，清室善后委员会对此予以特别的重视，当时不但公布了这一发现，而且把这个资料印刷出来，公开发售，定名

---

① 吴景洲：《故宫盗宝案真相》，第 44 页。

② 吴瀛：《故宫博物院前后五年经过记》第 2 卷，第 42 页。

为《故宫已佚书画目三种》。如此种种，无不昭信于社会。

## 2 古物陈列所与北大研究所国学门

在考察了清室善后委员会的作用之后，为了进入故宫博物院成立的论题，有必要先来分析一下这一事物产生之前的文化环境与条件准备。

首先我们来回顾一下1925年以前的中国博物馆现状。若论国人自力创办的博物馆，一般都信张謇首创的南通博物苑（1905年）为开端。这是一座具有地方与学校双重属性的博物馆。在该馆1912年制定的“博物苑观览简章”中申明：“博物苑之设，为本校师范生备物理之实验，为地方人民广农业上之知识。”由于地域等条件的限制，南通博物苑虽为我国博物馆发展史之最初，却难在当时产生影响全国与“开风气之先”的作用。

辛亥革命以后，社会的变革给我国博物馆的发展提供了必要条件。从常理来讲，这一契机应当使中国民族资产阶级把在维新与革命中提出的博物馆的设想和进行的试验大规模地付诸于共和国的文化振兴计划与建设实践中去。但是，革命的流产带来了连年的军阀混战，博物馆的建设受到了严重阻碍。以北京的历史博物馆为例，1912年7月，教育部在北京国子监原址创设国立历史博物馆。说得更准确些，“其时孔庙里设了一个历史博物馆筹备处，处长是胡玉缙先生。‘筹备处’云者，即里面并无‘历史博物(馆)’的意思。”①

① 鲁迅：《谈所谓“大内档案”》，最初发表于1928年1月28日《语丝》周刊第4卷，第7期。载《鲁迅全集·而已集》第3卷，第562～565页。

直至1926年10月，历史博物馆才在故宫的端门至午门一带正式开馆。周作人曾写道："（民国）十五年十月十日我做过一篇小文，题曰《国庆日》，是通信的形式，文曰：'去年今日是故宫博物院开放，我记得是同你和徐君去瞻仰的。今年听说不开放了，而开放了历史博物馆。这倒也很妙的。历史博物馆是午门楼上，我们平民平常是上不去的，这回开放，拿来作十五年国庆的点缀，可以说是唯一的适宜的小点缀吧。但是我却终于没有去'。"①

1915年，在南京明故宫方文忠公血迹亭旧址，建立南京古物保存所，陈列明故宫遗物，亦多珍品。于是博物馆收藏古物，供大家观览，实施教育，其成效渐为公众所认识。因之，山西、湖北、广东诸省，踵相仿效，迄1922年，据第一次中国教育年鉴载，全国已有十三馆。计：

北平二所：一为古物陈列所，一为历史博物馆。

河北二所。

山东二所：一为公立，附设图书馆内，一为私立，英人怀恩光所设。

山西二所：一为青年会设立。

江苏二所：内有私立一所在南通。

广东一所：附设图书馆内。

湖北一所：附设图书馆内。

云南一所：附设图书馆内。

由此可见，1925年以前的中国博物馆还处在一个很低的水平，不仅数量少得可怜，而且一部分博物馆尚未脱离图书馆的附庸地位，规模也相当的小，影响就更谈不上了。故此，曾担任中

① 原文《国庆日颂》，摘自《周作人回忆录》，湖南人民出版社1982年版，第515页。

国博物馆协会第一任会长（1935年）的马衡先生说："吾国博物馆事业，方在萌芽时代。民国以前，无所谓博物馆，自民国二年政府将奉天、热河两行宫古物移运北京，陈列于武英、文华二殿，设古物陈列所，始具博物馆之雏形，此外大规模之博物馆，尚无闻焉。有之，自故宫博物院始。"[1] 这一意见是颇有道理的。其一，故宫博物院成立之前，中国还未有影响于国民文化生活的博物馆。蔡元培在1921年时也说过："我们北京有一个历史博物馆，但陈列品很少。其余还没有听到的。"[2] 其二，无论是"萌芽"或"雏形"都为故宫博物院的产生提供了一定的实践经验，并作为一种文化现象为公众所接受，尤其是博物馆的"开放"意识，与国民革命的民主要求相一致，因而受到了广大人民群众的欢迎。

1925年以前的中国博物馆的情况，要说对于故宫开院的影响，可以认为是一般性的，或者说是比较模糊的，不具体的。而在故宫博物院成立之前，惟有两件事作为其文化背景却显得十分重要，对博物院的成立与发展具有深远的影响。这就是1914年成立的古物陈列所，与1922年成立的北京大学研究所国学门。这是两件并不相干，影响也不尽相同的事情。

1914年，北京政府内务部接收清内府所藏辽宁、热河两行宫的藏品，在故宫的文华殿、武英殿成立了古物陈列所。1913年12月24日制定的《古物陈列章程十七条》申明："本部有鉴于兹，默察国民崇古之心理，搜集累世尊秘之宝藏于都市之中，辟古物陈列所一区，以为博物院之先导，综我国之古物与出品二者而次第集之，用备观览，或亦网罗散失参稽物类之旨所不废欤。"

① 引自那志良：《故宫四十年》，台湾商务印书馆1980年版，第18页。

② 蔡元培：《何谓文化》，载1921年12月14日《北京大学日刊》，第806号。

《章程十七条》中第九条——文书课职务：（一）关于登记事项，（二）关于编辑事项，（三）关于调查事项，（四）关于报告事项等条款，已具有博物馆收藏与保管职能；其中的第十条——陈设课职务：（一）关于编列事项，（二）关于保固事项，（三）关于修整事项等条款，也已具有部分的博物馆陈列展出职能。以后该所又颁布了《古物陈列所各库存储古物保管程序》（七条）与《关于各殿陈列古物保管程序》（六条），将保管与陈列工作具体化。

尽管古物陈列所是这样一处存在于故宫建筑群中的已具备有一定博物馆性质的设施，但是由于它的形成过程的原因，使之与故宫博物院的产生并无直接的联系。民国建立以后，故宫南面的三大殿——太和殿、中和殿、保和殿，连同周围的建筑划归民国所有。有些资料记载了内务部着手接收沈阳清宫和承德行宫古文物的情况。承德的文物起运始于1913年末，由滦河水路运到滦州，再转赴火车运京，叠经七次运完。辽宁清宫的文物于1914年1月开始起运，共分六次运完。两地二十多万件珍贵文物运到北京后，由内务部在武英殿、文华殿两座宫殿开辟展室，并且用美国退还庚款二十万元在武英殿以西的咸安宫旧基，建筑宝蕴楼库房，用来保存文物。

然而，据庄士敦称："这些艺术品现在是被'借'来而尚待民国政府购买的皇室藏品。"《紫禁城的黄昏》揭示了这批以前用来装饰热河和沈阳行宫的精美艺术品，是以何种形式演变成民国文化设施中的收藏与展出品的。他说：

> 一般认为，民国政府从皇室手中接管了这批财宝，或者作为革命的必然结果转到民国手中，但一般都忽略了进行转交的形式。直到1923年，我自己也这样认为。当时，应我的要求，我获得了一些文件的副本，这才使得

事情清楚了。

就我所知，这份文件从来没有在中国发表过。如果它没有使我的中国读者们感到惊奇，那可就奇怪了。文件的日期是9月11日。文件的内容是说，1914年1月，民国政府与皇室派遣了一个联合代表团，去沈阳和热河收集并带回了藏在宫里的这些宝藏。这些宝藏被承认是皇室私有财产的一个部分；无党派专家们被召来估计这些数目达70万件（按：疑为20万件之误）的物品的价值；有些物品由于是无价之宝和稀世珍品而无法估计；根据皇室与民国的双边协议，所有的物品，除了前者收回的以外，均由民国政府按估定的价格收购；由于财力紧缺，民国政府不能当即支付购买款项，这些宝藏暂被当作民国借自皇室的债款，直到民国财力允许彻底支付时为止；同时，收藏大部分该宝藏的武英殿作为国家艺术馆向公众开放；由皇室机构的一名官员严格监护这些宝藏，他向清室和民国政府负责这些宝藏的安全。

呈交给我的另一份与此有关的文件副本列出了下列令人感兴趣的估计数目的概要。

**来自沈阳和热河皇宫的宝藏**

| | 总的估计价值 | 由皇室收回因而没有出售给民国政府的物品的价值 | 民国对清室的结欠金额 |
|---|---|---|---|
| 沈 阳 | 1,984,315元 | 520,171元 | 1,464,144元 |
| 热 河 | 2,081,735元 | 34,400元 | 2,047,332元 |
| | 4,066,047元 | 554,571元 | 3,511,476元 |

可以从这个表格中看到，由民国承认属于清室的，从沈阳和热河皇宫运回紫禁城的宝藏总价值共达350多万元，以当时公认的二先令的汇率计，大约折合351,147英镑。①

1914年古物陈列所的首任所长治格是满族人，他是否就是以上所说的由皇室机构派遣的官员还不敢说，但是治格的名字却见于1917年张勋复辟时的《引见大臣签》，治格被封为“厢红旗蒙古都统”，可以肯定地说他与清室的关系是非常密切的。由此可见，古物陈列所的形成并不是革命的直接结果，而是辛亥革命的妥协产物——《清室优待条件》的一个变种。

尽管古物陈列所的形成，存在有承认清室是原藏品的合法所有者的因素，只是被“借”来尚待民国政府购买的皇室藏品，但是它必竟是由民国经营的新型的文化设施，因此其《章程》仍具有一定的社会意义。《章程》中写道：

大地博殖，万品灿陈；物质区分，各以其类。考古之士采求学理，于以察天演之递嬗，研制作之精奥，究人事之变迁。东西各邦搜罗珍奇，并立专院一以耀生产之繁富，蕲美术之专攻，而尤重于笃守古器永保弗失，其国人得所参观，资以发明，学术既兴，工业益进。我国地大物博，文化最先。经传图志之所载，山泽陵谷之所蕴，天府旧家之所宝，名流墨客之所藏，珍奬并陈，何可胜纪。顾以时世代谢，历劫既多，或委弃于兵戈，或消沉于水火，剥蚀湮没，存者益少，而异邦人士梯航远来，又复挟资以求，怀宝而去，或且兢兢焉考究东方古

① ［英］庄士敦：《紫禁城的黄昏》，第240～241页。

学，侈为大家。以我国历代创造之精，又多笃学好古之士，而顾不暇自保，而使人保之，亦可慨已。[1]

因此，古物陈列所的宗旨在于“保持古物”，并以此来迎合“国民崇古之心理”。看上去颇有些国粹主义的味道。由于缺少新思想的指导，其社会效益之差也是可想而知的。1914 年 10 月 24 日鲁迅的日记中写有“下午与许仲南、季黻（许寿裳）游武英殿古物陈列所，殆如骨董店耳”，由此便可略见一斑。

直至 1946 年 9 月，国民党行政院会议作出决议，将北平古物陈列所及留平文物 15 万件并入故宫博物院，结束了故宫之内两馆并立的局面。

对故宫博物院成立产生影响的第二件事是北大国学门研究所的设立。“五四”新文化运动与考古学等新型学科为故宫博物院的产生提供了思想方面的准备。“五四”新文化运动所提倡的“德先生”（德莫克拉西——Democracy，民主）和“赛先生”（赛因斯——Science，科学）大大地冲击了旧的传统观念。这是一场注重社会伦理和文化思想的改革。新知识分子们不但尝试介绍西方思想、制度和文化，而且也尝试重新估价和批评中国的旧传统。初期《新青年》以资产阶级民主主义为思想武器，它的作者们，为了使中国真正能成为一个民主共和国，大张旗鼓地宣传民主主义的新思想、新道德和新文化，彻底地反对封建主义的旧思想、旧道德和旧文化。他们认为辛亥革命没有能这样做，所以民主共和只是个虚假的形式，他们就来着手从这方面做起。在新文化浪潮的冲击下，旧的教育体制和传统的文化系统，被新知识分子手中的“批

① 原载《古物陈列所二十周年纪念专刊》，转引自文化部文物局教育处、南开大学历史系编：《博物馆学参考资料》上册，1986 年印刷，第 326 页。

评的精神”、“科学的主义”和“革新的文词”等武器打得丢盔卸甲，随之，教育界和学术界中新的观念、新的观察研究方法应运而生。

早在辛亥革命以后，西方文化随着政治的力量而加速东渐，科举既废，经学也式微了。于是新旧两种潮流激战的结果，是旧的败北了。首先革新的是文学，北京大学的新文学运动，是人所共晓的。至于史学的革新，却为一般人所忽视。民国之初蔡元培任北大校长，初设史学系，大家都不大重视，凡学生考不上国文学系的才入史学系，但这不能不算打定了史学独立的基础。至于材料和方法方面倘若不革新，仍同先前一样呆板地在故纸堆中钻研，那是不能满足新时代求真的希望的。所以北京大学于1922年设研究所国学门，首先创考古学研究室，其旨趣是要把以往所谓文人赏玩的古董，用考古学的方法去发掘搜集，作综合比较的研究。史学方面添加了一支研究考古学的生力军，古代史上许多问题，或者得到了解决，或者出现了疑问，这都是研究古代遗迹遗物的收获，予史学界以极大的震动。

“五四”新文化运动引来了西方的考古学，为历史学注入了新的活力，也为文物历史类的博物馆建设提供了理性的基石。假如我们仅仅从以实物史料为研究对象这一点来看，似乎金石学也就是考古学的前身，这种“匪今斯今，振古如兹”的结论，无疑是要人相信《宣和博古图》为考古学之滥觞；而且，《周礼·天官》中说的“王府掌王之金玉玩好兵器”的机构就是博物馆的胚胎。然而，这一认识是不符合考古学或博物馆在中国产生的历史事实的。我们首先从如下三个方面来分析考古学与金石学之间的不同：

第一，两者产生的社会基础是不同的，因此社会效益也是不同的。金石学产生于以人的等级制为基础的封建社会，为封建士大夫阶层所开创，服务于极少数的以皇室为中心的特权阶层，结果是文化的专制主义，其宗旨是“古人制器，取法于象，百工司之，类以义起，日用咸备，所以周天下之用而已，迨考之”，“法服法器，古人非所以为丽也，惟心一于正，则于是皆不苟焉；推之于大者，其先王仁政之形，井田，学校，封建礼乐之类，意者皆其心神之妙也。是以形而传，彼典籍今亦耿耿也。”[1] 诸如此类的所谓“考”成为皇权政治的奴仆。而考古学则产生于资产阶级革命以后的市民社会，这一社会的原则是反对身份制度，提倡个人主义，人人享有受教育的权利，社会必须促成一般理性的普遍发展，把社会的文化成就送到一切人手中。它的原则是反对停滞不前，提倡目的合理性，曾被特权阶层垄断的文化，包括艺术品，必须通过大众传播的手段，包括博物馆面向广大群众开放。考古学正是向这样一个社会提供，在人人都享有的教育中，作为认识人类社会历史的那一部分的理性依据和实物资料。

第二，两者在各自的研究过程中的文化环境不同，因而成立的前提也是不同的。金石学的文化环境是社会的极少数人把持着研究对象，只有圈内的人才能涉足，大多数人是被关闭在圈外的，加上“藏诸名山，传之其人”的传统文人心态的遗传，金石学是以封闭形式为前提的；而考古学的文化环境却是社会的大多数人享有研究对象，社会向个人提供的研究机会是均等的，研究过程中的任何人对研究对象都不具有绝对的占有权。因此，考古学要求资料开放作为其成立的前提。

第三，两者的指导思想不同，因而研究的目的、方法及手段也就不同了。金石学因主要研究古代铜器和石刻而故名。由于研

① 东书堂重修《宣和博古图录》，卷一。

究目的仅是为以皇室为主的极少数人服务，因此，不可能有好的分类的系统的研究，往往是皇家以某殿、某宫，臣下则以某斋、某室为研究单位，研究手段更是除考据以外别无他术。虽然往往强调“若曰玩物丧，则予不敢”，但多是“摅怀旧之蓄念，发思古之幽情”，去考究祖制，所以说金石学是向后看的，反理性的旧式学术。而考古学则是以理性主义为指导思想的，以科学分析为依据的，并以近代科学成就为观察手段的新型学科。它对研究对象进行包括野外考古发掘、物理学、化学的分析，历史学、器物分类学的系统的、综合的、广泛的研究，因而它也体现了人类进步的和进取的精神。因此是向前看的，理性主义的新式学科。

综上所述，在“五四”新文化运动中脱颖而出的考古学，为产生一座像故宫博物院这样巨大的博物馆，作了学术上的准备，以至不再使故宫博物院成为另一座“殆如骨董店”的古物陈列所。但是，需要说明的是，即使对于文物历史类博物馆，仅以考古学为指导思想仍然是不足的。随着中国博物馆事业的发展，到了30年代，出现了《博物馆学通论》、《博物馆学概论》等有关论著，出现了中国的博物馆学理论。就此，博物馆事业又多了一件武器。对于文物历史类博物馆来说，考古学好比硬件，博物馆学好比软件。可惜，博物馆学这一学科在故宫博物院成立以前还未能完整地形成，由此也就出现了一些缺陷，这些将在后面予以论述。

另外，考察一下北京大学与故宫博物院成立的关系也是十分关键和必要的。简言之，北京大学为故宫博物院的建设提供了最有力的干部和人材的保障。假设溥仪出宫以后，清室善后委员会与点查清宫物品得不到北京大学的人员的支持，后果将是可怕的，前途将是惨淡的，简直无法想象故宫的命运将会驰向何方。

据约翰·司徒雷登回忆：“一所中、英文都叫做‘北京大学’

的国立大学已经创办起来，并且正迅速地在国内外获得名气。这一情况当即引起我的注意。北大校长蔡元培是一位曾获得旧科举制的最高学位，同时也受过一些西方教育的学者，那里他正把一批受过西方教育的卓越的年轻学者吸收到他的大学里，其中有当时就很著名的胡适博士。这些学者正在出版有关革新的书籍和期刊，深受青年学生的喜爱。正如一份最著名的刊物名称所表明的，那是一个‘复兴’的时代。”[①] 由于“五四”新文化运动的原因，北京大学的先锋作用使它更是名声大振。待冯玉祥将溥仪驱逐出宫，组成清室善后委员会之时，北京大学已成为全社会在文化思想与新学科研究方面的先导，其中尤以北京大学研究所国学门为点查清宫物品，并于故宫博物院的业务建设出力最大。

北京大学之所以能够积极地参与，并在故宫博物院的建设中起到主导作用，在很大程度上与李石曾和北大的特殊关系相关联。1917 年蔡元培任北大校长时，李石曾也回国了，在北京大学做过一个时期生物学教授，但很少上课。而自清季李石曾留学法国时，就与后来的中国教育界结下不解之缘。这一特殊原因，使李石曾担任委员长的清室善后委员会里，北大的人占有显著的地位。据后来转到台湾的原故宫博物院元老庄尚严先生说：“当时，委员中蒋梦麟、陈垣、沈兼士、俞同奎也都是北京大学的教授。那时，在北大教授中有所谓‘三沈二马’的称谓。兼士先生便是这‘三沈’中的一人，岁数是最为年少；士远先生为长兄年龄最长；次兄是尹默先生。他们都是吴兴人，也是实际的兄弟。‘二马’是马裕藻与马夷初，原籍都是浙江人氏，却不是兄弟。当时对委员会的工作热心，并且后来成为故宫的重要职员的更是不在少数，马

① ［美］约翰·司徒雷登：《在华五十年——司徒雷登回忆录》中译本，第 46 页。

衡、袁同礼、徐鸿宝、李玄伯、徐炳昶、黄文弼、顾颉刚及吴瀛等都被该会聘为顾问，几乎每天都参预委员会组织的点查工作。”“另外，委员会作为一个会的组织还有必要设置一个负有实际责任的，处理日常工作的和调查古文物的专门机构，它的名称叫‘事务员’。最初是四个人，接受这一聘任的四人除我之外，还有董作宾、魏建功、潘传霖，当时，我们四人都是刚从北京大学毕业不久，先是在国学研究所担任助手，不久委员会成立，我们立即由北大推荐，到这个委员会效劳。一年后，彦堂（董先生）返回故里，继续安阳殷墟发掘去了，后来到广州中山大学任教官。建功则重返北大任教，薪初（潘先生）因在学校学的是法律，所以到南京的最高法院就任。三人相继前后都离开了故宫，只有我一个人始终在这个文化机关工作到退休。……直至第二年春天，工作进展顺利，没有遇到什么妨害。随着工作的进行，我们转到了专门担任点查责任的‘调查事务室’工作。但是，我们四人已不能负担逐渐增大的工作量，因此，那志良、吴玉璋、梁廷炜、齐念衡、史明等人也先后加入，这样，不仅成员在与日俱增，而且阵容也得到了逐步壮大。”这里，应当特别说明的是，以上这段反映北大与故宫关系的重要文字，本应引自庄尚严先生的《山堂清话》，但是因在北京的图书馆里不能找到原著，只好摘译于日文的《遗老话故宫博物院》，难免有异于原著之处。

能够作为相同见证的还有吴景洲（吴瀛）的《故宫盗宝案真相》中的记述，他说：“委员长李石曾是在北大任教，所以以北大为中坚，如李宗侗（玄伯）、沈兼士、马衡（叔平）、袁同礼（守和）、俞同奎（星枢）几位，都是后来故宫博物院掌握实权的人物，都是北大当时的重要教职员。此外，易培基（寅邨）、庄思老（蕴宽）、张继（溥泉）、江瀚（叔海）同我，当时并没有掌握内部的行政，不过属于比较密切的客位而已。”这就是所谓故宫博物院成立过程中的“学风”与“官风”了。

另外，较庄尚严、董作宾、魏建功、潘传霖低一席的到清室善后委员会工作的北大研究所国学门的毕业生还有单士元等，由于前四位当时在国学门已任助教，因此参加故宫工作时做了事务员，而单士元则是拿到国学门研究生申查证的翩翩少年，因此入故宫工作时做了书记员。那志良毕业于陈垣主办的平民中学，经陈垣先生的介绍，于 1925 年 1 月 4 日到故宫报到，参加了故宫的点查工作。

下面来考察一下北京大学国学门在故宫博物院成立前后的学术研究状况。关于这方面的情况，沈兼士说：“溯民国二十余年间，北京大学之于研究国学，风气凡三变：其始承清季余风，崇尚文辞；三四年之后，则倡朴学；十年之际，渐渍于科学，骎骎乎进而用实证方法矣。……故研究所国学门于古代研究，则提倡考古学，注意古器物之采集；于近代研究，则重公家档案及民间风俗。”①

北京大学研究所国学门考古学研究室成立于 1922 年。在其制定的《古迹古物调查会草章》第二条款中，阐明了其宗旨是：“用考古学的方法调查研究中国过去人类之物质的遗迹及遗物”；第三条款中定立了会员的组成是：“除考古学家外应网罗地学学、人类学、金石学、文字学、美术史、宗教史、文明史、土俗学、动物学、化学各项专门人材协力合作”；在“资料之处置”条款中，有“一、照相，二、摹拓，三、造型，四、图书，五、记录，六、修理，七、保护”等，以及“一、监别，二、类集，三、陈列，四、

① 沈兼士：《方编清内阁库贮旧档辑刊序》，摘自《沈兼士学术论文集》，第 343 页。

编目，五、出版”。[1] 由此不难看到，该会《草章》的部分条款在很大程度上是符合或是接近博物馆的文物保管工作原则的，对于故宫博物院的工作章程无疑具有指导性的借鉴作用。

这里另举一件“整理清内阁档案”的事例，从中不难看到，北大与故宫博物院在业务与学术上的承继关系。据记载：

> 教育部历史博物馆所存之清内阁大库档案，为研究近世史必要之参考物，前经研究所国学门主任沈兼士商请蔡元培校长，呈请教育部，将此项档案移交本校代为整理；于本年（民国十一年，1922年）五月二十二日，得教育部指令许可；校长乃嘱托沈兼士、朱希祖、马衡、单不庵、杨栋林诸教员前往历史博物馆办理接收事宜。此项档案，自明迄清之题本、报销册、揭帖、贺表、誊黄、金榜、起居注、实录，……等均在其中。共计装运六十二木箱，一千五百零二麻袋。
>
> 档案既移运到校，研究所国学门史学系、中国文学系教职员沈兼士、朱希祖、马衡、单不庵、杨栋林、沈士远、马浴藻、陈汉章、李泰棻、胡鸣盛、滕统音、刘绍陵、刘澄清及毕业生王光玮，在校学生连荫光、魏建功、张步武、潘传霖、付汝霖、魏江枫、陈友揆等富有整理档案之兴趣者，组织一整理档案会，于七月四日着手整理。其办法约分三步：
>
> 第一步，手续为形式分类及区别年代，……
>
> 第二步，手续为编号摘由，……至于各项档案中之

① 国立北京大学《国学季刊》第1卷，第3号，第553～554页。《国学季刊》第1卷，第1号，第198页～201页。

特别重要者，随时提出公布。

第三步，手续为报告整理成绩，研究考证各重要事件，及分别编制统计表。

……现拟于本校二十五年成立纪念日，将暑假期内整理之成绩，分类陈列，开第一次展览会，以供留心史学者之研究。[①]

另据沈兼士先生的《故宫博物院文献馆整理档案报告》记述：

（民国）十一年五月，北京大学因罗振玉收买库档，请准教育部，以历史博物馆库档委托北大研究所国学门整理。

十一年七月，北大接收档案完毕，规定整理计划。

十二年三月，北大史学系学生参加整理档案以资实习，其他考古学风俗学等实地调查之风，同时并起，一洗从前文科徒托空言之弊。

十二年六月，北大史科整理会议决，暑假期间不停止工作。

十二年十一月，北大研究所由第一院迁入第三院工字楼，档案给有陈列室九间，计分要件题本报销册等类。

十三年十一月，办理清室善后委员会，接收故宫。

十四年十一月，故宫博物院成立，设文献部，集中宫中档案，于外东路辟陈列室。

十四年十二月，故宫博物院接收宗人府档案。

十五年一月，故宫博物院请准国务院移交军机处档案归其保管。至是始完成同人倡议之内外庭档案整个保

① 《国学季刊》第1卷，第1号，第198页～201页。

存联合整理之计划。

十六年十月，开放大高殿，展览军机处档案。

十七年六月，故宫博物院文献馆接受旧清史档案。

十八年八月开始整理宫中档案。

……①

根据以上记述，北京大学国学门与故宫博物院文献馆的承继关系可以一目了然了。其中，不仅包括有组织系统、专业方法等，而且，如果将清室善后委员会的“绝对公开”的作风求本溯源，其本源不能不说是在北大国学门的“整理档案会”。这一作风由于干部传播的作用，在故宫博物院是发扬光大了，它一反旧式文人“单干”的封闭式的坏学风，为后人树立了光辉的榜样。

据朱家溍的追忆：“文献部在1928年出版了《掌故丛编》，一至四期是许宝蘅先生编的，这是故宫博物院编印的第一种期刊。援庵（陈垣）先生主张赶快公布档案史料，供学术界研究，就从《掌故丛编》开始，后来改称《文献丛编》。又编印一种《史料旬刊》。援庵先生认为：公布档案史料不必耽搁时间，……沈兼士和陈垣先生的思想是一致的，继续坚持十天出版一册《史料旬刊》。抗日战争，古物南迁，也包括历史档案，他们预料这个旬刊将要中断。为了加紧出版旬刊，必须缩短周期，在沈兼士的领导下，节省去了档案抄录过程，直接由排字工人看档案原件排字，为了保证档案原件的完整与清洁，即不能有半点损坏与玷污，就派馆员手持档案原件站在排字工人身旁，供排字工人排字，同时馆员负有校对责任。”② 曾经亲眼目睹那些类似“F总长”的官僚和“忽

① 摘自《沈兼士学术论文集》，第346～348页。

② 朱家溍：《回忆陈垣、沈兼士两位先生》，载《紫禁城》1986年第5期，第8页。

然变了考古家”的“留学生”盗取“大内档案”[①]的鲁迅，也称故宫博物院编辑的《清代文字狱档》“给了我们一种好书”。[②]

讲到北京大学与故宫博物院建院关系时，当然不能不提到以“美育代宗教”为宗旨的北大校长蔡元培先生。故宫开院之际，蔡先生正在国外考察，虽不能亲身参与创建，却在此后，无不以满腔的热忱加以推崇。早在1912年，已经是46岁的蔡元培，卸任教育总长，再度游学于欧洲，有感于“欧洲学术注重实物，精神科学也向实验发展，再加需要标本、图画、表目等，还有陈列室、博物院、图书馆等等参考的地方，所有这些，我国没有，短期内也不能具备。”[③]回国后到处奔走呼吁，提倡博物馆教育，尤其强调博物馆在美育中的作用。1912年，蔡元培在《北京大学日刊》上撰文，题为《何谓文化》，设想有各类博物馆，“有科学博物院，或陈列各种最新的科学仪器，随时公开讲演，或按照进化的秩序，自最简单的器械，到最复杂的装置，循序渐进，使人一览了然；有自然历史博物院，……可以见生物进化的痕迹，及卫生的需要；有历史博物院，按照时代，陈列各种遗留的古物，可以考其本族渐进的文化；有人类学博物院，……可以作文野的比较；有美术博物院，……不但可以供美术家的参考，并可以引起普通人优美高尚的兴趣。”

故宫博物院的建立显然超出了蔡元培当时的预想。他曾在《二十五年来中国之美育》、《最近三十五年之中国教育》等文章中一再介绍故宫博物院，他说：“故宫的建筑与园林，均有美的价值，

---

① 鲁迅：《谈所谓“大内档案”》，载《鲁迅全集》第3卷，第567页。

② 鲁迅：《隔膜》，载《鲁迅全集·且介亭杂文》第6卷，第42页。

③ 参阅《蔡孑民先生言行录》，新潮社编辑，第359～370页。

昔为清皇室所占有，自十四年后，次第开放，公诸民众。至于宫中的物品，除书籍及档册外，美术品甚多。”他称故宫所藏八千余件书画“皆其特出之件”；称所藏陶瓷为“中国古代名窑之瓷，应有尽有”；古青铜器“均为世间不可多见之物”；玉器“或以润泽胜，或以镂刻见长，数亦以万计。”[①] 可见蔡元培是用怎样的喜悦来庆贺这一事业的成功啊！

当然，若论蔡元培对故宫博物院的贡献，决不仅在于对博物馆或对故宫博物院的直接论述，而更见诸于蔡元培倡导的“兼容并蓄”与“古今中外派”的时代风气，及其所培育出来的北京大学上。他“毕生所求，在于融合中西，创立符合中国实际的新文化。”北大研究所国学门正是在蔡元培所倡导的“研究也者，非徒输入欧化，而必于欧化之中为更进之发明；非徒保存国粹，而必以科学方法揭国粹之真相”[②] 的学风下创立的，也是蔡元培先生为故宫博物院的产生做的最有实际意义的准备工作。

## 3　故宫博物院的成立

故宫博物院在各方积极因素的促进下，克服了各种消极因素，终于由筹建走向了正式成立。1925 年 9 月间，李石曾以清室善后委员会委员长的名义，毅然决定于 29 日召开会议通过“故宫博物院临时组织大纲”及“故宫博物院临时董事会章程”，并推定董事，

① 蔡元培：《二十五年来中国之美育》，载《环球中国学生会二十五周年纪念刊》，1931 年 5 月出版。

② 蔡元培：《北京大学月刊发刊词》，载《蔡元培选集》，第 66 页。

李石曾亲书“故宫博物院”大门匾额，即日上悬于神武门城楼之上。“故宫博物院临时组织大纲”第一条款宣布：“遵照办理清室善后委员会条例第四条，并执行中华民国十三年十一月七日政府命令，组织故宫博物院。”与此同时，京津各大报都登出“故宫博物院开幕广告”。全文如下：

> 本会自接收故宫以来，赖各方面同人之努力，点查将次守竣，遵照本会条例第四条，并民国十三年十一月七日政府令，组织故宫博物院，筹备经年，已就绪。兹定于双十节日午后二时在乾清门内举行开幕典礼，除中西路同时开放，并开放养心殿外古物书画陈列，在中路各处图书陈列在寿安宫，并开放文渊阁史料陈列，在宁寿宫后养性殿乐寿堂，以十号十一号下午一时半至四时为售券时间，每券减收半价，大洋五角，童仆一律（本星期三日因筹备开幕暂时停止参观）。
>
> 清室善后委员会启①

通电和广告都打出去了，然而当时为开幕式准备陈列展览还远未就绪。据吴瀛的记载：“十月六日之晨，易寅邨（易培基）先生来告余以双十节故宫博物院准备开幕之议，且嘱往斋宫提取书画，为陈列之需。诺之，即偕同到宫，则同人皆纷纷大忙，分别出组，提取陈列物品，余如约与冯梁诸君等，担任提取书画。事前既无预备，平时点查，多以抽签法行之，并非一人经手，而点查初不注意审查。原箱中复真赝杂揉，各箱锁匙，以清内务府并未移交，皆临时雇用铜匠以手术开启。”博物院为何如此仓促开幕？众说纷纭。吴瀛的说法是：“清室善后委员会鉴于情势之孤危，非

① 引自1925年10月10日《顺天时报》。

急急成立博物院使速成公开之局，无以杜觊觎之心，乃于十四年双十节之前五日，决定于双十节，为故宫博物院开幕之期，时日既促，其为忙乱可知。”①

另一种说法是刘乃和所写的《从清室善后委员会到故宫博物院的成立》一文，该文说，早在（1924年）11月20日召开的第一次“善委会”上就作出决定，“次年（1925年）十月十日辛亥革命纪念日，宣布成立故宫博物院”。照这种解释，10月10日开幕就成了“争取能按原订日期成立故宫博物院”，也就根本不存在“时日既促，其为忙乱可知”的事情了。刘乃和的说法或许来自其他参与者的口碑材料，但目前还未能得到其他文字资料的印证。

而据那志良回忆：“民国十四年元旦，我去给我的老师陈援庵（垣）先生拜年，那时，他是办理清室善后委员会的常务委员，他问我愿意不愿意到故宫去工作，并且告诉我，这个委员会，现在虽是一个临时机构，将来若是改为博物院后，在博物院里工作，便是个终身事业。”② 当时，故宫将成为博物院的设想已为清室善后委员会的同人所知，但具体的时间却不详尽。公布于1924年11月14日的《办理清室善后委员会组织条例》第四条款议定：“委员会以六个月为期，如遇必要时得酌量延长之。”可见日期并未在事先明确。

关于开幕式日期确定的原因，还有一种说法，在1982年台湾出版的陈纪滢的《李石曾传》中，把“9月5日，北京政府与比利时订立退还庚款余款协约”，作为李石曾毅然决定从速成立故宫博物院的直接背景。但是，由于还缺少其他材料的佐证，此议还

---

① 引自吴瀛：《故宫博物院前后五年经过记》第1卷，第53页。

② 那志良：《故宫四十年》，第6页。

待于进一步的考察。

然而，历史却真实地进行着。双十节的开幕典礼，定在下午2时，居然如时开幕。那一天，真说得上是万人空巷，人们都要在这国庆佳节，一窥数千年神秘的蕴藏，熙熙攘攘的人群无不向着同一目的地涌进，故宫博物院开幕典礼盛况空前。

双十节午后2时，故宫博物院开幕典礼在乾清门内举行，由庄蕴宽主持大会。宣布开会后，首先由清室善后委员会委员长李石曾报告筹备故宫博物院情形，他扼要地说，自溥仪出宫后，委员会即从事将故宫物品点查，并编有报告，逐期刊布，现点查将要告竣，履行委员会条例，并遵照摄政内阁命令，组织故宫博物院，内分古物和图书两馆。此事赖警卫司令部警察厅及各机关方面同人之致力，乃有今日之结果。今日时光至为宝贵，不敢多言，到会诸先生中有当日摄政内阁及警卫司令部领袖均在此，稍迟更有重要之言论。

报告结束后，由前摄政内阁总理黄郛发言，大意如下：故宫之化私为公，实赖当日军警当局之力，此后成为博物院完全公有，服务其中者，为人民之公仆。且今日开院，为双十节，此后是日为国庆与博物院之两层纪念，如有破坏博物院者，即为破坏民国之佳节，吾人宜共保卫之。

随后，王正廷发言，他说故宫博物院开幕令他产发两种感想，一是真正收回民权，二是故宫博物院给双十节带来特殊纪念。接下来是蔡廷幹发言，然后是鹿钟麟发言，他又一次提起了"逼宫"话题，言我乃是为民国而"逼宫"，为公而"逼宫"。再后发言的有于右任、袁良。至此，大会主席宣告散会。

这一天，博物院内各路齐开，供游人自由观览，昔日的皇宫今天弥漫着自由民主的空气。京津各报都就此发表评论，着重报道，真是轰动一时。其中一篇题为《故宫博物院中东两路参观记》的文章认为："前昨两日，为清宫全部开放之期，数千年宫殿尊严，昔为梦想所不可得到者，今则略破悭囊，即允吾人昂首阔步，眺望谈笑于其间。不可谓非建国以来，求治益乱，求合益分之现象中，独此一事，是以差强人意者。"对一座博物馆的开放予以如此高的评价，恐怕在中国近现代史上是空前而绝后的。

文章作者从一观众的角度，对故宫中目迷五色的建筑园林和文物陈设等不时地发出感慨，尤其是在这一伟大事件对国民心灵的触动方面多注笔墨。文章评论道："门上高悬横额一方颜曰'故宫博物院'，书法鲁公，挺拔有致。清宫而成故，顾名思义，殆有深心。"据那志良的记述，"故宫博物院"的名称是在1925年9月29日的委员会议上议定的，"大家认为博物馆既以'故宫'为院址，保管文物又都是故宫里的东西，不妨直接称为'故宫博物院'，各国也有这种例子，例如巴黎的'狼宫博物院'Musée du Palois du Louvre，柏林的'皇宫博物院'Schloss Museum 等都是。"[①] 后来，台湾故宫博物院院长蒋复璁先生亦有类似的说法。[②]

《参观记》在描述当时人们踊跃参观的情景时说："惟因宫殿穿门别户，曲折重重，人多道窄，汹涌而来，拥挤至不能转侧，殿上几无隙地，万头攒动，游客不由自主矣。"如此热闹场面是不难想象的。民国至此，国人也鲜为如此兴奋。当时人们游览故宫感受至深的是一种类似于革命胜利的喜悦，人们"出乾清门，金狮一对，蹲之左右，扣之铮铮有声，抑若不知宫殿之非故主所有矣。"

① 那志良：《故宫四十年》，第16页。

② 蒋复璁：《国立故宫博物院的历史使命》，载《故宫文物》，台湾商务印书馆1981年版。

由于故宫博物院的建立本身就是民主革命的产物，因而它赋予人的感情的冲动有助于知觉的正确发展，进一步升华为民主革命意识，而决不是相反。那种旧时代的对于皇权的崇拜，也随着宫廷生活（包括政治、经济、文化及日常）内幕的彻底公开，首先是往昔那种引起恐惧心理的神秘色彩荡然无存了，接着是带有批判精神的怀疑态度。文章中有这样一段观感阐发："更折而南经上驷院，即昔日御用马厩也，窗户零落，标为宪政筹备处，即清那拉后九年筹备立宪之处。院落荒凉，右邻马厩，至今尚有余臭，当时满人无立宪诚意，可想而知。"① 在这里，作为在旧时代皇宫里游览的解放了的人的一种自豪感，转化成为一种正义感。无形中确认了自己在现实政治生活中的立场，这样的观览活动是一种无法从旁取代的对立意志的体验。

（林）白水的故宫观后感，首先感慨于"其时游人杂沓，各现得意之色。盖三千年帝国宫禁，一旦解放，安得不惊喜过望，转生无穷之感耶？"接着该文又表示了对博物院筹备工作的不满。指出："自该委员会接收故宫以来，筹备已届一年，时间并不匆促，所荟萃之人才，在表面上观之，不可谓不多，惟该委员会诸君，平日所关心者，似只在于如何联络军阀，如何利用恶势力，以对付敌党，而保全地位之问题。而于正当之筹备，不免过于忽视，故一旦开幕，而所表现暴于外之成绩，遂不得不如此。夫以政治的意味，而搀杂于保管故宫，收藏古物之中，宜其无有是处。吾人欲谋改组委员会，必须于政客党人之外，另行物色称职之人，此凡参观故宫者，所应亟宜注意之一重要提案也。"② 这篇评论文章

① 《故宫博物院中东两路参观记》，载 1925 年 10 月 12 日《黄报》。
② （林）白水：《故宫博物院之不满意》，载 1925 年 10 月 13 日《社会日报》。

所提出的意见，反映了当时的故宫博物院的两个方面的问题。一是，由于故宫开院来源于政治革命，两种政治势力（有时是两种以上的政治势力）的斗争也就不断地反映到故宫里来。冯玉祥的国民军在军事上的胜利带来了溥仪出宫的直接后果；然而，由于“革命一派”的政治妥协，又将故宫的前途推入奉系军阀与皖系政客的私下交易。只因军阀与政客们也慑于革命力量在社会总体力量的对比中不断地壮大，以及与社会进步力量有着广泛联系的清室善后委员会同人的抗争，溥仪还宫等阴谋企图才未能得逞。在此期间，由于委员会在反动势力的对比中显得过分弱小，因此不免“平日所关心者，似只在于如何联络军阀，如何利用恶势力，以对付敌党”上。其实以“一面抵抗，一面疏通”的方法来保全故宫作为公产而不受侵犯的努力，一直持续到北伐战争取得胜利之后。这在当年的条件下也实在是勉为其难了。

另一方面的问题是，国民要求故宫博物院更直接地为文化教育提供展览，提高陈列水平。前面我们已经了解到博物院的开幕仓促举行，点查清整工作匆忙转到陈列展览上，的确给当时的展览效果带来了不少损失。使人感到“以政治的意味，而搀杂于保管故宫，收藏古物之中，宜其无有是处”的缺陷。由此，也向故宫博物院提出了建立一支适应博物馆工作性质的专业队伍，与提高陈列水准的要求，同时也向中国博物馆界提出了，为了提高博物馆的业务水平，必须建立一套与之相适应的理论体系的要求。因为故宫博物院的规模本身就促使了这一专门学科的出现。它不仅结束了一个时代，而且开创了一个时代。在近代中国，变旧有文化为新型文化，变固有文化现象为外来文化现象，故宫博物院是个创举。因此，故宫博物院的诞生，引起中国博物馆事业大的发展与中国博物馆学的产生将是必然的。

为了壮大故宫博物院成立的声势，开幕式之后，清室善后委员会通电全国。电文如下：

北京段执政钧鉴，各部院、各机关、各省督办、各总司令、各都统、各法团、各报馆均鉴：

本会成立半载有余，竭蹶经营，规模粗具，现已遵照去年政府命令，将故宫博物院全院部署就绪，内分古物、图书两馆，业于本日双十节举行开院典礼，观礼者数万人。除该院临时董事会理事会各规程前已正式披露外，特电奉闻，诸希匡翼。临电无任翘企之至。清室善后委员会叩

十四年双十节[①]

至此，清室善后委员会的使命宣告结束，工作由新组成的故宫博物院的临时董事会与临时理事会接替，并由理事会下设行政机构行使管理院务的职责。"故宫博物院临时组织大纲"、"董事会章程"及"理事会章程"如下：

## 故宫博物院临时组织大纲

十四年九月二十九日议决

第一条 遵照办理清室善后委员会条例第四条，并执行中华民国十三年十一月七日政府命令，组织故宫博物院。

第二条 故宫博物院之组织如左：

甲 临时董事会

① 引自吴瀛：《故宫博物院前后五年经过记》第1卷，第54页。

乙　临时理事会

（一）　古物馆

（二）　图书馆

遇必要时，得设专门委员会。

第三条　上条各项之组织，另由章程及办事细则规定之。

第四条　本组织大纲，遇必要时，得由董事会公决修正之。

## 故宫博物院临时董事会章程

十四年九月二十九日议决

第一条　本董事会协议全院重要事务，以董事二十一人组织之。

第二条　本会董事由筹备主任提出，经清室善后委员会通过后，聘请之。

第三条　本董事会之职权如左：

（一）　推举临时理事长及理事。

（二）　审核全院预算决算。

（三）　保管院产。

（四）　监察全院进行事项。

（五）　议决理事会及各馆提出重要事项。

（六）　筹备正式董事会及拟订正式董事会条例。

第四条　本董事会设董事长一人，由董事互选之。

第五条　本董事会开会由董事长召集之，遇有特别事项，得由董事五人以上或理事会请求董事长召集之。

第六条　本会董事会议决案，以过半数之出席及出席员三分二之同意行之。

第七条　本章程自开院之日起施行，遇有未尽事宜，得由本董事会依第六条规定修改之。

第八条　本章程俟正式董事会条例公布后，取消之。

## 故宫博物院临时理事会章程

十四年九月二十九日议决

第一条　本理事会执行全院事务，以理事九人组织之。

第二条　本理事会所属古物馆、图书馆，各设馆长一人、副馆长二人。馆长、副馆长为当然理事。

第三条　除上条当然理事外，其余理事，由筹备主任就清室善后委员会委员中聘请之。

第四条　本会理事俟临时董事会成立后另举，或追认之。

第五条　本理事会执行事务，分馆务、总务两种。（一）关于馆务者由古物馆、图书馆处理之；（二）关于总务者，设立总务处处理之。以上两项办事细则，另订之。

第六条　本理事会设理事长一人，由理事互选之。

第七条　本理事会开会，由理事长随时召集之。

第八条　本章程自通过之日起施行。如有未尽事宜，得征求临时董事会同意修改之。

第九条 本章程俟正式理事会成立后，取消之。[①]

在故宫博物院的组织系统中，最具特色的要算是董事会与理事会的形式，这可谓是中国博物院史上的一个创造。它直接借鉴于西方企业管理的经验，毫无保留地将这一先进的管理机制引入故宫博物院。然而，这种董事会与理事会的双重管理制，直接原因来自博物院与共和国命运的休戚相关。首先是博物院需要通过董事会来取得社会上政界、军界和学术界的支持。因此，董事们均是社会上有显赫地位，有影响的人士，以便起到“董之用威”（《书·大禹谟》）的作用，包括对外大大增强了克服消极因素的力量，对内实行监督的作用。根据“临时董事会章程”第三条款行使董事会的具体职权，并通过理事会实施具体管理。而理事会的管理又是通过理事所担任的具体行政职务来实现的，分别执掌馆务与总务，并将理事会的指令落实到全院的各个部门的工作中去。理事会作为决策中心，执行全院事务，具体是根据“临时理事会章程”中的第二款和第五款传达给全院，同时接受董事会的监督。由此而形成了自决策机构到执行机构，再到监督机构，又返回到决策机构的循环系统。基本上符合于管理手段的“相对封闭原则”，为日后的发展提供了组织系统的保证。

---

① 引自吴瀛：《故宫博物院前后五年经过记》第1卷，第54～56页。

# 七　故宫与卢浮宫、艾尔米塔什开放之比较

与中国的皇家收藏同属一类的世界中世纪史上的皇室收藏，其珍品无疑是一个巨大的数目。由于这些珍宝典美、瑰丽……往往成为朝代更替时的抢夺目标，其结果无非是或麝以香亡，改变了主人；或是宝物毁于战火，落得个一了百了。无数的珍藏异宝就在这你抢我夺的厮杀中一再地减少，然而，却又在新的一次更为暴虐的剥夺和压榨下无限地增加。这便是“美之所能赋，富之所能营”的世界范围内的皇室收藏的梗概。同样，这些收藏的大部分，经过近代革命的洗礼，大都演变为博物馆收藏了，尽管世界上还存在有十多家王室。

与“博物馆是一种人类文化现象”的命题一样，古代和中世纪的收藏行为也为人类所共有。如果将古代和中世纪的收藏活动的动机与目的加以区分的话，大致可以分为以下几种情况：

（1）出于宗教活动的收藏。这是最古老的一种收藏活动。自然崇拜、万物有灵论、图腾崇拜和巫术是原始社会收藏活动的直接推动力，许多与作为崇拜对象的动物、植物、矿物相关的物品和有“灵验”的物品被收集和保存下来。多神教和一神教出现后，

宗教活动的内容和仪式更加多样化和复杂化了。神像、佛像、圣徒、圣僧的尸骨或遗物以及与宗教活动有关的器皿、用具和艺术品都成为收集和保存的对象。神庙、寺院、修道院、教堂则是保存与宗教活动有关文物的重要场所。

（2）出于经济积累需要的收藏。私有财产、贸易活动和贵金属的出现是出于经济积累需要开展收藏活动的基础。随着货币特别是贵金属货币和手工业的发展，货币、珍宝、精美手工艺品的收藏成为财富积累的重要组成部分。宫廷、宗教机构和世俗的府库、珍宝库是财宝的聚集和贮藏之地。

（3）为了显示社会地位和社会声望的收藏。在等级社会里财富和权力是社会地位和社会声望的基础。人们往往为了炫耀家族的显赫地位和显示国家的威力进行收藏。拥有珠宝玉器、金银首饰、奇花异草、珍禽怪兽以至古董、抄本，不仅是富有的象征，而且是身份、地位和权力的标志。

（4）表现对群体忠诚的收藏。这种意识由来已久。就家族来说，表现为对祖先的崇敬，保存亲人和先人的遗物，定期举行祭祀、悼念活动以寄托哀思；就一个民族来说，出于文化认同的需要，保存能代表本民族习俗和文化传统的器物、建筑、艺术品；就一个国家来说，为了表现对祖国的依恋和忠贞而保存能反映本国历史文化遗产和成就的纪念物。

（5）出于生产需要，对自然奥秘进行探索和满足好奇心的收藏。生产活动是人类的基本活动，在生产活动中，人们需要不断地增加对自然、社会和人类本身的了解，它的最基本的形态是有机体对环境做出的本能的反应，对周围环境差异性的识别能力，以及了解不同事物的好奇心和探索精神。好奇心主要受感情的支配，无固定方向，而且是多变的。经过理性和科学的洗礼转化为执着定向的追求，成为科学的探索精神。以探索自然规律为目的的藏品收集活动，一般说来具有较高的学术价值。

（6）出于对美的追求的收藏。艺术活动和审美观念起源于人类的生活体验。受审美观念支配的收藏活动起初往往同前几种收藏活动混杂在一起，直到中世纪晚期，艺术品的生产专业化和商品化了，艺术品收藏才具有了相对的独立性。

以上从六个方面阐明了人类收藏动机的一般特征，皇室收藏的目的当然也不外乎于此。同时，皇室收藏动机又是极为广泛的。皇帝出自“朕即国家”的观念，无不把社稷和天下视为当然的“王土”与“王臣”。因此，也可以说皇室收藏的动机受到一种膨胀的欲望冲动所支配，它是一般收藏动机无限制的放大。可以说皇室收藏是最典型的古代与中世纪的收藏。皇帝作为最“崇高”的封建领主，操纵着国家机器，为了使自己的统治具有绝对的权威，往往或把自己扮演成为超自然的精神力量的世俗代言人，或与某宗教势力结成同盟，等等，这都使宫廷成为世俗社会中宗教法器及宗教艺术品的最大收藏者；皇帝作为最富有的封建领主，掌握着国家的经济命脉，人君“视天下为莫大之产业”，当然也是一国之中的贵金属货币、珍宝与精美手工艺品的最大收藏者；皇帝作为最显赫的封建领主，具有“九五之尊”，至高无上的身份地位，因此，皇帝也必然是全社会中拥有最多奢侈品、豪华品、礼仪用品、珍奇品以及古董的收藏者；皇帝作为最有威望的封建领主，并往往以“内圣外王”的身份出现，被人为地推崇为全社会伦理的最高典范，这样皇室又成为祖先、民族、国家象征物的最大收藏者；皇帝作为最“贤明”的封建领主，而成为人们在生产和探索中所获得的智力成果的最大拥有者，当然也是其物质形态的最大收藏者；皇帝作为最“高雅”的封建领主与最“和谐”的人格象征，皇室无不用社会最高艺术成就所装点，而成为艺术品的最大收藏者。这样皇帝就成为了拥有全社会最高物质财富与精神财富的最大收藏者。斯宾格勒曾指出："在每种文化中，农民是纯自然和成长的一部分，从而是一种完全不具人格的表现，而贵族和僧侣则是大力培养与形成的结果，因此，就表示一种彻底具有人格的文化。"① 由于宫廷收藏具有体现全社会最高文化成就的特征，因此，宫廷收藏也就成为新时代博物馆的最适宜的收藏。

## 1　皇室收藏与皇家博物馆

16～18 世纪，随着资本主义生产方式在封建社会内部的发展，随着世界市场的出现和物质财富的高速增长把一切包括古董、自然标本、艺术品都变成了商品，随着海外贸易和殖民扩张将东方的艺术品及珍宝大量掠入欧洲，同时随着文艺复兴中更多的优秀艺术家的出现，其作品成为新的收藏目标，以及科学的进步所带来的新的探求世界奥秘的方法等等，欧洲的宫廷收藏，像是获得了一个千载难逢的契机，在资产阶级政治革命以前，迅速地膨胀起来。除去英国斯图亚特王朝国王查理一世，因于 1642 年企图逮捕皮姆等国会领袖未遂，随即挑起内战，再度战败，1649 年 1 月被国会处死，他的藏品于 1653 年根据国会决议被拍卖以外，其他各国的皇室收藏都是蒸蒸日上，事业发达，其中流传至今的著名皇家收藏举例如下：

捷克皇帝鲁道夫二世（1552～1612 年），其主要收藏有：艺术

① ［奥］斯宾格勒：《西方的没落》中译本，商务印书馆 1969 年版，第 538 页。

品、用具、乐器、游戏玩具、科学仪器和工具。

(德意志)奥古斯都一世(1553~1586年),其主要收藏有:艺术品与自然标本、珠宝、钱币、徽章、钟表、科学仪器和药物等。

英国国王查理一世(1625~1649年),其主要收藏有:艺术品,包括绘画、雕塑等。

法国波旁王朝国王路易十四(1638~1715年),他在位期间,法国人才辈出,英杰遍地。路易十四曾做作家莫里哀和拉辛的保护人。同时,他大力营建新的行宫,其中的凡尔赛宫至今犹存。卢浮宫也是在这位“太阳王”的主持下进行了扩建。其主要收藏有:艺术品、青铜器、珠宝和名画。

丹麦和挪威国王腓特烈四世(1671~1730年),克里斯蒂安五世之子。曾在国内实行改革,1702年废除西兰岛的农奴制度。其主要收藏有:自然标本、人工制品、科学仪器、机械设施等。

普鲁士国王腓特烈大帝(1712~1786),他曾在继位后发表了《反对权术主义》的论文,充满着启蒙运动伦理观点。并实行重商主义政策,独揽朝政,同时喜欢与艺术家和作家们交往。其主要收藏有:工艺品、家具、染织品等。

俄国皇帝彼得一世(1682~1725年)与女皇叶卡特琳娜二世(1729~1796年)。彼得一世在位期间,效仿西方实行经济、军事、文化教育和政治改革,加强封建专制的中央集权制,史称“彼得一世改革”。其主要收藏有:兵器、战利品、宝物等。叶卡特琳娜二世,又译为凯萨琳二世,在位时标榜“开明专制”,与伏尔泰及法国百科全书派交往密切。这时的宫廷收藏最为丰富,主要有:古代东方艺术品、古钱币、古希腊和罗马的雕塑,中世纪的绘画及雕塑等。

诸如此类的例子不胜枚举,更不用说在欧洲历史上有着长期统治的哈布斯堡王朝（1273～1918 年）、斯图亚特王朝（1371～1714 年）、波旁王朝（1589～1931 年）、罗曼诺夫王朝（1613～1917 年）、汉诺威王朝（1714～1901 年）等等王朝，无不具有收藏传统。大量的王朝收藏使后来的奥地利、西班牙、英国、法国、意大利、俄国等国的博物馆收藏丰富起来。

17～18 世纪的欧洲，是一个将私人的收藏向公共的博物馆发展的时代。随着文化教育与科学技术的发展，人们纷纷捐献或公开个人收藏，建立起博物馆。其中著名的人物有：英国的汉斯·斯劳恩爵士（1666～1753 年），于 1733 年将自然史标本 69,352 件全部捐赠给不列颠博物馆（大英博物馆），使之成为该馆的核心藏品。另外，埃利亚斯·阿什莫尔（1608～1662 年），将收藏的古董捐赠给牛津大学，于 1682 年建立了阿什莫尔博物馆。德国的戈托普公爵也将私人收藏，包括自然与人工的珍品，供公众观赏。

在这种风潮的波及下，欧洲的宫廷收藏也开始松动。与此同时，欧洲的王侯们也在部分地开放宫廷收藏。包括有：法国历代宫廷秘藏的一部分，于 1750 年，有限定日期地在枫丹白露宫开放；维也纳的哈布斯堡王朝的宫廷收藏，于 1781 年售票开放；著名的艾尔米塔什博物馆也已于 1764 年建成，并向围绕在叶卡特琳娜女皇周围的社交界开放……除此之外，还有将宫廷收藏部分地向博物馆捐赠，以及建立皇家博物馆等形式。这两种形式，前者比较简单，而后者却比较复杂。如果将各种类型的皇家博物馆的由来加以考察，大体上有如下几种情况：

（1）由皇室创设，实行管理，并拥有所有权的博物馆。如腓特烈四世创设的丹麦的皇家哥本哈根博物馆。

（2）位于旧皇室（王室）宫殿旧址，以宫廷史及宫廷收藏为主要陈列的博物馆。如奥地利的香布伦宫殿博物馆，馆址是哈布斯堡家族的旧宫殿，陈列也是以哈布斯堡王朝的宫廷收藏为主体。另外，像德国的王室博物馆，馆址在巴伐利亚王朝韦特斯巴哈家族的王宫旧址，陈列品亦然。这样的情况还有不少。

（3）宫廷收藏为主体的博物馆。例如：比利时王室历史艺术博物馆，其收藏可以追溯到15世纪初，当时布尔哥纽家族的安特卫普公爵，曾在布鲁塞尔建造武器库，收藏布尔哥纽家族世世代代的战利品。但是，后来比利时被奥地利哈布斯堡家族统治时，几乎全部收藏都被运往奥地利，只剩下极少部分。比利时独立后，这些剩余部分便转交新设立的国立博物馆收藏。最后，布尔哥纽王室的收藏回到了比利时，在国家独立50周年纪念时，除武器以外的作品交给了这座博物馆。像这样的例子更是不一而足。

（4）在历史上曾受到皇家的庇护，或由皇室、王室参加了建馆或收集活动的博物馆。例如：比利时王室自然史博物馆等。

（5）借以皇室或王室的名义而命名的博物馆。例如：英国的维多利亚皇家博物馆，亦称“维多利亚和艾伯特”博物馆。据说博物馆是因纪念维多利亚女王在位60周年庆典而于1899年改名为维多利亚博物馆的。实际上该馆建于1852年，当时英国政府在马尔博罗大厦创办制造商博物馆，收藏1851年“水晶宫博览会”的装饰艺术展品和公立设计学校的装饰艺术作品。原名为装饰艺术博物馆，与皇家并无瓜葛。类似的情况也不少。①

王室将宫廷的宫殿建筑或宫廷收藏捐赠国立博物馆，当然是宫廷收藏转变为博物馆收藏的有效途径之一。这里举一个亚洲的例子：泰国的曼谷国立博物馆的主要建筑原是1782年为万纳王子营建的宫殿。朱拉隆功王（即拉玛五世）在位（1868～1910年）时，

① 外国皇家博物馆介绍部分，参阅冯承柏：《外国博物馆史》油印本。

将其中的三幢建筑辟为博物馆；1926 年间，拉玛七世在位（1925～1935 年）时，又将其余的建筑交给博物馆使用。

此外，变宫廷收藏为公共（主要是国立）的博物馆的方式，便是革命的手段。其中有的属于国家政体发生了变化，旧的封建专制政权被赶下了台，新的政府逐步地接收了旧时代的这份丰厚的文化遗产。例如：法国的国立凡尔赛城堡及大小离宫博物馆、卢浮宫博物馆、国立康白尼宫博物馆（此为路易十三、十四、十五、十六以及拿破仑三世的居宫），德国的珊苏西宫、楼阁宫殿等博物馆（此为普鲁士王腓特烈二世的夏宫、萨克森的离宫），荷兰的卡波迪蒙特美术馆（那不勒斯国王查理的别墅），前苏联列宁格勒的艾尔米塔什博物馆与莫斯科克里姆林宫的博物馆——武器库（此为彼得大帝、叶卡特琳娜二世女皇等历代沙皇的宫廷收藏）等等。但是，在众多的类似情况中，惟有二座国立博物馆显得尤为重要，即 1793 年法国大革命开放的卢浮宫，与 1917 年俄国十月革命开放的包括冬宫在内的艾尔米塔什博物馆。它们产生的过程与 1924 年冯玉祥发动“首都革命”开放“紫禁城”建立故宫博物院的过程，均为以“极端”的革命手段将宫廷收藏改变为公共博物馆收藏的三个划时代的事件。

## 2 大革命造就大博物馆

早在 1915 年卢浮宫博物馆就被介绍到我国，文章刊载在《青年杂志》第 1 卷第 4 号《世界说苑》栏目上，作者李亦民把该馆的名称译为了“卢布尔博物馆”。这篇文章为国人做了如下的描述：

世人每谓巴黎之繁盛，多出卢布尔博物馆之赐。斯言实非诬妄，设巴黎而无卢布尔，则不知寂寞几许。该馆建筑之壮丽，贮藏之丰富，虽著书百页，不足以尽之；游人至此，则非一二星期，不能看遍也。其贮藏品如埃及及东洋之古代美术、世界古今之雕刻绘画，靡不穷极搜采。一九一二年，馆内遗失某名家之画本，立见巴黎鼎沸，如遭奇灾，悬赏五十万法郎，购求回复。某新闻家谓此画若为敌国所得，则虽倾全国之力拆诸疆场，以追还故物，亦所不辞。未几，幸为逻者弋获，始归平静。此等希世珍品，不知其几何也。今次战端既开，某游客尝戏谓法人曰：巴黎如果不守，则将此间藏品，售诸美人，当可得继续数年之战费。言虽谑而足以纪实也。

卢浮宫作为法国故宫的历史，可以追溯到中世纪的城堡；卢浮宫美术馆的历史，则是自查理五世（1337～1380年）在宫殿（旧卢浮宫，位于现在的方形广场的西南部）中建立起收藏绘图（有插图的手写本）的“图书馆”的14世纪末期开始的。随后，法兰西斯一世（1492～1547年）将这些绘图移入宫内的“爱好者陈列室”，并增加了古代美术品，同时召达·芬奇等艺术家进宫，这样收藏了文艺复兴时期的杰作。伴随着路易十四的秘书官柯尔贝尔（1619～1683年）将收藏进一步的充实，为了谋求文化启蒙的发展，陈列室较前扩大，并使大量收藏在17世纪后期集中于卢浮宫。1692年，绘画与雕塑研究会在宫廷举办了展览会。此后，决定把沙龙集会的地方作为定期展览会的会场，由此，使以卢浮宫为核心的文化活动活跃起来。然而，由于路易十四到晚年，将王宫搬到在凡尔赛建造的新的华丽的宫殿，主要的收藏也被全部迁移了。到了路易十五的时代，其中的一部分绘画作品返回了巴黎的枫丹白露宫，也就在这时出现了上面已经说过的1750年的开放。经过一番周折，这批收藏再度返回卢浮宫是在此35年之后。那正是法国大革命的帷幕徐徐落下的气氛笼罩着巴黎的时期。法国大革命是于1789年开始的，到了1791年，在巴黎召集的国民议会上，作出了把没收的王室美术收藏品集中于卢浮宫，并在此设立中央美术博物馆的裁决。又于1793年，经国民公会的裁决，将卢浮宫作为共和国国立美术馆，并于8月10日的纪念日里正式对公众开放。

由于法国大革命，“中央美术博物馆”成为卢浮宫博物馆的真正起源。拿破仑一世在位时曾极力扩大充实这座博物馆，并将它改名为“拿破仑艺术馆”。后来，经过“七月王朝”的路易·菲力蒲与拿破仑三世的经营扩充，达到今天的规模。卢浮宫博物馆经过几代人的苦心经营，现在已经成为具有古代埃及艺术、古代希腊和罗马艺术、古代东方艺术以及中世纪文艺复兴雕刻艺术、绘画艺术等门类，收藏著名艺术作品近三十万件的世界上最优秀的艺术博物馆之一。

另一座世界上著名的艺术博物馆是前苏联列宁格勒的国立艾尔米塔什博物馆。这座博物馆今天的建筑，实际上包括冬宫的全部，然而，当时冬宫与艾尔米塔什（以后称为小艾尔米塔什），属于不同的建筑。现在的冬宫是叶利札维塔女皇（1709～1762年）在位时所建，由建筑师小拉斯特列里设计，迄1917年“二月革命”为止，一直是俄国沙皇的主要宫殿。

“艾尔米塔什”一词，具有隐栖所或秘室的意味。1764年女皇叶卡特琳娜二世把从柏林购买来的绘画作品，收藏在作为离宫的冬宫中的这样一个具有隐栖所或秘室意味的建筑里。叶卡特琳娜二世是一位德意志亲王的女儿，生于斯德丁，于1744年到俄国。1762年1月5日叶利札维塔女皇去世，同年7月9日叶卡特琳娜率领近卫军团开进圣彼得堡，在喀山大教堂宣布即位为女皇，此后在位 34 年。她头脑聪敏，壮志凌云，决心要使俄国成为一个繁荣富强的国家，使俄国宫廷堪与凡尔赛宫媲美。她作为彼得大帝的继承人，却比前者更进了一步。人们说，彼得曾为俄国打开了对着欧洲的窗口，而她则打开了一扇大门。这也反映在叶卡特琳娜二世的丰富的艺术品收藏之中，并且体现在她对宫廷收藏的有限的开放方式上。以后，历代沙皇无不进行效仿，从而大大地丰富了沙俄的宫廷收藏。

前面已经说到艾尔米塔什于 1764 年左右，向围绕在叶卡特琳娜女皇周围的社交界开放，到了 1852 年，虽然艾尔米塔什仍属宫廷管辖，但已公开给民众参观。不过在 1866 年以前，仍有某些限制，如文官进入观赏，必须穿戴整齐（戴礼帽、穿制服或燕尾服、着手服）。1863 年，任命 S·格迪恩为艾尔米塔什博物馆的馆长。1898 年，增建了俄罗斯美术馆。

1917 年“二月革命”后，资产阶级的克伦斯基临时政府设于冬宫。同年俄历 10 月 25 日（公历 11 月 7 日），阿芙乐号巡洋舰按照列宁的起义计划炮击了冬宫，接着工人与士兵占领了冬宫。十月革命后的 1918 年 12 月 5 日，苏维埃政府颁布了保护文化财产的法令，将昔日属于皇宫、教会或私人所有的艺术珍品，全部收归国有，悉数移到艾尔米塔什来收藏。由此产生前苏联最大的博物馆——国立艾尔米塔什博物馆。

艾尔米塔什的收藏是由 18 世纪后半期的女皇叶卡特琳娜二世的私人收藏发展而来，藏品十分丰富。譬如：在绘画方面，其中伦勃朗的作品收藏具有世界第一的美誉；达·芬奇、拉菲尔、米开朗基罗、提香及鲁本斯等艺术大师的作品，无论是数量还是质量，都可以与巴黎的卢浮宫博物馆相匹敌，堪称为欧洲名画宝库。现在的艾尔米塔什博物馆，是以收藏西欧美术作品为主，另有原始文化史、古代世界史、东方诸民族文化、俄罗斯文化和古钱币等六个门类文物的大型艺术博物馆，共收藏与陈列有雕刻、宝石、绘画、工艺品等约270万件。以冬宫为主体的艾尔米塔什博物馆有陈列室353间，建筑物走廊总长有30公里。假如用一分钟欣赏一件展品的速度来参观这座博物馆的话，将需要5年又50天的时间。艾尔米塔什博物馆每年的观众有150万人次之多。今天的艾尔米塔什早已是享有盛名。

法国大革命是法国历史上推翻封建专制制度，确立资本主义制度的革命。这次革命不仅摧毁了法国封建专制制度，促进了法国资本主义的发展，而且震撼了欧洲封建体系，推动了欧洲各国的革命，从此世界历史进入了一个新纪元，卢浮宫博物馆正是这样一场大革命的产儿。十月革命是俄国无产阶级在布尔什维克党和列宁的领导下，联合贫苦农民进行的社会主义革命，十月社会主义革命的胜利具有伟大的历史意义，它建立了第一个无产阶级专政的社会主义国家，为世界各国无产阶级革命运动，殖民地半殖民地解放运动开辟了一个新的时代。艾尔米塔什博物馆的产生正是以如此革命洪流为背景的。据此二例，或许可以命题为“大革命造就大博物馆”。

## 3 三座“皇宫博物馆”的开放比较

假如把1789年7月14日的巴黎人民攻占巴士底狱的胜利，看作是法国大革命的启始，把1793年8月10日的卢浮宫向公众开放看作是大革命的结束，也许是太简单了。但是，在此期间发生的几件震撼世界的大事件，足以证明一个崭新的伟大革命时代就此产生了。

1789 年 8 月 7 日，法国制宪议会通过了《人权宣言》。宣言提出：在权利方面，人们生来是而且始终是自由平等的；公民有权亲自或推举代表参加制定法律；公民有言论、出版自由，但必须受法律的制约；财产是神圣不可侵犯的，不得剥夺。《人权宣言》宣布了资产阶级自由、平等的民主原则，第一次把 18 世纪启蒙学者所阐述的思想用法律形式肯定下来。1792 年 8 月 10 日，被称为“无套裤汉”的革命群众发动起义，攻入王宫。摧毁了数百年来的封建君主专制制度，结束了三年来的君主立宪制。

1792 年 9 月 21 日，国民公会在巴黎开幕。会议一开始就宣布废除王政，22 日宣布成立共和国。这就是法兰西第一共和国。国民公会公布革命历法，以 9 月 21 日为新纪元的开始。这一年被称为自由第四年，即共和元年。

1793 年 1 月 21 日，原国王路易十六被送上了断头台。雅各宾党人圣·鞠斯特在国民公会上发言说：“对国王必须诉讼，不仅因为他在统治时期犯下的罪行，而且因为他是国王。”①

此后，法国革命政府下令在卢浮宫的大画廊建立中央美术博物馆，由画家雅克·路易·达维德任主席的委员会负责管理。皇室的艺术品收藏均集中于该馆，没收教会财产中的艺术品也纳入馆藏。该馆于 1793 年 8 月 10 日，法国人民推翻专制统治周年纪念日正式向公众开放。

卢浮宫正是以这样一场彻底的深刻的大革命、大民主为背景开放的。革命的资产阶级高呼“自由、平等、博爱”的口号，联

① 参阅周一良、吴于廑：《世界通史·近代部分》，人民出版社 1972 年版，第 141～170 页。

合人民向封建势力冲击。变宫廷收藏为公共博物馆收藏便成为法国大革命的巨大成果之一。由此，也为世界博物馆史开创了新的纪元。卢浮宫的开放不是一个孤立的历史现象，它是世界博物馆史上划时代的事件，它反映了资产阶级不仅要从封建统治者手中夺取政权，而且要求打破文化专制主义。民族文化的瑰宝是人民的财富，这一观念也因此得以确立。继法国之后，欧洲各国纷纷建立国家博物馆。在此期间，席卷全欧洲的拿破仑战争对于各国艺术品的洗劫是一个强烈的刺激，大大加强了各国珍惜和保护民族文化遗产的意识。欧洲的国家博物馆大多是在宫廷收藏的基础上建立的。波旁王朝的艺术瑰宝为法国博物馆奠定了基础；哈布斯堡王朝的收藏大大丰富了奥地利和西班牙国家博物馆的馆藏；彼得大帝以来历代沙皇的珍藏则成了俄国博物馆的藏品的核心。

日本第一代博物馆理论家棚桥原太郎在他的《博物馆的职能》一文中提出：“（博物馆）的功能随着时代的推移而变化，18世纪以前的博物馆，只是向特殊阶层的人开放了一个狭小的门，是一种仅有当时（中世纪）的王公贵族，还有当时（文艺复兴时代）的专门研究者享用的封闭型的博物馆。但是，进入了18世纪，以法国大革命为契机，卢浮宫向一般市民开放，以及法国以外的西欧各国的博物馆随即也一并向市民开放，由此使博物馆增加了‘教育’这一新的机制（功能）。”①

卢浮宫的开放不仅是法国革命史上的大事件，而且也使世界博物馆（当时主要是欧洲）面目为之一新。事隔一个多世纪，资产阶级的“孪生兄弟”无产阶级以成熟的政治力量取得了在一国夺取政权的胜利，建立了无产阶级专政的国家。苏维埃工农联盟

---

① 摘译自［日］《博物馆学讲座·1博物馆学总论》，雄山阁1979年版，第51页。

政府根据马克思在《共产党宣言》中提出的“工人革命的第一步就是无产阶级上升为统治阶级，争得民主”的理论，在列宁的领导下，对一座实际上的皇家博物馆——艾尔米塔什的所有权实行剥夺，使其成为工人阶级国家所有的博物馆，并以新的姿态向广大工农群众开放。这一伟大的事件，在以后的半个世纪左右的时间里，波及了半个世界，成为无产阶级打破资产阶级利用“自由竞争在知识的领域里占统治地位”① 的行动的榜样。

在十月革命胜利后的苏维埃国家，博物馆成为教育劳动群众的中心。为了实现文物和博物馆的统一管理，1917 年 11 月俄罗斯联邦教育人民委员会成立了博物馆与文物保护委员会。1918 年 1 月召开的第三届苏维埃代表大会通过了发展国内博物馆事业的决议，强调必须把文化珍品发展为全民享有的博物馆藏品，以发挥教育人民的作用。1919 年 3 月俄罗斯共产党(布)第八届代表大会通过的纲领指出：“开放一切靠剥削劳动者建立的，至今还在剥削者独占支配下的艺术宝库，并使其成为劳动者所享用的博物馆。”②

依据苏维埃政府的法令，艾尔米塔什博物馆变皇家博物馆为国立博物馆，昔日的宫廷收藏变成了“人民的财富”。“为了进行共产主义建设，苏维埃国家遵循列宁主义对待文化遗产的原则，对文物的安全和有效利用，创造了一切条件。”③ 根据艾尔米塔什的发

---

① 马克思、恩格斯：《共产党宣言》，载《马克思恩格斯选集》第 1 卷，第 271 页。本版中“在信仰的领域里”于 1872、1883 和 1890 年德文版中是“在知识的领域里”——中文编者注。

② 《苏联大百科全书·博物馆(词目)》，引自文化部文物局教育处、南开大学历史系编：《博物馆学参考资料》上册，1986 年版，第 110 页。

③ 《苏维埃社会主义共和国联盟历史文物保护和利用法》，引自《博物馆学参考资料》下册，第 345 页。

展历史，可以说以冬宫为建筑主体的宫廷收藏在十月革命之后获得了更大范围的开放，它的利用者不再是较为抽象的“公众”或“市民”，而是较为具体的“工人阶级”、“集体农庄庄员”和“社会主义的知识分子”，或称之为“苏维埃的每一个公民”。

与以上两次对人类的进步产生了巨大影响的革命事件相比，冯玉祥的“首都革命”确实显得有些渺小，甚至“首都革命”这样的一个历史用语，在今天的中国历史学界，仍存在有各种不同的看法。在我国许多教科书上，只见有“第二次直奉战争”，而不见“首都革命”。实在也不是国人鄙薄这场政治行动的意义，倒是由于中国资产阶级革命的曲折与复杂性过甚。在这次1924年的事件中，冯玉祥虽然推翻了贿选的曹锟政府，搞垮了直系军阀，却又与张作霖的奉系军阀一起把段祺瑞捧上了台。就此来说，北洋军阀的统治并没有结束，革命的任务也并没有完成。但是，如果看到驱逐溥仪出宫，肃清帝孽的历史意义，当然应当承认冯玉祥对于中国革命的贡献。因为，由于中国封建政治势力的强大，辛亥革命以失败告终，“清室优待条件”的制定从某种意义上来讲连旧民族主义革命的任务都没有完成，其中“尊号仍存不废”、“暂居宫禁”更是亵渎了革命，所以在这样的情况下，冯玉祥驱逐溥仪的行动实际是对前一次资产阶级革命的补充，也是对中国资产阶级革命软弱性的一种纠正，应当说是不乏革命意义的。冯玉祥本人也说：“……此次班师回京，可说未办一事，只有驱逐溥仪，才真是对得住国家对得住人民，可告天下后世而无愧。”①

有上千年传统的宫廷收藏也正是获得了这样一个契机，而变成为公共博物馆收藏，因而也开拓了中国博物馆事业的新纪元。在

① 冯玉祥：《我的生活》，黑龙江人民出版社1981年版，第409页。

某种意义上，站在社会进步的角度来看，冯玉祥的“首都革命”已经是功不可没，更何况博物院一开，对民众观念变化上的影响十分有益。

就以上而言，三座皇室宫殿及宫廷收藏的开放，从形式上来看，首先有一点是可以肯定的，那就是革命的契机。为了进一步地分析以上三次革命所带来的三座博物馆开放的相同与不同之处，请看下列表格：

表一： **三座博物馆开放比较的相同之处**

| 博物馆名称 | 卢浮宫博物馆 | 国立艾尔米塔什博物馆 | 故宫博物院 | 共同之处：以王宫为主体建筑，以宫廷收藏为基础的大型博物馆 |
|---|---|---|---|---|
| 国别 | 法国 | 前苏联 | 中国 | 具有文化传统的大国 |
| 开放时间 | 1793年8月10日 | 1918年12月5日 | 1925年10月10日 | 属近代史范畴 |
| 开放契机 | 法国大革命（1789年始） | 十月革命（1917年始） | “首都革命”（1924年始） | 武装革命手段 |
| 领导集团 | 法国资产阶级雅各宾党 | 俄国无产阶级布尔什维克党 | 中国资产阶级国民党人 | 革命党人 |
| 开放主体 | 法国王宫卢浮宫 | 沙皇皇宫冬宫及艾尔米塔什博物馆 | 清室皇宫紫禁城 | 皇宫 |
| 藏品规模 | 30万件 | 270万件 | 100万件 | 收藏丰富 |
| 原所有者 | 法国国王 | 俄国皇帝与俄国资产阶级 | 清室皇帝 | 均为君主所有 |

表二：　**三座博物馆开放比较的不同之处**

| 博物馆名称 | 卢浮宫博物馆 | 国立艾尔米塔什博物馆 | 故宫博物院 | 不同之处 |
|---|---|---|---|---|
| 开放时的社会形态 | 封建社会向资本主义社会过渡 | 资本主义社会向社会主义社会过渡 | 半殖民地半封建社会 | 中国所处的社会形态相对落后 |
| 所属文化圈 | 欧洲西部的基督教（新教） | 欧洲东部的东正教 | 东方文明古国的儒教与大乘佛教 | 文化结构不尽相同 |
| 革命者的思想武器 | 18 世纪的法国民主主义启蒙运动者思想 | 马克思主义列宁主义的无产阶级革命的理论 | 孙中山的旧三民主义思想 | 中国革命的理论基础太薄 |
| 革命力量状态 | 较　强 | 较　弱 | 较　弱 | 相对于反动势力的对比不尽相同 |
| 原所有者的归宿 | 法国国王路易十六上断头台 | 沙皇尼古拉二世被射杀于伊卡特林堡 | 末代皇帝爱新觉罗·溥仪被废尊号迁出宫禁 | 法国与俄国的革命就此来看是彻底的，中国反之 |
| 相对初级开放 | 1692 年举办宫廷展览会，1750 年开放部分藏品 | 1764 年向女皇的社交界开放，1863 年出现了博物馆管理机构 | 1900 年八国联军一度强行开放，1914 年在其南部设古物陈列所 | 法国与俄国在历史上已有开放传统，而中国方面没有 |

三座“皇宫博物馆”的相同与不同之处当然并不尽于此。根据文化学理论，以上两个表格所列项目，大多属于中层文化结构（指物化了的心理与意识化了的物质，即行为、理论、制度等），表一内容多与表层文化（指物质文明）相联系，表二内容则多与深层文化（即表层文化和中层文化凝聚而成的心理积淀）相沟通。就此不难看出，越是接近表层文化就越倾向于相同，而越是接近深层文化就越倾向于差异的变化。因此，尽可能地接近研究对象的

深层结构，才能透彻问题的本质。进一步地认识三座博物馆开放所处的社会环境、文化特征尤其是思想意识方面的差异，将是非常有意义的。

与17世纪的英国不同，18世纪的法国在进行资产阶级革命的思想准备以及在进行这场革命时，并没有打着任何宗教的旗帜，而是以传播无神论和民主主义的启蒙运动为先导的。这种反封建的哲学思想恰恰起源于培尔（1647～1706年）的怀疑论，他首先对宗教表示了怀疑态度，用“自然的理性世界”向封建的世界观提出挑战，主张信教自由与不信神。

到了18世纪上半叶，以伏尔泰（1694～1778年）为首的资产阶级启蒙运动者，已经参加到法国反对封建专制国家的思想基础和政治基础的战斗中去了。他们主张取消中世纪的社会生活规章，废除贵族和僧侣的特权，并认为关于神的有无问题应当借助理性来解决，对自然界的研究，应当依靠对于自然界的经验认识，依靠完全不受宗教干预的科学来进行。

法国百科全书派的代表人物狄德罗（1713～1784年）领导出版的“科学、艺术、手工业的百科全书”（1751～1780年）的哲学出发点，是承认世界的物质性。他们以批判的态度对待宗教与当时反动的封建专制制度。

到了18世纪下半叶，以卢梭（1712～1778年）为首的法国民主主义启蒙运动者，对封建专制制度发动了更猛烈的批判。卢梭尖锐地提出了关于社会不平等的问题。他把当时的社会说成是不平等的文明，说成是和人民利益背道而驰的、敌对的文化。他主张在教育中也和一切社会生活中一样，不应当有等级特权。这一观点成为雅客宾党人将宫廷收藏向公众开放的指导理论。

总之，18世纪的法国启蒙运动者，全面而深刻地批判了封建的和神学的世界观，揭露了这种世界观的反科学的本质和政治上的反动性，同时也无情地抨击了封建专制制度和君主专制政体的不合理性，并且提出了，在包括教育的文化领域消除封建特权的要求，这些卓绝的理论成就，为法国大革命提供了强大的思想武器。

另外，文艺复兴以来的欧洲社会文化思潮同博物馆事业的发展呈现出错综复杂的联系。在认识论和思维方法方面，这个思想解放运动强调以理性而不是以权威作为判断是非的标准，导致了近代哲学和自然科学的诞生。因此，完全有理由把文艺复兴以来的思想文化运动看成是西方博物馆确立和发展的重要前提。

文艺复兴以后与启蒙思潮相辅而成，西方出现了自然科学革命，这场革命的最主要的成果在于现代科学技术循环加速机制的形成。它由三个部分组成：首先是构造性的自然观，即从结构角度来把握自然现象，其理论是逻辑构造型的；其次是受控实验，实验是在严格控制的条件下进行的，是可以重复的；第三是有一个开放性的技术体系，在这个体系里，技术不是某个狭窄专门行业的技艺，而是成为了一种循环加速机制，这些恰恰是近代东方国家所没有的。

不仅如此，欧美国家在此时期建立的博物馆大都有较明确的宗旨。不列颠博物馆的奠基人最早提出要把"藏品用于增进文理学科的知识，造福人类。"[①] 美国最早一批艺术博物馆的创建者强调："艺术和艺术家应该对于完善社会的总目标作出贡献。"[②] 史密

---

① 冯承柏：《博物馆与西方社会》，载《中国博物馆》1985年第4期。

② 同上。

森学院的创办宗旨是“增进和普及人类的知识”。[1] 凡此种种，都反映了刚刚登上政治统治舞台的新兴资产阶级要用知识之光照亮人类前进道路的勇气。为了达到上述的目的，博物馆工作者在博物馆内部的研究、陈列、展出工作上也作出了不懈的努力。因此，欧美国家的博物馆（包括以宫廷收藏为基础的博物馆）很快进入了与社会同步发展的轨道，产生了较好的社会效益。

由于革命而开放宫廷收藏、建立公共博物馆，在中国的近现代史上，也以相似的形式出现了，这在前面的章节已做过介绍。然而，由于在革命前与革命中，封建统治阶级的世界观没有得到彻底的批判，传统的旧文化体系也没有经过清算，更遗憾的是在中国革命的关头，并没有出现像法国启蒙运动者那样的革命思想家，因而群众的觉悟并未真正唤醒，最后导致了中国资产阶级革命缺乏后劲而惨遭失败。

曾几何时，邹容的《革命军》有如一声春雷，以震耳欲聋的气势，响彻在千年专制古国的上空。它的特点是全面而明确地宣告了资产阶级民主革命的口号、纲领、政策和原理，是整个革命派的最早最鲜明的号角。它把比较彻底的天赋人权说、民主共和制、法国革命纲领和美国独立宣言以及卢梭、华盛顿等人物，统统以明朗的语言搬了进来。

然而，《革命军》正如它的作者的短促的年华一样，虽以彗星般的耀眼光焰突然地照亮了一个黑暗的世纪，翻印销行量达百余万册，占当时所有革命书刊的第一位，但它很快地就消失在这长夜难明的云压天低的封建暗空中。邹容所追求的自由、平等、民主、独立和这个世纪初的天真理想宛如春梦一般地消褪，留下来

① 冯承柏：《博物馆与西方社会》，载《中国博物馆》1985年第4期。

的仍然是多少世纪的封建妖魔以各种变相不断出现。

再者，孙中山是积极的革命活动家，很少有时间、精力和兴趣去进行专门的思辩。尽管理论深度有所不够，他所提出的思想和政纲，他的三民主义学说，却反映和概括了当时整个时代的要求和历史的动向，是当时中国最先进最完整的思想体系，并产生了国际影响。他的“知行学说”则是总结革命经验所达到的理论成果，是中国近代资产阶级认识论的最高成就。在这面旗帜下的邹容、陈天华、章太炎及朱执信等，也基本是属于缺乏思辩一类的；刘师培、吴稚晖等宣扬的无政府思想，也仅在世界观这一根本问题上与旧时代划清界限。

这样，在较深的内在结构上的薄弱，对表现在外在结构的变化产生了深远的影响。“共和”一事在短期内，看上去虽与法国大革命和俄国十月革命有相似之处，却由于文化形态以至意识形态不为表层结构的变化而变化，或变动不大，使辛亥革命党人在与封建专制主义势力的斗争中处处碰壁，又因缺乏更多的觉醒了的革命群众而显得软弱无力。

由于中国资产阶级在辛亥革命后很长的一段时间里，连在政治上消灭封建专制主义的任务也未能彻底完成，也就无暇顾及对封建文化方面的革命运动了。直至“五四”运动的到来，从根本上说，这是一场较为深刻的思想文化方面的革命运动，是中国传统文化危机的一次总的爆发。

中国传统文化的危机，并不是因为传统文化内部出现了足以动摇儒学传统的思想异端，更不是由于出现了代表新的社会经济力量和新的政治力量的新的阶级在文化上发动了革命，而是伴随着民族危机的到来而产生的。中国传统文化的危机与民族的危机一样，它不仅来自鸦片战争的炮声，而且来自西方先进文化中的

“理性主义”与“民主主义”的冲击。“五四”运动中的先进分子摈弃了“师夷长技以制夷”的主张，而是从西方那里借来了“民主”与“科学”的旗帜。民族的危机唤起了社会各层的救亡力量，同时辛亥革命的失败也已证实，仅靠资产阶级单枪匹马的力量，是无望完成中国民主革命任务的。在“民族文化危机”的讨论中，各种思潮一起涌入中国，其中马克思主义的传播促进了中国无产阶级的觉醒，新的救亡道路也由此产生了。

“五四”运动对于封建意识的冲击，使“民主”观念渐入人心，但是国难当头，解决民族危亡又是一个行动的问题，也只好采取“本急治本，表急治表”的应急办法。因此，故宫的开院与卢浮宫和冬宫的开放相比，又带有明显的“救亡”的性质。正如吴瀛先生所说：“而谓故宫博物院之嬗化，吾华千百载文明精粹之所寄，乃无策焉，拯之于臬兀颠沛之中可乎？是则故宫之必为博物院。”[①]由此可见，故宫博物院的成立在不同程度上受到来自社会形态、文化形态和意识形态方面的影响。例如，传统的中庸之道的文化形态，就站在维持清室优待条件一边，持这种心态的人提出，（优待条件）“因当时孙中山氏已提出优待条款，袁氏亦转以此正式交由清室，此中华民国之改革，较各国数百年来之革命多有公平仁慈之尊荣，仁之尽，义之尽，在世界中必能受特殊之荣誉。”[②]诸如此类的各种历史的原因，不仅使中国资产阶级民主革命的到来迟于法国大革命一百余年，而且使故宫博物院的成立晚于共和国建成十四载，这种大文化环境的制约因素是极应引起注意的。

① 吴瀛：《故宫博物院前后五年经过记》第2卷，第42页。
② 李佳白：《对于移宫及修改优待条款之评论》（摘载《国际公报》），引自《顺天时报》，1924年11月21日。

因此，中国革命的曲折性也就带来了故宫开院的曲折性。这是西方资产阶级革命中所未遇到过的。在将卢浮宫博物馆与故宫博物院作了以上对比之后，深层结构的问题无疑会明显地反映出来。由于这一历史的缺陷，我们必须在不断地对传统文化进行反思的过程中，推进我们对中国的博物馆，尤其是以宫廷收藏为基础的博物馆现象的认识，以期更自觉地利用好和管理好故宫博物院。

换一个角度来看，认识冯玉祥“北京政变”的性质和意义，对于理解三座“皇宫博物馆”开放的同异之比较也将是十分有益的，它将提供一个研究故宫开院历史意义的横向分析参照系。

政变领导人冯玉祥的反清意识来源于辛亥革命以前的“排满”狭隘的民族主义的宣传。冯玉祥曾回忆说，在《中日安奉铁路协约》刚签订的那一年，他从朋友那里得到了两本书，一本是《嘉定屠城记》，另一本是《扬州十日记》。这两本书讲的都是二百多年前清兵入关时虐杀关内汉人的记录，它对当时的冯玉祥触动很大，本来希冀做个“忠臣孝子”的冯玉祥很快燃起了仇满的情绪。他在《我的生活》中写道：“等我看完这两本血泪写成的书，我出了一身冷汗。闭起眼来，看见鞑子们残酷狰狞的面目，听见数百万鸡犬不如的汉人的惨号，不由我咬牙切齿，誓志要报仇雪恨，恢复种族的自由。”[①] 此后不久，他与六名下级军官组成了“武学研究会”，讨论如何推翻满清，建立“新的汉族的政府”。以后冯玉祥也常以这两本书对部下进行宣传教育。他的这一情绪一直持续到将溥仪从故宫里驱逐，无疑这种狭隘的民族主义也是他发动这次事件的主要动机之一。据记载，鹿钟麟实演“逼宫”戏

① 冯玉祥：《我的生活》，第98页。

之际，内务府大臣绍英妄图阻止，鹿钟麟义正辞严地指出："今天的行动是执行国务院的命令，若以恩怨而论，请不要忘记《嘉定屠城记》、《扬州十日记》。"[①] 可见，这一种族的仇恨一直贯彻到辛亥革命后的若干年，并且成为一部分仁人志士的宿愿。

冯玉祥正是将这一宿愿付诸实践的人之一。1917年，张勋复辟，冯玉祥任讨伐军第一梯队司令，事后他还发出通电，重申驱逐溥仪出宫与严惩复辟祸首的要求，严惩此次叛逆诸凶，以遏奸邪之复萌。这一切由于段祺瑞等人的阻扰未有实现，但是其精神却体现在七年后的修正优待条件中。面对1924年驱逐溥仪出宫事件，冯玉祥与段祺瑞的基本立场都没有改变。段祺瑞在天津"听到此事，气得将身边痰盂一脚踢翻，大骂摄阁不解事，将公开反对。"旋于6日电冯玉祥质问。翌日，冯氏复电云："清室为帝制余孽，复辟之祸，贻羞中外。张勋未伏国法，废帝仍保旧号，均为民国之耻。留此余孽，于清室为无益，于民国为不祥。此次移入私邸，废去无用之帝号，除却和平之障碍，人人视为当然，除清室少数人仍以帝号为尊荣者外，莫不欢欣鼓舞，谓尊重民国，正所以保全清室也。"[②]

后人评价此举之意义者，如简又文在其所著《冯玉祥传》中写道："冯氏'首都革命'一大伟举更有意义，盖不独推翻贿选政府及直系军阀，而且彻底肃清帝孽，以奠定民国也。"又如周恩来在《寿冯焕章先生六十大庆》[③] 中，曾称冯玉祥的"首都革命"表现出先生的革命精神，"其中，尤以……赶走溥仪……更为人所不

---

① 鹿钟麟：《驱逐溥仪出宫始末》，载《天津文史资料选辑》第4辑。

② 《亦云回忆》，第205页。

③ 载1941年11月14日，《新华日报》。

敢为，说人所不敢说。”历史当然充分地证实了冯玉祥在驱逐溥仪出宫事件中的个人作用与功绩，但是从更广泛的资料中可以证实，故宫开院决非是一偶然或个人行为的结果。在冯玉祥的回忆录中这样记述着：“现在回想起来，觉得当时这种行为，并没有什么思想或主义上的根据，一般都是一种义愤和一种不平之气驱使出来的。后来民国十三年（一九二四）我从滦平班师，发动‘首都革命’，依然多少含有这种成分。”[①] 那么，又是什么力量使一种“义愤”和“不平之气”转化成“为人所不敢为，说人所不敢说”的伟大的历史事实的呢？为了解答这一问题，必须回到中国资产阶级民主革命的大背景中去。

与辛亥革命时期相比，第一次世界大战后的中国资产阶级的经济实力的确是大大加强了。但是，在中国民族资产阶级的经济力量不断增长的同时，中国军阀的混战与独裁却在直接破坏和践踏着作为资产阶级共和国象征的《临时约法》，于是孙中山发动了护法运动。护法运动是继辛亥革命、二次革命、护国运动之后，由资产阶级革命派发动的又一场旧民主主义革命，但是它与以前的几次革命一样，只是不断失败的记录。

俄国十月革命的胜利给予孙中山以重要启示，尤其是孙中山在中国共产党的帮助下，思想发生了质的飞跃。他重新认识和考察了南北军阀及中国现状，改组了国民党，确定了联俄、联共、扶助农工三大政策，积极准备北伐。孙中山并于1924年《中国国民党第一次全国代表大会宣言》中重新解释了三民主义，把民族主义解释为对外反对帝国主义，对内求得各民族平等；民权主义要建立一般平民所共有，非少数人所得而私的民主政治；民生主义

① 冯玉祥：《我的生活》，第67页。

以平均地权（实行耕者有其田）和节制资本为中心。一场新的革命正在到来。

有各种文献可以证明，正在壮大的国民党积极参与并指导了驱逐溥仪出宫，以及筹建故宫博物院的工作。北京政变时值国民党第一次全国代表大会于1924年1月在广州开过，李石曾参加了这次代表大会，当选为中央监察员，并被推选为“北京监察委员”。在同年11月5日的事件中，国民党第一次全国代表大会的精神无疑是由李石曾加以贯彻的。

据李石曾的记述：“国民一、二、三军举义后，黄膺白（黄郛）伯事实上之内阁总理。十三年（1924年）11月4日晚，军政当局等会商溥仪出宫事。……卒即实行。吾人送溥仪等至醇王府，而后同至旃坛寺与国务院，晤冯、黄二君，商组‘办理清室善后委员会’事。二君欲由我为委员长，由政府明令发表，吾允担任，但须多容纳几分社会及公开性质，不作为官办。遂決定委员长与委员不用任命而用聘请，并多延揽学者专家，为学术公开张本，同时并及博物院事。”①

据有关文献的记述，以后组成的清室善后委员会“以李石曾为委员长，委员如黄膺白、蔡孑民、吴稚晖、汪精卫、易寅村、张溥泉诸先生，均国民党之彦，而鹿瑞伯（钟麟）为驱逐溥仪出宫之执行者，同时为京畿警卫总司令兼为委员，故当时参加同人，多数为国民党或接近国民党者。”②“故宫的善后工作实际上是由国民党人员负责”，③这也是事实。据吴瀛的回忆，“其时余尚为局外

① 李煜瀛：《故宫博物院记略》，引自《故宫周刊》1929年创刊号。

② 吴瀛：《故宫博物院前后五年经过记》第1卷，第1页。

③ 蒋复璁：《中华文化复兴运动与国立故宫博物院》，台湾商务印书馆1977年12月版，第81～82页。

之人，盖不知民党诸公已久有定计，而寅邨（易培基）先生或亦早知之也。”[①] 从溥仪出宫到组成清室善后委员会进展顺利，这与国民党人早有准备，以及组织得力有关。

“北京政变”虽然得到了国民党人的支持，取得了迫使曹锟下台，削弱了直系军阀的军力，与驱逐溥仪出宫以及筹建故宫博物院（组成清室善后委员会）的成果，但是由于它的主要发动者冯玉祥的主观局限性，又使得后来很多人对这一事件的评价颇低。其主要原因是，当时的冯玉祥对于革命，只有笼统的观念，没有明确的主张。1924 年 10 月 31 日，冯玉祥改组内阁，成立黄郛摄政内阁。冯玉祥的政治主张集中反映在黄郛内阁颁布的五条“建国大纲”中：“（一）、打破雇佣政体。（二）、用人以贤能为主。（三）、对内实行亲民政治。（四）、对外讲信修睦。（五）、信赏必罚，财政公开。”[②] 政纲没有提出反对帝国主义的主张，更没有触及封建军阀势力。实际上，这不过是封建社会所谓“清明政治”在半殖民地半封建社会里的翻版，即使是如此低调的政治要求，在北洋军阀黑暗统治下也是根本不可能实现的。而冯玉祥对改组后的国民党和它从事的革命事业并没有什么认识，却对段祺瑞抱有幻想，认为段祺瑞“遭过失败，养晦多年，当有觉悟，所以请他出来。”[③] 结果军阀统治的局面并没有改变。再者，冯玉祥自身的军阀本质还没有彻底改变，还有自己的权力地位打算，还想扩充自己的势力，解决长期以来未得解决的地盘问题，因而在与奉系矛盾尖锐的情况下，冯玉祥一面电邀孙中山北上，一面又对段祺

① 吴瀛：《故宫博物院前后五年经过记》第 1 卷，第 19 页。

② 冯玉祥：《我的生活》，第 408 页。

③ 同上，第 492 页。

瑞采取妥协的态度，最终捧出老牌军阀安福系头子段祺瑞出来执政。

“北京政变”后，关于这次政变的性质，有几种不同的说法。冯玉祥自己说，这次政变是“革命之行动”。以后他在五原誓师时发表的宣言中称这次政变为“首都革命”，后来也有称之为“甲子革命”（1924年为农历甲子年）的。[①] 段祺瑞当时也说，这次政变“为民国元年第一次革命之延长”。[②] 与他们的说法相反，陈独秀当时认为，这次政变“显然是英美帝国主义者抛弃一个旧工具——吴佩孚，另换上一个新工具——冯玉祥。”[③] 彭述之也说 这次政变“是英美帝国主义更换宰割中国，统治北京的‘代办’。”[④] 当时的中共北京地委书记赵世炎认为，这次政变“虽有一定的政治意义，但不能算是革命。”[⑤] 还有人认为，“此次名为政变，实则为吴佩孚、冯玉祥二氏之争雄。”[⑥] 孙中山则认为，这次政变起初“好像真有革命的色彩”，随后就“不像革命运动”了。[⑦] 众说纷纭，莫衷一是。在以上诸多的评论中，以孙中山和赵世炎的说法最为符合历史实际，而其他议论则有失偏颇。

国民军起事的前前后后，虽口口声声自称革命，但根本没有明确的政治主张。冯玉祥的第一军与胡景翼的第二军、孙岳的第三军结合的纽带，与其说有共同的政治基础，不如说是迫于形势，

① 参阅《国民军甲子革命纪实》。
② 无聊子：《北京政变记》，上海共和书局1924年版。
③ 陈独秀：《北京政变与中国人民》，载《向导》第89期。
④ 彭述之：《北京政变与投机无耻公团之请求》，载《向导》第89期。
⑤ 《赵世炎生平史料》，载《文史资料选辑》第58辑。
⑥ 无聊子：《北京政变记》，上海共和书局1924年版。
⑦ 《孙中山选集》下卷，第900页。

不得不互相倚重。奉系军阀入关以后，冯玉祥一方面与奉系张作霖妥协，捧出段祺瑞；另一方面，段祺瑞为了拉拢冯玉祥，把察哈尔、绥远和当时京兆所属22个县作为国民第一军的地盘，允其扩军为六个师三个旅。1926年4月，国民军退出了北京。至于孙岳的第三军，原属旧系的人，多已和直军暗通声气，徐永昌则带部下到山西投靠阎锡山去了，至此第三军实际上已经瓦解。第二军也在河南退却时不复存在。就这样，冯玉祥的情况一天不如一天，国民军最后变作冯玉祥的西北军了。由此可见，由于没有正确的革命思想的指导，国民军的失败是历史的必然结果。

从"北京政变"的过程来看，最初是具有革命的色彩，而后来却找不到革命的影子了。具有改良的政治进步意义而不是革命，正是对此次政变的总体评价。这并不是要抹煞冯玉祥驱逐溥仪出宫的历史功绩，相反，正因为如此，冯玉祥的"首都革命"才有了光辉。

通过对故宫与卢浮宫、艾尔米塔什的开放所进行的比较，可以看出，推翻封建专制王朝的民众革命是变宫廷收藏为公共博物馆收藏的根本的历史原因，革命是收藏与"博物馆"由旧时代进入新时代的真正契机，是打破以宫廷、皇室为代表的陈旧的、封闭保守的文化专制的强大推动力。而卢浮宫、艾尔米塔什、故宫的开放则是东西方博物馆史上的划时代的事件。

同时还应看到，由于法国、俄国与中国在开放宫廷收藏时的历史和文化背景的差异，使其各自的开放过程与理论思想武器，以及由此而凝聚的心理积淀也不尽相同。请不要忘记，与法国大革命和俄国十月革命相比，尽管冯玉祥的"首都革命"不是革命，但是它为紫禁城开放为博物院创造了先决条件，在中国博物馆史上具有重要的意义。而故宫与卢浮宫、艾尔米塔什开放过程中所存在的种种差异，对它们所属各国后来的博物馆事业的发展都产生了不可低估的影响。

# 八　博物院初期的坎坷历程

1925年10月10日，故宫博物院既正式成立，公开已成事实。然而围绕着故宫博物院的权力与前途的斗争并未因此而告结束，博物院初期的这段历史包括：由于北洋军阀各派系之间的明争暗斗而引发的1926年初到1928年6月的故宫博物院的“四次改组”，1928年的国府委员经亨颐提出的“废除故宫博物院，分别拍卖或移置故宫一切物品”之案，1928年至1932年故宫博物院的短暂“鼎盛时期”，以及由于日本帝国主义对我国发动的侵略战争而使故宫遭受的自1933年至中华人民共和国建立前夕长达十多年之久的文物大迁徙。

## 1　博物院的四次“改组”与经亨颐提案

如昙花一现的“北京政变”并未改变北洋军阀的统治地位，政变发生一个月后，段祺瑞又以临时执政的身份重返北京，组织了新的反动政府，一时间北京又陷入了黑暗的统治之下。

段祺瑞临时执政府久已对李石曾、易培基等人不满，1926年3月19日忽然借故假以共产党的罪名，通缉李石曾、易培基二人。

二人潜离京师，故宫顿失首领，从此至1928年6月间，故宫博物院处于异常艰难困苦的时期，在两年多的时间中，经历了四次“改组”。

第一次是所谓“维持时期”，始于1926年3月26日，董事会与理事会因李石曾、易培基离职举行联席会议，推举卢永祥、庄蕴宽两先生做维持员，主持院务。此间抵御了来自段祺瑞执政府内务部和直系联军及清室遗老对博物院的骚扰。

第二次是成立“故宫保管委员会”，始于1926年7月10日，国务会议秘密决定，由各部各派一人，做故宫博物院保管员。7月21日，故宫保管委员会在中南海居仁堂成立，选举赵尔巽为委员长，孙宝琦为副委员长。7月23日，全体旧任委员集议紧急研究，提出：一、请政府明令声明三事：1、不发还溥仪；2、不变卖；3、不毁灭。二、由院组织移交委员会，逐项点交，以清手续。三、发起监督同志会，办交接监督之事。点交之争相持至9月，故宫保管委员会因杜锡圭内阁的辞职而解体，此间院内业务工作仍按部就班地进行着。

第三次是成立“故宫博物院维持会”，始于1926年10月13日，由汪大燮、熊希龄、颜惠庆及庄蕴宽等人发起，汇集各方名流（委员名单列有六十人之多），合力维持，负责典守。推举江瀚为会长，庄蕴宽、王宠惠为副会长。维持会曾通过了两项救穷措施：一是处分永寿宫银锭及金砂；一是处分消耗品茶叶等项。此间大致安定，而以经济困难尤为严重。

第四次是成立“故宫博物院管理委员会”，始于1927年8月23日，阁议通过了一个查办故宫博物院案。9月20日，国务会议通过了《故宫博物院管理委员会条例》。10月1日聘定管理委员会委员，10月21日由管理委员会所推定的接收委员4人到院接收，故宫博物院维持会至此结束。

正当故宫博物院惨淡经营，一筹莫展之时，国民党的北伐军占领了北京。霹雳一震，青天白日之旗飞扬于燕京故都，时为1928年6月。国民政府派易培基先生接收故宫博物院，易培基因为国务所羁，不能亲来，即分别致电委托马衡、沈兼士、俞同奎、袁同礼及吴瀛等五人，代行其事。先是国民政府既收复旧都，接收故宫，遂由李石曾、易培基、吴敬恒等拟订《故宫博物院组织法》及《理事会组织条例》，送由中央政治会议议决。

正当故宫博物院同人着手重新筹划一切之际，竟然发生了国府委员经亨颐提出“废除故宫博物院，分别拍卖或移置故宫一切物品”之案。国府会议讨论此案的结果，是接受经亨颐的提案，把中央政治会议咨送的《故宫博物院组织法》及《理事会组织条例》，函请中央政治会议再行复议。故宫博物院前任理事会理事张继以大学院古物保管委员会主席的名义，针对经亨颐的提案，上政治会议呈文一件予以驳斥。结果，9月间，中央政治会议第一五五次会议再度讨论到这个问题，一致认为有维持原委之必要，遂再函国府，请公布《故宫博物院组织法》。其实，所谓提案风波，亦可以看作是国家民主政治生活中的正常之举，根本不同于此前来自复辟势力的破坏，完全无损于故宫博物院。而且，通过经亨颐与张继之间的一来一往的辩论，只有使是非更加分明。无形之中扩大了故宫博物院的政治影响，对于一般国民来讲也是一次很好的博物院意识的教育。

事情的发端是，国府委员经亨颐于1928年6月27日向国民政府提出“废除故宫博物院，分别拍卖或移置故宫一切物品”之案。议案如下：

我所怀疑的，不但对于名称，而且认为此种机关大规模的设置许多理事院长和办事人，实在没有什么意思。先论名称，这五个字分为两截，均不妥当，“故宫”二字，就过去事实，以清宫为故宫，原是不错。但我国文学上的习惯，“故”字觉得很有怀念的意思。例如古碑，什么故什么将军之碑，以及“故乡”的“故”字，也可以联想。总之，“故宫”二字，不免有禾黍离离之大感。是不是应该的，与其称为故宫，不如称为废宫。其次故宫而称为博物院，更大不妥，简直不通。故宫博物院内所有物品，到底博不博？据我所知道，博物院只有两种办法，一种供研究用的，例如历史博物馆、教育博物馆之类。要想教育办得更好，所设这种博物馆陈列各种模型或研究结果其他一切实验等。故宫博物院，如其作为这种性质，那末是研究官内应如何设备皇帝所用的物事应当如何办的？岂不是预备那个将来要做皇帝，预先设立大典等处吗？这一定不是的；还有一种是范围很广，分门别类，无所不备的，就是要实做一个“博”字，所谓扩充教育的性质。试问故宫里这几件珍贵品，不过古董一小部分，并且照现在的组织，有什么图书文献，决不是一般博物馆所有的事，图书馆是另有大规模独立的必要，这种组织，万万不像。博物馆的组织既不博，又不合用，故宫博物院五字连缀起来，简直可说是一种莫名其妙的机关。所以我的意见，不如根本废除为是。所以主张废除理由，不但是名称，如仅论名称，故宫博物院认为不妥，根据事实改一个废宫奢品陈列所，好不好？我想主张故宫博物院的人，一定不赞成，因为太不重视了，但我要问皇宫物品为什么要重视？据我的理想，皇宫不过是天字第一号逆产就是了，逆产应当拍卖，将拍卖大宗款项，可以在首都造一所中央博物馆，至多将清宫物品中有可以供美术研究的分别陈列，而且不必特设一室，表明为清宫物品。应当分类并列在其他性质相同的荟在一处，标明是清宫物品，未始不可。至于像漆雕宝座等皇气十足的东西，我以为不使后人看见更好。以雕漆为美术，别的雕漆正多，不是宝座，就无所谓皇室物品，归在一般的博物馆中，永久保存的目的，并不两样。老实说，故宫博物院难免有黑幕，现在的几位理事先生，或不至如此，听说前已经有人制成赝品携去易换真物的把戏，将来一定有骨董欲的人混到里面去，稍不注意，不到一二十年，所谓故宫的珍品，尽成赝品了。“保管”二字，简直变为“保完”，决不是现在所以设立这机关的本意。我的办法，图书应当分出另办图书馆，在首都也不可少的。关于文献的，可以交给中华大学负责，现在所定的故宫博物院条例即决意废止，所有理事一起改为中央博物馆筹备委员，另订委员会条例。主要责任，是审查所谓故宫的博物，那一件可以拍卖，那一件可以保存，当然要由中央议定几条原则。这种头等逆产，价值一定不小，不但好骨董的，还有好奇的，因为是皇帝物品，买的人必多，骤得巨款，立刻可将博览会破屋，使他焕然一新，事半功倍，首都一个伟大的博物馆，可于最短期内成立，似乎比没意思的故宫博物院，年年化许多钱维持下去，好得多哩。是否？请公决。[①]

① 引自吴瀛：《故宫博物院前后五年经过记》第2卷，第30～32页。

经亨颐的提案传到故宫博物院，一时间人们无不感到颓丧。初以为博物院事业，为在北洋政府肘腑下惟一的革命工作，必将得到国民政府的同情与援助，万万没有想到至此乃有全部推毁之恐惧，进而有关连的人们对此提案表示了一致的愤恨之情。

在这样的形势下，故宫博物院理事张继以大学院古物保管委员会主席名义，呈文中央政治会议，予以批驳，兹录如下：

……窃故宫博物院，成立已将四年，竭数百人之心力，维持于危难之中，幸免摧残，北伐既成，北京既克，钧会正式通过故宫博物院组织条例，派员接收，保障文化之功，中外人士，所共钦仰。乃昨读报章，见经委员亨颐废除故宫博物院拍卖古物之提案，不胜惶骇。考其所持，约有五端：（一）故宫博物院名称不通；（二）研究皇帝所用的物事，是预备那个将来要作皇帝；（三）图书文献，非博物院所应有；（四）逆产应当拍卖；（五）保管问题。强词夺理，莫此为甚，今谨逐条批驳。为我政治会议诸公陈之：

（一）经委员说“故宫而称为博物院，简直不通”，又说“有怀念的意思”。“故宫”二字，不过表示以前彼处曾为“宫”而已，又何怀念之足言。至于故宫博物院联络成文，不过表示博物院所设之地点为故宫，与上海特别市政府七字联络成文，表示市政府所在地点为上海相同，此种用法，触目皆是，从无异议，何对于故宫博物院独有问题耶？且夷考欧洲各国，以旧时皇宫改作博物院者，不一而足，且多以某宫冠于博物院上，而为之名。如巴黎之“狼宫博物院”（Musée du Palais du Louvre ）等皆是，至如柏林之 Schloss Museum 皇宫博物院，直以

“皇宫”名之矣，岂又故宫而已哉，此尤足证故宫博物院之名称，准诸世界而可用者也。

（二）经委员又说，“故宫博物院，若为研究性质，那应是研究宫内应如何设备，……岂不是预备那个将来要作皇帝，预先设立大典筹备处么？”是说诚荒唐之尤者，研究以前的历史，是完全学术之供应，而非为实行彼时之现象，现在世界学者，争研究近代野人之生活，及发掘荒古时代原人之器物，若以经委员所说例之，是则近代学者，欲弃其进化之生活，而履行古人之茹毛饮血穴居野处乎？譬如医生研究病状，是为得治病之方法，绝无人焉，以为彼之研究病状，为预备实行患此病也。故宫博物院亦何不可作此观察，参观者见宫墙高且多，无异囹圄，见宫中生活之黑暗，一无乐趣，或可兴起其薄视天子重视平民之念乎？

（三）经委员又说“图书文献，决不是一般博物院所有的事。”殊不知伦敦之英国博物院 British Museum 就包有图书文献两部分，相类之博物院，亦欧美所习见者，从未闻世界学者，有所批评者也。

（四）经委员又说“逆产应当拍卖”。逆产应否全数拍卖，已成问题。法国大革命，其雄伟之风，激昂之气，迈越往古，为后来各国革命者之先导，然方其拍卖法王室之产业也，亦有“与历史有关之建筑物品等除外”之令。且故宫已收归国有，已成国产，更何逆产之足言，故宫建筑之宏大，藏品之雄富，世界有数之博物院也。保护故宫，系为世界文化史上尽力，无所谓为清室逆产尽力也，且故宫诸藏物皆由明清两代，取之于民。今收归国有，设院展览，公开于民众，亦至公也。与拍卖以后，仅供私人之玩弄者，孰公孰私，不待辩而即知矣。

（五）经委员又说，“从前已经有人制成赝品，携去换易真物的把戏。”想系对于冯总司令玉祥、鹿总指挥钟麟而言。当时清室遗老，恨溥仪之被逐，奉系诸逆，畏国民军之威严，亟思有以中之，造作谣言，载诸报纸，别有政治作用，遂有种种传说。然冯总司令之从未履宫门一步，鹿总指挥之奉公守法，不畏勤劳，凡参与清宫物品点查者，类皆道之。本会委员马衡、沈兼士诸君，身与目击，尤能绝对担保人言之不足信。经委员此语，采及流言，想明察如政会诸公，必不轻信之也。经委员又说，“现在的几位理事先生，或不至有黑幕，……不到一二十年，故宫的珍品，尽成赝品了。”这两句话，岂不是有意自相矛盾。说现在的诸位理事不可靠吗？图穷而匕首见，其谁信之。现欧洲各国，为供历史之参考，对于以前皇政王政时代物品，莫不收罗保存，惟恐落后。即苏俄在共产主义之下，亦知保护旧物，供学者之研究。至于美国，以新建国家，自己原无故物，亦争往欧洲寻购，其不可得者，更以石膏模形（型）代之，其惜古之心，何其壮耶。至于档案，虽一纸之微，亦不肯弃之，本国者不足，更求之于他国。伦敦英国博物院所藏广州总督衙门档案甚夥，研究太平天国时事者，莫不求助于兹；海参威（崴）博物院所藏东三省档案亦至多，前年苏联驻北京大使馆参赞伊瓦诺夫，且要求北京大学派人往海参威（崴），代为整理，议虽未成，然苏俄之注意文物，由此可见。一代文化，每有一代之背景，背景之遗留，除文字以外，皆寄于残余文物之中。大者至于建筑，小者至于陈设，虽一物之微，莫不足供后人研究之价值。明清两代，海航初兴，西化传来，东风不变，结五千年之旧史，开未来之新局，故其文化，实有世界价值。而所寄托者，除文字外，实结晶于故宫，及其所藏品，近来欧美人士，来游北平，莫不叹为大可列入世界博物院之数。即使我人不自惜文物，亦应为世界惜之。还观海外，彼人之保惜历史物品也如彼，吾人宜如何努力？岂宜更加摧残？且故宫之内，所藏与革命史料有关者颇多，汪精卫之供词，赵尔巽、徐世昌等身事民国仍向溥仪称臣之证据。段祺瑞因此，屡次思加以摧残，赖多方之护持，始未得逞。今经委员一加提议拍卖物品，逆证随消，是何居心，诚不敢加以臆测也。两月以前，张作霖亦有提取故宫物品之议，本会曾电当时主院事者之王士珍、袁金铠等，谓“国宝摧残，国刑具在，请慎保护以免国诛！”王等深惧物议，其意随寝，足见摧残文物，谁敢尸名！维护历史，莫肯居后！即张作霖，亦不取排当时清议，受千载恶名也。至经委员以为拍卖古物，可以建筑博览会，是直如北京内务部之拍卖城砖以发薪矣，尤而效之。总理在天之灵，亦必愤然而不取也。今者北平初克，外邦人士，对于吾党之措置，异常注意，若不建设是尚，专加破坏，文化摧残，谁负其责，是为钧会所不取。本会保管古物，职责攸关，心所谓危，不敢缄默，明达如诸公，必能排去邪议，保障文化。敢请仍照原议，设立专院，使之责成，而垂久远。后来学者幸甚，世界文化幸

甚……①

张继的议文一经在国府宣读，又有国民党中央执行委员会9月24日169次中常会决议，国府随即颁布了《故宫博物院组织法》(院法正式组织第八)，经亨颐的提案当然宣布无效。此时值1928年10月5日。

## 2 《故宫博物院组织法》与博物院理事会

《故宫博物院组织法》公布于1928年10月5日，这是中国历史上第一部有关博物馆的法律。至10月8日民国政府又颁布了《中华民国故宫博物院理事会条例》。这两份文件在故宫博物院的发展历史中有着十分重要的意义，标志着博物院已由草创走向成熟，由困惑走向了坚定不移的发展方向。

《故宫博物院组织法》凡二十条三十九款，兹录如下：

第一条　中华民国故宫博物院，直隶于国民政府，掌理故宫及所属各处之建筑物古物图书档案之保管开放及传布事宜。(按：所属各处，系指故宫以外之大高殿、清太庙、景山、皇史宬、实录大库等)

第二条　故宫博物院设下列各处馆：

(一) 秘书处

(二) 总务处

(三) 古物馆

(四) 图书馆

① 引自吴瀛：《故宫博物院前后五年经过记》第2卷，第34～37页。

（五）文献馆

第三条　秘书处之职掌如左：

（一）关于一切机要事项

（二）关于物品簿册保管事项

（三）关于本院扩充事项

（四）关于理事会议事项

（五）关于本院会议事项

（六）关于职员进退事项

第四条　总务处之职掌如下：

（一）关于典守印信事项

（二）关于撰拟保存文件事项

（三）关于征集统计材料及刊行出版物事项

（四）关于工程修缮事项

（五）关于本院庶务事项

（六）关于本院会计事项

（七）关于本院开放事项

（八）关于本院稽查事项

（九）关于本院警卫事项

（十）其他不属各馆事项

第五条　古物馆之职掌如下：

（一）关于古物编目事项

（二）关于古物保管事项

（三）关于古物陈列事项

（四）关于古物传拓事项

（五）关于古物摄影事项

（六）关于古物鉴定事项

（七）关于古物展览事项

第六条　图书馆之职掌如下：

（一）关于图书编目事项

（二）关于图书分类事项

（三）关于图书庋藏事项

（四）关于图书版本考订事项

（五）关于善本图书影印事项

（六）关于图书阅览事项

第七条　文献馆之职掌如下：

（一）关于档案及清代历史物品之编目事项

（二）关于档案及清代历史物品之陈列事项

（三）关于档案及清代历史物品之储藏事项

（四）关于档案及清代历史物品之展览事项

（五）关于清代史料之编印事项

第八条　故宫博物院置院长一人，承国民政府之命，综理本院及所属各处事务。

第九条　故宫博物院置副院长一人，辅助院长掌理院务。

第十条　故宫博物院置秘书长一人，承院长之命掌理秘书处一切事务。置秘书二人至四人佐理处务。

第十一条　故宫博物院置处长一人，承院长之命掌理总务处一切事务。

第十二条　故宫博物院置馆长三人，副馆长三人，承院长之命分掌各馆事务。

第十三条　故宫博物院总务处及各馆分科办事，于各科置科长一人，科员若干人，承长官之命掌理各科事务。科长科员额数，以院令定之。

第十四条　故宫博物院设理事会决议一切重要事项。理事会组织条例另定之。

第十五条　故宫博物院为保管无关历史之财产，得设故宫博物院基金保管委员会。基金保管委员会组织章程另定之。

第十六条　故宫博物院为谋保管及开放之便利，得于所属各处分设机关。

第十七条　故宫博物院因学术上之必要，得设各种专门委员会。

第十八条　故宫博物院因缮写文件及其他事务，得酌用雇员。

第十九条　故宫博物院办事细则，以院令定之。

第二十条　本组织法自公布日施行。①

《故宫博物院组织法》中最为关键的是在法律上明确了故宫博物院的所有权。在第一条中明确规定："中华民国故宫博物院，直隶于国民政府，掌理故宫及所属各处之建筑物古物图书档案之保管开放及传布事宜。"在第八条中明确规定："故宫博物院置院长一人，承国民政府之命，综理本院及所属各处事务。"从此申明了国家对故宫博物院的所有权，从根本上杜绝了"觊觎之心"，并为故宫的保管开放及传布提供了最为可靠的保障。蒋复璁曾说："民国十四年双十节，成立了故宫博物院，上有理事会，设理事长，处理院务，此时正是北洋军阀时代，还不能算是国家的博物院。民国十七年七月，北伐成功之后，国民政府才派院长，十月五日公

① 引自吴瀛：《故宫博物院前后五年经过记》第2卷，第37～40页。

布故宫博物院组织法，我国才算有了正式的国家博物院。”①

其次是《组织法》明确了院内主要部门的业务职责，这也是前一个《临时组织大纲》所无法与之相比的。由于《组织法》各条款所确定的各部门的职责范围，基本上适应了博物院的性质与工作规律，因此，促使故宫博物院及早步入了“鼎盛时期”；而且，在以后的民国历史上基本贯彻了这一组织结构及工作原则，对于故宫及文物、图书、档案的保管、陈列、出版以及转运都起到了有效的保障作用。

这部《故宫博物院组织法》还规定：“故宫博物院为谋保管及开放之便利，得于所属各处分设机关”（第十六条）；“故宫博物院因学术上之必要，得设各种专门委员会”（第十七条）；“故宫博物院因缮写文件及其他事务，得酌用雇员”（第十八条）。并规定：“故宫博物院设理事会决议一切重要事项”（第十四条）；“故宫博物院为保管无关历史之财产，得设故宫博物院基金保管委员会”（第十五条）。由此完成了博物院的职权及行使权限，并勾勒了故宫博物院的管理结构模式。即：

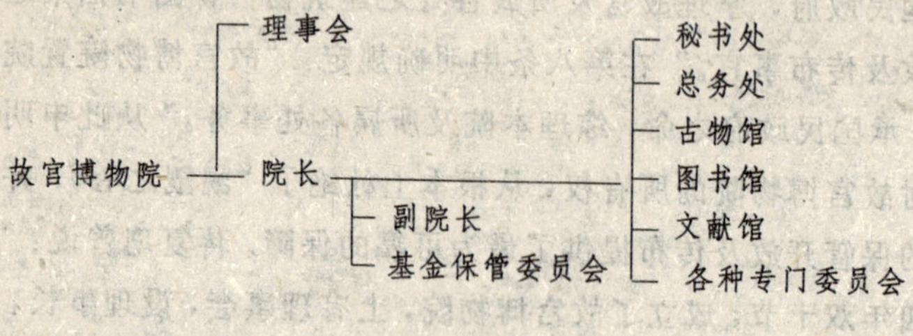


① 蒋复璁：《国立故宫博物院的历史使命》，摘自《故宫文物》，台湾商务印书馆1981年版。

同时，我们也通过对以后博物院实践活动的观察，看到《组织法》中的不少缺陷。主要表现是部门与部门之间的职责多有重叠的部分，往往出现越俎代庖的现象。例如，在1928年9月至1931年9月的开放中，文献馆根据《组织法》第七条第（二）、（四）款，开辟了不少“关于档案及清代历史物品”的陈列室。其中，在乐寿堂展出的清代钱币、腰牌与慈禧太后遗物专门陈列，在阅是楼展出的戏衣，在颐和园展出的盔甲及服饰等，虽然并不违背“文献馆之职掌”，却显得与古物馆的陈列无别。同时，在古物馆开辟的陈列中亦有“图书陈列室”。这样的现象大概与《组织法》中“古物”与“清代历史物品”的限界不清不无关系。再有，在文物南迁时，博物院秘书处的文物箱件竟有5,672箱之多，居各部门之首。这样的现象也符合于“秘书处之职掌”第（二）款，管理古物的权限如此分散，也就难免造成混乱，终于酿成了所谓“故宫盗宝案”，虽然通过各方面的调查资料，可以证明故宫博物院院长易培基应属无辜，但是《组织法》的某些条款也确实存在着制度上的漏洞。

1925年10月10日，故宫博物院宣告成立之时，组成有董事会与理事会，聚集了大量的社会名流。他们是：

董事：严修、卢永祥、蔡元培、熊希龄、张学良、张璧、庄蕴宽、鹿钟麟、许世英、梁士诒、薛笃弼、黄郛、范源濂、胡若愚、吴敬恒、李祖绅、李仲三、汪大燮、王正廷、于右任、李煜瀛。

理事：李煜瀛、黄郛、鹿钟麟、易培基、陈垣、张继、马衡、沈兼士、袁同礼。

然而，即使这样一个强大的阵容，仍然未能抵抗住“敌党”的攻势。故宫博物院经历了1926年到1928年两年多的艰难历程后，终于根据1928年10月5日公布的《故宫博物院组织法》,“直隶于国民政府”,并直接由理事会实行最高监督。这个理事会组织了包括国家首脑和政府实权派在内的一个更为强大的阵容,并赋予它更大的权力,理事的人选也是由国民政府任命的。他们是:

李煜瀛、易培基、黄郛、鹿钟麟、于右任、蔡元培、汪精卫、江翰、薛笃弼、庄蕴宽、吴敬恒、谭延闿、李烈钧、张人杰、蒋中正、宋子文、冯玉祥、阎锡山、柯劭忞、何应钦、戴传贤、张继、马福祥、胡汉民、班禅额尔德尼、恩克巴图、赵戴文,共计27人。

复由理事会继续推举理事10人。他们是:

马衡、沈兼士、俞同奎、陈垣、李宗侗、张学良、胡若愚、熊希龄、张璧、王宠惠。

国民政府任命的27名理事,俨然是国民党中央与政府领导机构的核心,表示国家作为故宫博物院后盾的姿态。这一次故宫博物院仍然保持了监督机构(理事会),决策机构(理事长一人与常务理事三至五人,博物院院长为当然常务理事)和执行机构(秘书处、总务处、古物馆、图书馆和文献馆)这三个环节。虽然,这样一个由政治人物组成的高层次的理事会,很快为故宫博物院带来了短暂的“鼎盛时期”,但它必定是特殊历史条件下的产物,因此在中国博物馆史上也是绝无仅有的。

根据《故宫博物院组织法》第十四条规定,1928年10月8日,国民政府颁布了《中华民国故宫博物院理事条例》。该条例凡八条七款。申明:“本理事会为故宫博物院议事及监督机关。决议及监督一切重要进行事项”(第一条)。并列以下七款:“(一)故宫博物院组织法之修改事项;(二)故宫博物院院长及副院长之人选事项;(三)故宫博物院之预算及决算事项;(四)故宫博物院物品保管之监督事项；（五）故宫博物院物品之处分事项；（六）故宫博物院专门委员会之设立事项；（七）其余重要事项”。[1] 根据这一条例，理事会基本上行使着一个董事会的职权，却减少了董事会这一机构。由此改变了过去理事会作为决策机构，并通过理事下达指令的做法，形成了以理事会为监督机构，以院长与副院长组成院的行政管理的决策机构，以馆、处与委员会为单位的院的执行机构这样一个相对封闭的管理循环系统，较前一个系统加强了院级行政管理的决策作用，减少了行政管理中由决策到执行中的多头绪和多环节，并使各机构的权限更加明确。同时，通过这一条例，也加强了理事会的监督和决议（裁决）作用，较前《临时董事会章程》第三条“本董事会之职权”增加了第（一）款，在第（四）到第（七）款中，也有明显的修订，使其监督与裁决的权限规则更加明确和规范。

至此，故宫博物院有了理论依据，也有了法律的保障，加上一个强大有力的理事会作为后盾，一大批优秀学者作为博物院骨干，这一切为故宫博物院迎来了一个有四年时光的短暂“鼎盛时期”。

## 3 短暂的“鼎盛时期”

我们在前面已经简略地介绍过1925年以前的中国博物馆。那时，无论从博物馆的物的状况来说，还是从博物馆的人的状况来说，都可以认为这一时期的中国博物馆尚处于“萌芽时代”。故宫

① 引自吴瀛：《故宫博物院前后五年经过记》第2卷，第40～41页。

博物院的出现为贫困不堪的中国博物馆事业，凭空增加了一笔巨大的财富，包括在一座地处国都中心的占地七十二万多平方米，屋宇九千余间，建筑面积为十五万平方米的帝王宫殿（内含当时的古物陈列所），与见于一份有六编二十八册的“清室善后委员会点查报告”中的117万件古物。同时还引来了一大批包括政界、军界和文化教育界的杰出代表与优秀人才的参与，这一人才聚集的直接体现是“中华民国故宫博物院理事会”与故宫博物院的业务人员队伍。前者集中了国民政府中的首脑人物和国民党的元老及其他著名社会活动家，后者集中了以北京大学教授为骨干的著名学者、专家以及优秀的大学毕业生。这真是人财两得，不能不说是中国博物馆事业的大收获。

由于故宫开院，尤其是1928年以后的“鼎盛时期”的发展的刺激，加上国家的扶植，民国时期的博物馆从“北伐成功”到抗战前有了显著的发展。据统计，从1928年至1936年，博物馆的数量平均每年增长29%。1936年博物馆总数达77所，比1928年增加6.7倍，这还不包括56所美术馆和98所文物保存所。这其中虽然也有些名不符实的馆，但数量增加较快则是不能否认的。特别是有些重要的省、市博物馆，如河南省博物馆、浙江省博物馆、上海市博物馆等都是1928年以后不久发展起来的。这一时期博物馆所经历的膨胀发展，首先来源于“国民革命”的成果——国家的统一带来了文化教育事业发展的契机，而且故宫开院与国民政府接收故宫博物院的事实给人们意识上的刺激，带着反封建斗争中集聚的热忱，使人们迅速投入到被当时的社会舆论认为与封建专制相对立的博物馆的建设中。

“呜呼，大道之行也，天下为公。千百年来取诸有众私于一姓之窟宅，一旦公诸天下，非大道之端乎？各界同人胼手胝足，效墨翟之风，为自苦无报之工，非公之至乎？”[1]我们不能不认为，民主革命为人们注入了参加博物馆建设的热情，成为这一时期博物馆事业大发展的主要推动力之一，其中，故宫博物院的产生与发展又给予了人们最生动的启示。

“鼎盛时期”的故宫博物院的业务实践也是史无前例的，无论是其规模还是其规格，故宫博物院的业务活动，不断地在一场场博物馆业务的大演练中创下成功的记录，在登记保管、出版发行、陈列开放、转运疏散等几个方面都取得了卓著的成绩。

首先是登记与保管。清室善后委员会接收故宫后，要做的第一件事就是组织清点宫内物品，并且进行登记整理。这项工作不仅是保管故宫及文物的依据，而且也是成立故宫博物院的重要前提。

故宫博物院正式成立以后，院内物品的点查还未结束，“数阅月间，同人仍继续努力于物品之点查，永巷踏冰，深宫不火，朔风如刀，寒气入骨，其苦乃不堪言，然而同人勇气曾不因之少怯，甘愿牺牲其他事业之时光，尽此无酬之义务者何哉？岂尽好奇之心，要亦外患有此激之也。古人谓多难足以兴邦，岂不然哉！岂不然哉！！”[2]

由于故宫物品占地面积大，放置分散，种类繁杂等，为点查工作带来了很大的困难。然而，博物院的开创者们无不以既定的“博物院原则”认真地工作。清室善后委员会时的点查，据《点查清宫物件规则》第八条，“点查物品时，以不离物品原摆设之地位为原则”，因此当时的保管工作投入，大都在于为保护物品不受侵

① 吴瀛：《故宫博物院前后五年经过记》第2卷，第42页。

② 同上，第1卷，第56页。

害，为取信于民而进行清点，并将清单公开。故宫博物院成立以后，尤其到了1928年，有了《故宫博物院组织法》，故宫成了正式的国家博物馆，文物的保管也开始有了一些办法。当时，故宫博物院对于散在各处的文物，有集中管理的办法：第一，凡是与礼制有关或皇家居住之所，必须保存原状的部分，一律保存原状，陈设品仍存放原处；第二，凡有库房特殊设备的文物，如文渊阁、摛藻堂的图书，景阳宫、景祺阁的瓷器，都保存原状，仍存原处；第三，凡是散在各宫殿的文物，分类集中到各馆的库房去，编目整理。这一方法，基本上延续至今。

另外，也开始了做了一些鉴别真伪的工作。但是，由于这毕竟是第一次如此大规模的文物清查与登记工作（除乾、嘉年间编纂《西清三编》、《石渠宝笈》三编、《秘殿珠林》二编之外），不尽如人意之处也是有的。如果翻开当时印刷出版的《故宫物品点查报告》看看，就会发现有“古铜香炉”、“古铜痰盂”、“古铜长方盘”、“古玉柱形长方器”……这一类的名称，“古铜香炉”事实上是“古铜鼎”，“古铜痰盂”是“古铜尊”，“古铜长方盘”是“古铜簠”，“古玉柱形长方器”是“古玉琮”。那时找不到许多专家，这种笑话是难免的。这些在清查登记工作中的缺陷，到头来也是无碍大局的。由于它为后来的保管工作与研究工作提供了详实的点查原始登录，因此，给后继者的补充整理登记工作提供了切实的依据。

当时故宫博物院的编辑出版也有着突出的成绩。故宫博物院的最早出版物大概要算是清室善后委员会公布的清单与清册了。当时，清室善后委员会把点查宫内物品的情况，用清单清册的形式报告给各界，揭出了千年宫禁的“家底”，也树起了“公开一切”的一代新风。然而，自1925年故宫博物院成立至1928年博物院走过了“维持会”的艰难历程，到了北伐军进驻北京时，博物院已是为经费而困扰，无力开展业务活动了。故宫博物院曾接洽国民政府有关人员，商议使用庚款问题。据记载，有关人员任叔永通知故宫方面，美国庚款款项依照上年例补助三万元为出版流传费用，但是当时的故宫博物院由于经费困难，只得暂行挪用作为维持费，抵发本年薪金，否则出版流传事业也无法进行。可见，当初故宫博物院已经拮据到何等地步。物极则必反，故宫博物院由于经亨颐提案的风波，因祸得福，博物院非但没有被废除，反而得到了国民政府作后盾。故宫博物院自此百废俱兴，流传出版事业也就此起步。1928 年，文献部出版了故宫博物院编印的第一种期刊《掌故丛编》。接着，1929 年双十节，《故宫周刊》问世了。另外还有一种月刊，由俞星枢主办。以后还陆续发行了《故宫书画集》、《故宫》、《故宫名扇集》等刊物，还有各种书画古物的分类单行本以及大幅单页。

此间，文献馆发行了《清宣统朝中日交涉史料》，重整《内阁大库残本书影》、《文献丛编》（其前即《掌故丛编》）、《清代文字狱档》、《清代外交史料》、《太平天国文件》等。

图书馆印行了《故宫所藏殿本书目》、《故宫殿本书库现存目》、《清乾隆内府舆图》一百零八张、《故宫方志目》、《影印善本书影》、《影印明史本纪》、《影印天禄琳琅丛书》以及罕见书籍多种。

故宫发行周刊以后，各馆出版事业有了一个普遍的发展。拓片、印谱以及日用文物，如日历、信笺、信封、挂片等等，不下千种。吴瀛与李玄伯还设想了一个十年或五年计划，将所有本院文物完全摄制副本印刷出版，既可普及，又便保存稽考，可见清室善后委员会的遗风犹存。编辑出版进一步扩大了故宫博物院的影响，普及了文化艺术。但是这次编辑流传的高潮期，却因战争而中断。

回顾一下故宫博物院初期开放与陈列的情况，也十分有意义。自1925年10月10日故宫博物院开幕之日起，故宫广阔的面积就使管理者望而生畏，博物院的工作人员因此曾想了不少办法。他们曾通过规定开放日期来弥补由于面积过大而难以应付开放管理的不足。当时，故宫博物院决定，每周开放六天，其中两天，参观中路及内东路，称之为'中路'；两天参观内西路及部分外西路，称之为'西路'；两天参观外东路，称之为'东路'。如果有人想把宫中所有可以参观的地方都看到，至少要去三天。这样做的结果当然也会给观众带来许多的不便，尤其是对于远道而来的游客就更为不便。对于我国博物馆事业来说，管理如此大规模的开放与陈列，当时一是力量不足，二是缺乏经验。

1927年初，来了一位德国博物院东方美术部长曲穆尔博士，参观故宫博物院。3月7日上午10时，邀他来博物院演讲，他说："以博物院规模的宏大来计算，全世界当然以英、法、德为最。陈列方法，早期都以物品归类为尚。现在却不同了，大致趋重拿时代为区分，譬如汇列一时衣冠文物在一起，可以表现当时的文明，来追想那时的生活状态，非常明白而有趣。"最后又盛称："贵院同人于这样政治现状之下，能够如此地艰苦来维持，是非常难能可贵，不易企及的。"① 这或许是一次我国与国际间进行的最早的有关博物院管理与陈列形式的学术交流活动。本书前面曾提到故宫博物院开幕之时，林白水在《社会时报》上发表了《故宫博物院之不满意》一文，批评了故宫博物院"以政治的意味，而搀杂

① 吴景洲：《故宫盗宝案真相》，第96页。

于保管故宫、收藏古物之中，宜其无有是处”，同时，也批评了博物院的陈列过于冗杂无章。面对社会上的类似的批评，荟萃于故宫博物院的人才们当然不会充耳不闻，只是限于当时时局不利，只好集储力量，以求有朝一日一显身手。譬如这类外国学者的讲座活动也算是集储力量的一个方面了。

1928年，故宫博物院的契机来到了。如果说以后的四年间是博物院的“鼎盛时期”，其中最为明显的标志之一就是这一时期开放的大量的陈列。1928年以后，博物院仍照以前的办法，分三路参观，而各路的陈列室增多了，内东路的“东六宫”及斋宫，除延禧宫改建为库房外，辟作为六个专门陈列室，钟粹宫的前后殿，陈列宋元明书画，景阳宫陈列宋元明瓷器，承乾宫陈列清瓷，永和宫陈列钟表，景仁宫陈列铜器，斋宫陈列玉器。中路各殿的两庑，辟有下列各陈列室：

清画陈列室、雕刻陈列室、文具陈列室、法器陈列室、珐琅陈列室、烟壶陈列室、如意陈列室、碑帖陈列室、朝珠陈列室、雕漆陈列室、成扇陈列室、郎世宁作品陈列室、图书陈列室、象牙陈列室、花盒陈列室、织绣陈列室以及武器陈列室。

内西路各殿大部分是皇家居住的地方，为保存现状，不能辟作陈列室，只把咸福宫开辟了一个乾隆御赏物陈列室，把乾隆的一个大多宝格中的珍贵文物陈列出来，其中瓷、铜、玉、玻璃、雕刻等物都有，也可以说是一个综合性的陈列室。另外，在抚辰殿与建福宫成立了两个木器陈列室。

外东路的皇极殿等处，原来存物就不多，且殿宇宽大，是极好的陈列处所，文献馆便把这一路的殿宇，完全辟为陈列室：

皇极殿——陈列光绪大婚图及历代名臣像。

宁寿宫——陈列乾隆南巡及乾隆行乐图。

养性殿——陈列奏折档案、图书及复辟文证等。

乐寿堂——陈列清代钱币、腰牌并辟慈禧太后遗物专门陈列室。

阅是楼——陈列剧本及剧衣。

颐和轩——陈列盔甲及服饰。

外西路也开辟了两个陈列室——陈列写刻各本佛经及清初旧画佛像。

殿本图书陈列室——陈列殿本书籍。

此外在神武门楼上，还成立了一个銮驾仪仗陈列室。

从上述情况足以看出自1928年到1931年9月的几年间，故宫博物院在陈列开放方面所取得的辉煌成果。另外，1930年故宫博物院制订并报请国府批准了"完整故宫保管计划"，将中华门（即大清门，现已拆除）以北各宫殿以及太庙、景山、大高殿、皇史宬一并归入故宫博物院。当时的太庙及景山两地也都开放了，设在这里的陈列室暂且不算，并除去作为皇家居室的复原陈列，当时，仅在故宫博物院内开辟的各类专门陈列室就有三十六处之多，成绩实在斐然。只是这颗粲然的东方博物馆之星，在初放光芒之际，就因日本帝国主义发动的侵华战争而隐匿去了它的荣耀。

此后，故宫博物院还以其藏品参加了"伦敦中国艺术国际展览会"，该展览会自1935年11月28日开幕，到1936年3月7日结束。故宫博物院参展展品有735件，占全部展品1,022件的71.9%。展览会获得了很大的成功，售票数量，除意大利的艺术展外，以中国此次展览为最多，观众有420,048人次。这些成果不仅在我国博物馆的现有陈列水平中属上乘，而且当时在国际上也享有盛名。这与故宫博物院的丰厚的文物收藏有关，也与博物院坚持贯彻以故宫宫殿建筑为主体的宫廷史迹和文物的陈列与以故宫藏品为主的历代艺术品陈列相结合的方针不无关系；这是故宫博物院发挥自身特长，利用现有优势办展览的结果；这同时也为我国博物馆事业提供了有益的成功经验。

1928年10月由国民政府颁布了《故宫博物院组织法》，在如此的背景下博物院步入了一个“鼎盛时期”，到1933年2月6日故宫第一批南迁文物启运，“鼎盛时期”正式宣告结束，前前后后仅有四年多的时间。短短的四年，像划过天际的流星，一瞬即逝，不由让人慨叹：当时的中国是一个半殖民地半封建社会的国家，文化事业在这样的社会环境里没有基本的保障，它的命运是那样的飘乎不定，朝不保夕。

## 4 国宝大迁徙

1931年，日本帝国主义发动了“九·一八”事变，华北及北平形势日趋危急。故宫博物院在日本帝国主义发动侵华战争的紧急形势下，迫不得已采取了文物南迁之举。这些文物先后五次从故宫博物院运出，第一批是1933年2月6日起运，第五批是同年5月15日起运，四个月中，运出的箱件包括：故宫博物院文物——古物馆2,631箱，图书馆1,415箱，文献馆3,773箱，秘书处5,672箱，以上共计13,491箱。另有其他机关附运文物6,066箱。这些文物的第一个落脚地点是上海的租界内的库房。

当时，反对古物南迁的人很多。其中，胡适曾以学者的姿态发表谈话，反对南迁。其重要理由有三：（一）榆关失陷，非仅华北局部于恐怖状态，已成为全中国极恐怖时期。在此军事状态下，日军野心勃勃之际，何处是安全土地？如移至南京、上海，又怎能料定将来？北平因在国际严重监视之下，未必有人敢公然破坏。（二）古物数量甚巨，移出北平途中，如五千箱失掉五箱，或受意外损失，再遇临城劫车，又有何人去负责任？即或有人负责，而亦不能赔偿原物。（三）我个人意见，不妨在上海、南京、洛阳各地，多设几个博物院。将故宫同样的物件，分地储存。整个南迁，影响于地方至巨，在此时期，大可不必云云。但政府对他事均可衔塞，此事则极为坚决，无可挽回。更不容人民激烈抗争。胡适既不能积极制止，乃以北平图书馆委员长之资格，消极反对该馆储藏之宋元善本书籍南迁。虽已装箱，因其权限所及，终未起运。①

胡适仅是当时民众反对文物南迁呼声中的一个代表，可见文物南迁有利有弊。但是，从现在来看，历史已经证明，当时还不可能有比南迁更为有效的保护方法。为了避开战争的灾难性破坏，为了保证在这一个非常的时期文物不受损失，不断地进行文物清点和登记，最为可靠的方法只能是将文物迁到安全的地方。迁徙疏散就成了战时文物保护与保管的手段。

故宫文物于1933年不得不实行南迁，到了1937年，抗日战争爆发，故宫文物又实行疏散，到了1945年抗战结束，南迁的故宫文物虽然避过了战火，然而其中一些重要文物却没有返回北京本院，而在1948年底和1949年初运往台湾。故宫文物运台问题暂且不论，从1933年初故宫文物运出北平，到1947年底前后15年的时间里，故宫博物院共南迁文物13,491箱，疏散文物11,421箱。在如此漫长的时间里，转运迁徙如此大规模的文物，不用说在中国博物馆史上为空前，在世界博物馆史上也是绝无仅有。为

① 王森然：《近代二十家评传·胡适先生评传》，第322页。

了保护这批民族文化的珍贵遗产，故宫博物院付出了艰辛的努力与一代人的青春年华。这段经历作为非常时期的文物保护的典范，或作为世界博物馆史上的一项“吉尼斯纪录”而留载史册。

在文物迁运的准备工作中，第一件事是装箱。当时有人认为北平琉璃厂的古玩商人，他们常常运东西到外国去，对于古物的包装，一定具有相当的经验，决定请他们来专办包装的事。在他们包装的时候，古物馆工作人员，就在一旁监视，也同时学习，过了些天，故宫工作人员就了解了他们的装箱秘诀。秘诀无非有二：一要装紧，二要隔离。

准备工作中第二件事是选件。宫中物品极多，应当选些什么？答案自然是以迁运精品为主。陈列室的展品，是经过选择的精品，列为必须装运之物。其次是存在各馆库房中的文物，都是由各馆在各宫殿里选提集中的。装完这些之后，再到各宫殿去直接选装。

当时，故宫博物院是以古物馆、图书馆、文献馆及秘书处四个单位分别装箱编号的。每一箱装好，把盖子钉牢，加上封条，刷上字号。编字号的方法由各馆自行决定。

古物馆是用英文字母编字，以后又有一部分箱件改用天干编字，每一种字，所编箱数是：

A：瓷器1,058箱、B：王瓷158箱、C：铜器55箱、D：书画128箱、E：杂项381箱、F：新提806箱、乙：玉器14箱、庚：铜器2箱、丁：剔红10箱、戊：景泰蓝15箱、己：象牙5箱。共计2,631箱，63,735件（注：一、B字箱中有三箱是碑帖；二、杂项箱中，有E字第三四〇号未南运，实运出380箱，编号为三八一号；三、“新提”为直接到各殿选装的箱件）。

图书馆编字的办法，大部分是以所装文物类别的第一字编为箱件的字号，各字所编箱数是：

善（善本书）72 箱、佛（佛经）13 箱、殿（殿本书）228 箱、观（观海堂藏书）62 箱、内（实录库藏书）6 箱、满（满蒙文刻本）23 箱、志（方志）46 箱、绝（明刻本清殿本及官刻书）34 箱、大（大藏经）54 箱、甘（甘珠尔经）54 箱、龙（龙藏经）2 箱、图（文渊阁图书集成）32 箱、经（四库全书经部）85 箱、史（四库全书史部）129 箱、子（四库全书子部）139 箱、集（四库全书集部）183 箱、荟经（四库荟要经部）28 箱、荟史（四库荟要史部）46 箱、荟子（四库荟要子部）26 箱、荟集（四库荟要经部）45 箱。共计 1,415 箱。

文献馆的箱件，不编分类字号，直接在箱外写出文物类别，另外刷上一个“文”字，表示出这是文献馆的箱件，就以文字第 1 号起，顺序编下去，编到第三〇四六号，又从文字第三一四二号起，编到第三八六八号。其分类箱数是：

内阁大库档 1,516 箱、地图铜版 26 箱、舆图 17 箱、图像 62 箱、仪仗 16 箱、册宝 35 箱、武器 5 箱、盔甲 32 箱、陈列品 9 箱、印玺空盒 2 箱。共计 3,773 箱。

秘书处记录箱件的办法有两种：一种是以宫殿名的第一字或第二字来编字，一种以所装文物的类别编字，也有一些例外，所装箱数如下：

和（钟表及养性殿、颐和轩等处文物）540 箱、长（长春宫太极殿等处文物）59 箱、康（寿康宫及寿安宫等处文物）208 箱、内（钟表及盆景等）293 箱、北（北五所等处文物）49 箱、园（慈宁宫花园等处文物）93 箱、太（太庙文物）28 箱、缎（缎库及茶库等处文物）74 箱、遂（遂初堂三友轩等处文物）34 箱、皮（皮衣，为处分时未售出的）41 箱、宁（宁寿宫文物，大部分为瓷器）1,281 箱、皇（皇极殿阅是楼等处文物）763 箱、墨（墨）6 箱、漱（漱芳斋等处文物）41箱、重（重华宫等处文物）44箱、养（养心殿等处文物）283箱、牒（玉牒档案及乾清宫等处文物）384箱、崇（崇敬殿等处文物）23箱、翊（翊坤宫及储秀宫等处文物）162箱、丝（衣料织锦及咸福宫等处文物）369箱、寿（永寿宫等处文物）180箱、如（如意馆等处文物）153箱、木（家具及延晖阁等处文物）41箱、雨（雨花阁等处文物）70箱、性（养性殿及乐寿堂等处文物）30箱、勤（符望阁及延趣楼等处文物）8箱、慈（慈宁宫等处文物）87箱、端（弘德殿及懋勤殿等处文物）44箱、武（枪炮等武器）64箱、永（珠宝）20箱。共计5,672箱（注：一、故宫文物中，凡是由各馆提去的，都有提单存秘书处，未经各馆提取仍留在各殿原处的，是由秘书处负责保管。二、编字例外的如，珠宝箱是从永寿宫开始装起，编为永字，后来继续在其他宫殿里所装的珠宝，也一律编为永字，永字却不代表永寿宫，而是代表珠宝；又如和字箱，是在永和宫所装文物，永和宫的文物，以钟表为最多，等到以后装其他宫殿的钟表时，也编了和字，和字不但代表永和宫，也代表了钟表）。

以上装箱工作，从1932年秋开始办理，到1933年5月最后一批文物运出之前才结束，装箱文物共13,491箱。

据那志良的记载，这次装箱，除留下一小部分在陈列室中悬挂，维持照常开放参观外，其余的都装了箱。有一幅韩滉《文苑图》，本是一幅名迹，它是《历代名绘》册中的一幅，那时正在北平制版印刷，要留在那里校对颜色，未能随原册一起运出，以后也就没有机会再运了。另有一件“雍正款锦鸡牡丹碗”，也同样因为印刷制版的原因，被留在北平，没有运出。

另外，1937年“卢沟桥事变”发生后，留守北平本院的人员又在库存文物中挑选最精品，装足80箱，一路辗转，运抵长沙，寄存于湖南大学新建的图书馆中。

另据吴瀛的回忆，南迁之议，李玄伯与马衡起了很大的作用，他们先将南迁的建议呈报了国府，国府批令："交行政院同军事委员会核办。"后来批准了迁移，理事会议通过了六万元的迁移费预算案。吴瀛本人作为负责人，与监运人员一起，参加了第一批古物的运送工作。他回忆说："第一批南迁古物出发了，这比花石纲重要得多，一共二十一节车。……在车顶四周各个车口都架起机关枪，各节车上都布置了宪警荷枪实弹地保卫着。每到一站，都有地方官派人上车招呼，车行两旁逐段都有马队随车驰骤。夜间开车，在重要关口熄灯，重要员司和衣而卧。尤其徐州一带，时有匪众出没，据报在前一天晚上，已有一千余人在徐州附近向车行地段窥伺，被地方发觉打了一仗，他们知道有备，所以退去。因为绕道陇海，到第四天才到达南京下关，大家松了一口气。"①

据王森然的说法，当时政府饬运古物，是由翁文灏、李书华、高鲁平负责监运的。为首的翁文灏当时代理清华大学校长，1936年后，任国民党政府行政院秘书长，可见政府对文物南迁十分重视。但是，车到了浦口，第一个目的地是到达了，最后的目的地是哪里，却没有人知道，因为民国政府也还没有决定把这批文物存放在哪里。这样在浦口停留了一个多月，两列车被路局停放在靠边的铁道上，等候政府的决定。直到3月中旬，政府才决定把古物和图书运到上海，在浦口装轮船运沪；文献部分，暂存南京，借行政院大礼堂存放。据参加了第一批文物押运的那志良说："我们先把文献部分运过了江，送到行政院（这一批文献，后来随第四批文物也运到上海），然后把古物图书装上了招商局的江靖轮，

① 吴景洲：《故宫盗宝案真相》，第96页。

运到了上海。"[①] 存放入鲁迅所说的"中国乐土所在"——法租界天主堂街，一座七层楼的钢骨水泥建成的仓库（原仁济医院旧址），一放就是四年。

故宫博物院的南迁文物到达上海之后，很快进行了一次详细登记。南迁清册只记品名与件数，实在过于简单，在这次点收清册中，作了比较详细的记载，例如一幅画，就要记载它的质地、色彩、尺寸、款识……，一件瓷器，便要记出它的颜色、尺寸（口径、底径、深度、腹围等）、款识、有无破伤……，铜器、玉器、牙器等还要称它的重量，这个清册名为"存沪文物点收清册"。文物点收工作，在上海时并未完成，因文物迁南京，停止了一段时间，文物到南京后又继续进行，从 1937 年 1 月 12 日恢复工作，到 6 月 14 日才告结束。这是故宫博物院史上一次很好的藏品登记工作。

故宫文物南迁到上海以后，易培基因所谓的"故宫盗宝案"，辞去了院长职务。1933 年 7 月，经理事会决议，由原古物馆副馆长马衡继任。马衡就职后，院里增加了副院长一人，由徐鸿宝担任，马衡自兼古物馆馆长，原图书馆副馆长袁同礼及文献馆副馆长沈兼士，都升为馆长，总务处处长一职，仍由俞同奎担任。

马衡院长亲自主持了到上海以后的文物点收。清点手续，北平与上海两地分别进行，这次把每一馆处的箱件，规定一个字来代表，每点一箱依次编号，由马院长规定用"沪上寓公"四字。古物馆的箱件编"沪"字，图书馆箱件编"上"字，文献馆箱件编"寓"字，秘书处箱件编"公"字。他的意思是，文物点收之时，文物正在沪上，做了"寓公"。一直到现在，各箱文物的品名数量，

① 那志良：《故宫四十年》，第 62 页。

都是以此清册为据。

今天，再看到马衡先生的这四个字的题名，实在为故宫博物院的文物颠沛流离的生涯而感到别有一番滋味。自1933年2月6日，故宫首批南迁文物离开北京，在上海租界做了“沪上寓公”开始，1936年12月8日，又运至南京，做了南京的“寓公”，第二年，日本人就在上海发动了“八·一三”事变。1937年8月14日，故宫博物院的文物开始运出南京，此后分别做过长沙岳麓山的“寓公”，贵州安顺的“寓公”，四川乐山的“寓公”，峨眉山的“寓公”与重庆的“寓公”。1948年12月22日始，故宫博物院的一大批文物精华，先后三次装船，脱离大陆，又到台湾做了“寓公”。鲁迅曾拟作崔颢《黄鹤楼》诗吊南迁古物，云：“阔人已骑文化去，此地空余文化城。文化一去不复返，古城千载冷清清……”不料这一戏言竟真是不幸而言中了，该诗最初发表于1933年2月6日的《申报》上，正是在这一天故宫首批南迁文物起运了，如果说是巧合，也太巧了。鲁迅先生是一位以批判精神，而且是经常用一种极其透彻敏锐的目光来观察世界的伟大思想家，对于北平古物的迁徙，他更是感到沉痛和失望。他在载有上面诗句的文章中还写道：“倘说，因为古物古得很，有一无二，所以是宝贝，应该赶快搬走的罢。这诚然也说得通的。但我们也没有两个北平，而且那地方也比一切现存的古物还要古。”①

1934年12月，故宫博物院举行第四次常务理事会议时，由王世杰理事提议，把南京的朝天宫全部划归故宫博物院，用此建筑作南京分院及仓库地点，又经大会议决，呈奏行政院核准，新院址问题才告解决。1936年12月，行政院最后核准把存沪文物运往

---

① 鲁迅：《崇实》，载《鲁迅全集》第5卷，第12页。

南京。12月8日开始运输，分成五批。此次文物箱数，比较南迁时又增多了93箱，与其他单位的南迁文物加在一起为19,650箱。1937年1月，故宫博物院南京分院宣告成立。但是，由于“七·七”事变发生不久，抗日战争爆发，南京分院还没有来得及有所作为，就被迫开始了文物疏散的工作。

也就在故宫博物院南京分院筹划将朝天宫大成殿修作陈列室之时，日本人在北平发动了“七·七”事变，紧接着，又在上海发动了“八·一三”事变，南京情势一天比一天紧急，故宫博物院报请行政院核准故宫文物紧急疏送到后方去。当时是分三路先后向后方疏运，最先的一路，于1937年8月14日在南京装船，运往汉口，并换装火车运到湖南长沙岳麓山，存入湖南大学的图书馆里。没过多久，长沙遭空袭，后又决定迁往贵州，于1937年12月间起运贵阳。另一路是溯江而上，经汉口，再运到四川，这次抢运，是从1937年11月20日开始的，到达目的地四川乐山安谷乡时为1939年9月19日。第三路也是从1937年11月20日开始抢运的，从陆路，由南京沿津浦线到徐州，改循陇海线到陕西，后被“西安行营”安排到宝鸡，又转汉中，1938年5月26日，又由川陕公路入川，后经成都，在1939年7月11日运抵峨眉。这样南迁文物终于在战时找到了安身之所。三路运输的箱件分别是：

1、运到湖南再转运贵州的一批为赴英展览文物的80箱；

2、运到汉口再转运四川的一批为故宫的4,055箱和其他机关的5,314箱；

3、运到陕西再转运四川的一批为故宫的7,286箱和其他机关的622箱；

这样，疏散到后方去的箱数，实际是南迁箱件中的16,650箱，其余2,900余箱，便是陷落在南京的了。在这2,900余箱中，故宫博物院本身文物有2,770箱，约占南迁总数的五分之一。这次疏散文物的功绩是巨大的，当时押运和保管人员备受艰辛，有的甚至献出了生命。通过他们的艰苦卓绝的奋斗，这批珍贵的历史文物终于免遭战火。如此众多的百万件文物，在万里行程中，历经15年的战乱岁月，竟大致无损，这不能不说是一个奇迹。

1945年，日本帝国主义宣布无条件投降，八年抗战取得了彻底的胜利。马衡院长带领全体本院职工从日伪手中接收了故宫博物院。复原后的故宫博物院，接受了古物陈列所存在北平的文物，结束了故宫之内两馆并立的局面。1947年秋，开始分六组点收，11月间又增为七组，到12月22日全部点收竣事。又根据1945年的《留院文物点查清册》证实，八年沦陷期间，在日寇铁蹄下，北平本院尽管受到很大损失，但留院职工克尽职守，保住了库藏文物和紫禁城宫殿建筑免遭破坏。

南京方面，陷落区的文物被迁到北极阁中央研究院里，这批文物费了许多时间才点查完毕，文物虽有零乱，大体上并没有什么损失。

原巴县、乐山、峨眉三处的文物集中于重庆，1947年3月7日完全运毕，存放于重庆南岸海棠溪向家坡原贸易委员会的办公处及宿舍，又于1947年5月31日迁往南京，至12月9日，文物迁返工作全部完成。至此，历时15年的迁运疏散文物的工作，以保全绝大多数文物的业绩而告一段落。然而，由于内战的原因，铁路中断，交通阻隔，自1933年运离北平的文物，大部分未能再运返本院，南迁文物的悲剧又因国内政治时局的变迁而重演——故宫文物于1948年底被大批运抵台湾，开始了新的流亡，这已是后话（参见本书《附录：飞去的“黄鹤”——运台故宫文物概况》）。

故宫文物疏散时期，行走中的主要问题是如何保障运输安全，到了疏散地点，因库房条件大都比较差，事务性的工作就变得多起来。当时，故宫博物院成立了三个办事处：安顺办事处（后改为巴县办事处）、乐山办事处和峨眉山办事处。各办事处的工作重在保管，所以把防火、防潮、防虫与防盗列为最重要的工作，其次是做索引，而编目工作做的并不多。后来情况有所变化，抗战胜利后，三处的文物又都集中到重庆，在1947年集中重庆期间，防白蚁成为重要的工作，此外便是筹备文物还都的运输事宜了。

故宫文物南迁与战时文物疏散，以及战后文物的迁返，是在战争期间保护文物的伟大事件，故宫博物院通过艰苦卓绝而又有效的工作，使故宫文物作为一个整体得以免遭战火与日寇的抢掠而保存下来。但是，战争仍然给故宫博物院的事业，以及一部分文物带来了无法挽回的损失。

当1933年日本侵略者危及华北及北平之时，这批宝藏被迅速地转移到中国的中部，当时曾引起公众的广泛关注。当这批文物的最终命运仍然留待将来回答的时候，所有热爱中国与它的古老文化的人们都在希望，它们不要被肢解，更不要在国外发现它们的踪迹。庄士敦也曾是这些人中的一名，他在《紫禁城的黄昏》中写道："至少其中的某些将永远不会在中国再次出现，这完全可能成为一个令人痛苦的事实。"[①]

① ［英］庄士敦：《紫禁城的黄昏》，第242页。

# 九　故宫博物院迎来艳阳天

1949 年中国共产党在解放战争中取得的胜利，不但没有像某些西方预言家所断言的那样——出现政治上的混乱，而且还结束了一个长达一世纪之久的混乱时代。孙中山先生曾称之为“一盘散沙”的中国，迅速地凝聚成一个具有强烈民族使命感的强大的现代国家。在这样的情况下，中国的博物馆事业才真正焕发了生机，故宫博物院才最终从危难中解放出来。博物院的身心开始苏醒了，机能得到了更新，事业迎来了灿烂的时光。尽管十年“文化大革命”对于故宫博物院来讲是一场灾难，一场浩劫，然而，无论如何，谁也否定不了故宫博物院在中华人民共和国建立后所取得的长足的发展。就其辉煌的成就而言，与昔日相比已经是一个明朗朗的艳阳天了。

## 1　故宫博物院回到人民手中

1949 年 2 月，北平和平解放，故宫博物院被人民解放军接管。2 月 21 日《人民日报》(北平版) 以《故宫博物院已顺利接管》为题目予以报道。全文如下：

［本报讯］故宫博物院于本月十九日为军管会接管。上午九时文化接管委员会文物部部长尹达和副部长王冶秋两人，奉命前往接管故宫博物院，当即召集各部门负责人及职工代表三十余人，举行座谈会，由马院长说明接管事情，然后由尹达同志讲述人民解放军的文化教育政策，并着重指出：这些东西，现在回到人民的手里，是真正找到了它的主人，我们应当对人民负责任，切实加以保护；院内员工也应想办法布置陈列室，使之适合于广大的劳苦大众，使人们了解封建统治者穷奢极欲的统治生活。

故宫博物院之所以能够顺利接收，受益于北平的和平解放，也受益于以马衡院长为代表的优秀知识分子对故宫文物的保护。据朱家溍的回忆，1948年冬的故宫博物院，形势十分吃紧，南京方面多次要求博物院将文物南运。然而，“一天一天过去了，马院长没有催。并且听院长室的工友尚增祺告诉我：‘袁（同礼）馆长来电话，他就要飞南京了，问第一批装箱文物如果赶得上就一起走。院长回答说：第一批装不完，你先走吧，当然还要另派专人押运古物’。我听了这个消息，分析马院长自安排古物装箱的工作以后，从来没问过我，他怎么知道装不完？显然这是搪塞袁同礼，由此证明他并不打算装运的。其时解放军已进关，形势日新，北平已几乎是一座孤城，国民党行政院电催装运古物，院长只好回复说机场不够安全，暂不能起运。又过几天，东西长安街拆卸牌楼，计划用长安街的路面作跑道，以便在城内飞机起飞降落。后来，这个城内机场尚未使用，形势已经急转直下，北平和平解放了。”[①]

① 朱家溍：《马衡院长保护故宫文物的故事》，载《紫禁城》1986年第2期。

## 2 前进中的光明事业

新中国的诞生使故宫博物院获得了新生。首先是博物院从此结束了在半殖民地半封建社会颠沛流离的历史，开始在强大的社会主义共和国的怀抱中健康地成长。建国初期，人民政府即大量拨款给故宫博物院，经费有了着落，各项工作得以顺利开展。在人民政府的领导下，马衡院长带领全院职工，努力探索，认真工作，为将故宫博物院改造成新时代的为人民服务的博物馆，进行了最初的建设与尝试。

马衡院长因工作需要调离本院以后，1954 年上级党组织委派热爱文博事业的革命前辈吴仲超任故宫博物院院长；同时还选派了大批革命同志充实故宫的职工队伍。吴仲超来院后，深入基层科室调查研究，制定了一整套整顿与发展博物馆事业的计划。在他的主持下，对紫禁城内外进行了清理整顿，清除了 25 万立方米的垃圾和渣土；对著名学者唐兰、陈万里、单士元和一些青年业务骨干委以重任，并聘请沈从文、陈梦家等著名学者、教授协助开展业务工作；根据博物馆的任务，改变了“三馆鼎立”的局面，将档案馆划归中央档案局；新设学术委员会以及陈列、保管、群工、古建等主要业务部门；加强政治思想和行政管理工作，建立和健全规章制度；尽力征集文物，开辟馆室，建立库房，清理藏品以及大规模修缮古代建筑等。1959 年建国十周年大庆，故宫中轴线上的太和、保和、中和三大殿油饰一新，殿堂金碧辉煌。展出古代艺术的陈列专馆有：历代艺术馆、绘画馆、雕塑馆、青铜器馆、陶瓷馆、织绣馆、珍宝馆；在后三宫、西六宫和外东路一带有皇帝办公以及帝后居处的原状陈列。在宣传方面，则有口头讲解和广播介绍等方式。建国十年前后，在马衡和吴仲超两位院长的先后领导下，经本院职工的积极努力，故宫面貌有所改观，陈列初具规模，文物保管工作逐步走上正轨，不少古代建筑经过保养或重点修缮，观众逐年增加。全院基本上完成了变革过程，进入了稳步发展时期。

自1966年起的“十年动乱”，对故宫博物院来说，无疑是一场空前的大灾难。由于左倾思潮泛滥，许多领导干部被剥夺了工作权力和行动自由，一切陈列展出被迫停止，各项工作陷入停顿状态。为了保护故宫及其所藏文物，经周恩来同意，派遣军队实行军事保护。从此，故宫大门紧闭，长达五年之久，院内大批文物珍品和古代建筑才幸免于难。自1969年9月故宫博物院的工作人员十之八九都被下放到湖北干校劳动，直到1971年才有少数人调回工作。博物院的业务力量受到了无端的耗损与摧残。

回顾一下新中国成立后故宫博物院在保管、陈列、古建维修、开放与出版等方面所取得的成绩，便不难看到，这座昔日的皇家宫殿在新生的人民共和国的光辉照耀下，正放射出多么美丽的光芒，显示着强大的生命力。

和以往一样，文物的点查整理仍然是建国以后故宫博物院第一位的业务工作。1949年10月1日以后，一万余箱南迁的文物开始运回北京本院，加上已在院文物与一大批非文物物品，故宫博物院面临着大量文物急需妥善保护、管理的严峻现实。针对这一情况，1951年6月故宫博物院首次建立起藏品保管部，开始了逐步清查、整理的工作。

此后，故宫博物院在中国共产党的领导下，在广大知识分子的支持下，卓有成效地保护了故宫文物。故宫的藏品历年来大量失散在外，“三希堂”所藏的三件希世之宝，载在故宫文物点查报告中的原来只有“一希”（王羲之的《快雪时晴帖》），现存台湾；另外“二希”（王献之的《中秋帖》和王珣的《伯远帖》）转辗流失到香港，后经设法购回，这“二希”才回到“三希堂”里。此后，故宫博物院积极开展文物收购工作，收集了一批书画精品，如顾恺之《洛神赋图》，展子虔《游春图》，阎立本《步辇图》，韩滉《五牛图》，张择端《清明上河图》等共五百余件，约占已散失书画目录中所列总数的一半。此外，新收散失书画目录以外的历代法书名画八万多件，历代名瓷两万多件，青铜器一万多件，加上各种工艺美术品以及其他杂项文物，总共新收二十多万件，使故宫的文物藏品总数达到一百万件之多，这是故宫博物院了不起的功绩。无怪末代皇帝溥仪在建国后重游故地时也发出感慨。1959年12月4日，溥仪作为二次大战的战犯，根据中华人民共和国的特赦令被释放，回到北京，他在参观故宫博物院后感慨地说：“令我惊异的是，我临离开故宫时的那副陈旧、衰败的景象不见了。到处都油缮得焕然一新，连门帘、窗帘以及床幔、褥垫、桌围等等都是新的。打听了之后才知道，这都是故宫的自设工厂仿照原样重新织造的。故宫的玉器、瓷器、字画等等古文物，历经北洋政府和国民党政府以及包括我在内的监守自盗，残剩下来的是很少了，但是，我在这里发现了不少解放后又经博物院买回来或是收藏家献出来的东西。例如，张择端的《清明上河图》，是经我和溥杰盗运出去的，现在又买回来了。”①

1954年，吴仲超院长提出了“整理历史积压库存物品方案”，揭开了建国以来故宫博物院保管工作第一阶段全面整理工作的序

① 爱新觉罗·溥仪：《我的前半生》，第561～562页。

幕。这一阶段的工作至1965年结束，大致分为两个步骤进行。从1954年至1959年为第一步骤，主要清理历史积压物品和建立文物专库。

在清理过程中，保管部工作人员共发现文物一千二百余件，其中珍品文物达五百余件，像战国龟鱼蟠螭纹方盘、宋龙泉窑青釉弦纹炉、哥窑葵瓣洗、唐卢楞伽《六尊者像册》、宋赵佶《听琴图轴》、明朱瞻基《山水人物大折扇》等等。从发现的情况看，有的是被清室人员藏匿，准备盗运出宫的；有的是被当作次品、伪品险遭淘汰的；有的则从清室善后委员会点查物品时即被遗漏或未被发现的。其数量之多，文物之精，在当时曾喻称为“地上的考古发掘”。

建立文物专库是与清理历史积压物品工作同时进行的，其方法是参照1925年的《点查清册》和1945年的《留院文物点查清册》，逐宫逐室进行清点、鉴别、分类、挪移、抄制账卡，然后移送指定的文物分类专储库，排架存放。

经过第一步骤的藏品清理工作，随之又产生了诸如：文物划级、管理、保护工作缺乏主次之分，账目与实物不完全符合和登记过于简单等等问题。针对这些问题，故宫博物院又提出了“以科学整理工作为中心的规定”，从而自1960年开始了对藏品进一步鉴别、划级、珍品文物制档造册，建立全院文物总登记账并核实各文物专库的分类文物登记账的工作。由于这一步骤的藏品整理工作规定：各类文物专库将通过建立库藏卡片、核对入库凭证与文物分类账，做到账、卡、物相符合，然后把核实后的文物分类账汇总为全院文物总登记账，所以该项清理工作又被人称为“三核对”。

这是一项历经数年的大规模的文物清理工作，院内首先讨论并统一规定了新文物计件法，以纠正因计件过于笼统而出现的偏差。经过几年的核对，基本上做到物、账相符，并以故宫旧藏文物汇总为全院的“故”字号文物总登记账，又与核对过的1954年5月开始登记的“新”字文物登记账，合为故宫博物院藏品总记账，在此基础上，每季度统计一次，随时掌握各类文物的库存和增、减、出、入的变化及流动情况；同时建立文物的借出、借入、销号、寄存等辅助账，统由专司账目的文物总保管组管理，以做到账、物分管。以后，这些制度便被沿继下来了。这项艰巨的任务至1965年基本完成。至1985年建院60周年之际，故宫博物院宣布：经过账、单、物“三核对”的文物共1,052,653件。这的确是一项巨大的成绩。

故宫博物院能具有目前如此丰厚的收藏，其直接原因来自艰苦卓绝的征集文物工作。在新中国成立前夕，国民党当局将故宫所藏两千余箱，二十余万件珍贵文物运往台湾，使北京本院所余院藏中具有重要历史、艺术、科学价值的珍品十分缺乏。人民政府十分重视故宫博物院的文物收集工作，不仅每年拨巨款以作征集文物之用，还通过各种渠道调给故宫博物院文物达十四万件之多。另外，博物院还通过收购、接收捐赠等方式，征集文物达二十一万余件，其中珍品达四千余件。在所有被征集的各类文物中，历代法书、绘画作品的征集，成绩最为显著，几乎占这两类文物藏品总数的80%以上。这些文物原来散失各处，有的还被一些不法分子盗运国外、香港等地。例如：被乾隆皇帝誉为“三希”的晋代王献之的《中秋帖》，王珣的《伯远帖》，曾被人抵押于香港某银行，当期限将满时，国外有人欲图获取，周恩来闻讯后，当即指示有关部门，不惜用重金把它们赎回，仍归故宫博物院庋藏。另外，有得到清宫文物的各地博物馆、文物部门，私人收藏家，亦多将文物调拨或赠给故宫博物院。现在，故宫博物院认为，根据清宫散失文物的记载看，如今大部分已重新完璧回归故宫。此外，新收的文物，无论质量、数量均不逊于清宫所藏。目前，故宫博物院又建成了一座现代化的地下文物库房，为博物院的保管工作创设了更加优越的条件。

1949年10月以后，故宫博物院通过全院调整机构，全院的陈列工作由陈列部（下设陈列和美工两个组）统一筹划布置。整个博物院的陈列，也被确立为两大体系：一是以故宫宫殿建筑为主体的宫廷史迹陈列；另一是以故宫藏品为主的历代艺术品陈列。

整个50年代，宫廷史迹部分力求恢复原状陈列，并着手加以整理。为了对被破坏的原状进行恢复，陈列部工作人员翻阅了大量档案文献，同时还进行社会调查，去采访那些在世的曾在清宫服役的太监、宫女，记录所谈内容，务求宫廷原状陈列做到有根有据。

故宫博物院还把与宫廷历史有关的文物集中起来，建立了珍宝馆和钟表馆等专馆陈列。历代艺术品陈列部分，陆续建成了陶瓷、绘画、青铜器、雕塑、织绣、明清工艺美术六个专馆。陈列的方式，亦是在调查研究的基础上，按照历史的发展顺序进行设计的。自1952年开始至1956年，逐步完成了按时代发展的综合艺术口陈列，1959年正式定名为“历代艺术馆”，同时建立历代艺术组专职负责。

除了上述宫廷史迹和历代艺术品的专门陈列之外，故宫博物院还举办了一系列的临时展览和特展。据统计，从1949年至1966年，博物院的各类陈列展览大小约116次。不意1966年国内发生了“文化大革命”，博物院的一切陈列展出被迫停止。在“左”倾思潮的严重影响下，故宫博物院的陈列受到了不同程度的破坏。自

“文革”后期，故宫博物院的专馆陈列得到逐步恢复，1976 年以后，博物院的陈列又获得了新的发展。1980 年恢复了历代艺术馆，陈列内容比较过去有了显著的改进。青铜器、陶瓷、明清工艺美术各馆都更新了陈列内容。绘画法书方面的专题展览则一个又一个的不断出现，例如：1980 年举办的“明代院体浙派绘画展览”，1981 年的“清代扬州地区绘画展览”，1983 年的“明代吴门画派展览”，1984 年的“安徽地区黄山派展览”等。

另外，故宫博物院所举办的“祸国殃民的那拉氏（西太后）展览”（1976 年），“清代帝后生活文物展览”（1979 年）与“清代宫廷典章文物陈列”（1982 年）等展览都具有较大的影响。同时，故宫博物院还开展了向全国各地展览故宫文物的活动，也受到了欢迎。并且，把一些文物精品推到港、澳及世界上去展出，扩大了故宫博物院的影响。例如：1974 年“明清工艺美术展览”在日本东京、札幌、仙台、横滨、大阪展出；1982 年“故宫珍宝展览”和“陶瓷考古展览”在香港、九龙展出；1982 年“清代宫廷钟表”在九龙展出；1983 年“清代皇帝万寿庆典文物”在九龙，“清代宫廷文物展”在新加坡，“清代宫廷服饰”在原德意志联邦共和国慕尼黑、法兰克福等地展出；1984 年“宫廷文物在美国”，“清代扬州画派作品展览”在香港展出（以上材料截止于 1984 年底）。这些展览均受到当地参观者的热烈欢迎并博得好评。

建国四十年来，故宫博物院先后完成古建修缮保养约三百余项，经费开销两千余万元之多。其中包括土木修缮、油饰彩画、环境整理、安全设施、庭园古树木养护等。在古代建筑的维修保护过程中，故宫博物院逐步建设了一支有三百余人的专业施工队伍，并积累了丰富的经验。他们正在以历史、艺术、科学的“三大价值”标准来维护这座目前世界上最为宏大的皇宫建筑群。

在故宫博物院的历史上，1928年至1933年是一个编辑出版的高潮期，以后国民党当局将2,972箱清宫文物精品运到台湾，于是在50年代中期到60年代初期也掀起了一个编辑出版故宫文物的小高潮。又一次编辑出版工作的高潮期出现在1976年以后的故宫博物院。1979年，定期出版的学术性、知识性刊物有《故宫博物院院刊》（季刊），1980年6月又创办了《紫禁城》杂志（双月刊），在香港印刷，主要供国内外旅游者阅读。博物院与国外合作出版的《故宫博物院》图册，与商务印书馆香港分馆合作编辑出版的《紫禁城宫殿》、《国宝》、《清代宫廷生活》三本中文版精装图册，均是具有较高欣赏价值和学术价值的书籍。其中有的已出版了英、日文版本，在世界各地发行。并于1983年成立了紫禁城出版社。

这些成绩的取得，为故宫博物院继续向社会贡献更多的出版物，奠定了一个基础，也为进一步发挥故宫博物院的出版潜力积储了一定的技术力量。

故宫博物院是我国最大的古代艺术和明清宫廷史迹博物馆，随着博物馆事业的发展，开放任务日益繁重，国内外观众最多日达七八万人之多，这样的成绩不仅在中国，而且在世界博物馆中也是屈指可数的。今天故宫博物院已是世界闻名的，以明清两代五百多年漫长历史和宫廷文物为主要内容的旅游胜地。

今天，故宫博物院正以全新的姿态面向世界，面向千百万观众，迈开自己坚定的步伐，迎接阳光灿烂的未来。

# 附录：

## 飞去的“黄鹤”
## ——运台故宫文物概况

### 1 运台故宫文物的基本情况

今天，在海峡两岸，事实上存在着两座故宫博物院，它们都是以清室宫廷收藏为基础的博物馆。在追溯博物院的发展史时，它们都将1924年的驱逐溥仪和1925年的开院作为自己博物院的开始。在人们今天的习惯中，台湾的那一座被称为台湾故宫博物院。台湾故宫博物院的产生，当然是以故宫文物迁台为根由的。

1948年底至1949年2月间，2,972箱故宫博物院文物运抵台湾。关于这批艺术珍宝运台的策划，台湾方面则有两种不尽相同的说法。

其一是原故宫博物院人员随文物去台湾的那志良提供的说

法。他说：“民国三十七年（1948年）冬，徐蚌战争（即淮海战役）紧张，南京岌岌可危，故宫博物院理事翁文灏及故宫、中央两博物院理事：王理事世杰，朱理事家骅，杭理事立武，傅理事斯年，李理事济，徐理事鸿宝等在翁理事长公馆商讨，决议把故宫、中央两博物院存京文物，选提精品，迁运台湾。在这第一次会议上决定，故宫博物院以运六百箱为原则，而以参加伦敦艺展之件为主，以后再经开会，才决定全部运台，万一不可能时，也要尽量搬运，于是迁运工作在第一批运出之后，又续运了两批。”①在这份材料中，故宫文物迁台之举，被认为是故宫博物院理事会的决议。

其二是原台湾故宫博物院院长蒋复璁提供的说法。他在一份材料中说道：“三十七年（1948年）冬，徐蚌战事又起，……总统（指蒋介石）虽在引退之时，仍以故宫文物为念，一面指示将典藏文物迁运台湾，一面通知故海军总司令桂永清将军派军舰载运。当时的决定，是分四批运来台湾，可是运到第三批时，已经有了许多困难，第四批便由当时代总统李逆宗仁下令制止起运。如果不是决定得早，恐怕全部文物，都无法运出了。”②

事实是，1948年11月10日，南京政府教育部长朱家骅，故宫博物院理事会理事长翁文灏、中央博物院理事长王世杰、中央博物院筹备处主任杭立武等在翁宅密商选运古物去台湾事宜，是秉承了“上面”的旨意（其中理事长翁文灏正于国民党政府行政院担任院长之职）。11日报告蒋介石，很快故宫博物院文物便先后

① 那志良：《故宫四十年》第116页。

② 蒋复璁：《中华文化复兴运动与国立故宫博物院》第87页，载《故宫文物》，台湾商务印书馆1981年版。

分三批被国民党政府运往台湾。

根据有关资料，三批运台文物的基本情况见下表：

| 批次 | 船名及派出单位 | 启达时间 | 随行原故宫人员 | 文物箱件种类 |
|---|---|---|---|---|
| 第一批 | 中鼎轮（海军部派） | 1948年12月22日离南京，22日到达基隆 | 庄尚严、刘奉璋、申若侠 | 古物295箱、图书18箱、文献7箱，合计320箱（包括伦敦艺展80箱） |
| 第二批 | 海沪轮（招商局派） | 1949年1月6日启，9日到达基隆 | 那志良、吴玉璋、梁廷炜、黄居祥 | 古物496箱、图书1,184箱，合计1,680箱 |
| 第三批 | 昆仑舰（海军部派） | 1949年1月29日启，2月22日抵台 | 张德恒、吴凤培 | 古物643箱、图书132箱、文献197箱，合计972箱 |
| 合　计 | 三个航次 | 1948年12月22日启至1949年2月22日止 | 9人 | 古物1,434箱、图书1,334箱、文献204箱，合计2,972箱 |

那志良认为："运台文物的箱数，与南迁箱数相比，以数量计，自然是仅有南迁箱数的四分之一，但是若以质计，则南迁文物中的精华，大部分已运来台湾了。"

书画方面，"（南迁）这九千多件中，属于御笔的，散在各箱中的不计，整箱都是御箱的，有二十六箱，计二千四百二十四件，属于近代墨拓的，有二百一十九件，法院检查'易案'，另箱封存起来的是五百九十四件，总计这些没有什么价值，根本未打算运来的，总数是三千二百三十七件，除此之外，书画的数量应是五千七百余件，运台的书画件数是……共计五千四百五十八件。未运台的，不过是二百余件，其中大多数是清代匠工的书画。"①

以后，台湾故宫博物院院长蒋复璁夸耀本院书画典藏时说，在

① 那志良：《故宫四十年》第163～164页。

该院藏有法书 2,201 幅，名画 12,786 幅，合计书画为 14,987 幅。其中，宋画 943 幅，以宋元画迹收藏，尤其是山水画一部分特别丰富。“唯一遗憾的是缺少清朝嘉庆以后道、咸、同、光四朝的画幅。”他认为：“集世界所有博物馆的中国画，不及（台湾）故宫博物院的半数。”① 这一说法是否可靠尚待考证，然而，台湾故宫博物院的书画收藏以运台故宫书画为基础是没有问题的。

铜器方面，南迁的总共 2,789 件。运到台湾来的铜器、铜镜、铜印总数是 2,382 件，所差的不过是次要的四百余件。其中的西周晚期青铜器毛公鼎的铭文为 497 字，至今仍然是商周青铜器铭文数目之冠。

瓷器方面，南迁数量是 27,870 件，运台的数量是 17,934 件，集中了故宫博物院各瓷器陈列室与敬事房的精品，名窑毕备，如宋瓷中的汝窑，宫中仅有十余件，现在全部运台湾；清瓷中的古月轩，也是十分之九都在台湾。蒋复璁还说：“以宋汝窑瓷器为例，传世仅三十多件，而二十三件……现皆在本院。”② 因此，台湾故宫博物院的瓷器，可以说是其最值得夸耀的收藏之一。

图书方面，南迁的数量是 1,415 箱，运到台湾的是 1,334 箱，只有 81 箱未运去。重要的为大部头书，有文渊阁的《四库全书》、摛藻堂的《四库全书荟要》、《天禄琳琅》、《宛委别藏》及观海堂藏书的全部，文渊阁、皇极殿、乾清宫三处所藏的《图书集成》也全部运到了台湾。

文献方面，数量比较少，南迁的数量是 3,773 箱，存台的仅有 204 箱，但这二百多箱中包括有：军机处档、宫中档、清史馆

① 蒋复璁：《国立故宫博物院的历史使命》，载《故宫文物》，台湾商务印书馆出版。
② 同上。

档、实录、本纪、起居注、诏书、图书等。

另外，秘书处公字箱，精品极少，已见前述，运台的只有722箱，都是没有经过选择，也没有系统的。具体数字，我们在前面已经介绍过了，在这里不再重复。

1950年7月17日，两院（台湾故宫博物院与“中央”博物院）共同理事会举行会议。朱家骅理事提议，清查两院存台文物，以明责任，经理事会通过。又于1951年1月的理事会上成立清点委员会，办理清点事项。该委员会聘请董作宾、黄君璧、孔德成、劳干、高去寻为清点委员会专家。此次清点工作自1951年始，至1954年结束，历时四年。

运台文物的选择，只注意到某箱所装文物的重要性，所以运来箱件，号数是不连续的，登记检查有诸多不便。文物到达以后，重新编号，冠以“院”字，自院字第一号编起，编到第二九七二号止。每箱四面，都贴一签号，上一行印出院字编号，下一行仍注出在沪点查时所编号数。通过四年多的点查整理（第一年为抽查，后三年为普查），这批由新编院字第一号到第二九七二号的2,972箱文物的情况已经摸清，其大致数据见下表：

**运台文物状况一览表**

| 古物部分 | | | | |
|---|---|---|---|---|
| 类别 | 箱数 | 件，册数 | 藏品特征 | 占南迁同类别文物比例 |
| 铜器 | 61 | 2,382件 | 其中著名的有铭文最多的毛公鼎 | （件）85.4% |
| 瓷器 | 895 | 17,934件 | 宋汝窑瓷器、古月轩的清瓷最精 | （件）63.4% |
| 玉器 | 103 | 3,894件 | | |
| 书画 | 94 | 5,760件 | 以宋元画迹收藏、尤以山水画特丰 | （件）约63% |
| 漆器 | 34 | 318件 | | |

| | | | | |
|---|---|---|---|---|
| 珐　琅 | 70 | 817 件 | | |
| 雕　刻 | 8 | 105 件 | | |
| 文　具 | 24 | 1,261 件 | | |
| 杂　项 | 145 | 19,958 件 | | |
| 合　计 | 1,434 | 52,429 件 | | |
| 图　书　部　分 | | | | |
| 善本书 | 83 | 14,348 册 | | |
| 善本佛经 | 13 | 713 册 | | |
| 殿本书 | 206 | 36,967 册 | | |
| 满蒙藏文书 | 23 | 2,610 册 | | |
| 观海堂藏书 | 58 | 15,500 册 | | 100% |
| 方志 | 46 | 14,256 册 | | 100% |
| 实录库藏书 | 6 | 10,216 册<br>又 693 页 | | |
| 四库全书 | 536 | 36,609 册 | 故宫文渊阁藏书 | |
| 四库全书荟要 | 145 | 11,169 册 | | |
| 图书集成三部 | 86 | 15,059 册 | | |
| 藏经 | 132 | 154 册 | | |
| 合计 | 1,334 | 57,602 册<br>又 693 页 | | |
| 文　献　部　分 | | | | |
| 宫内档 | 31 | | | (箱件)6.7% |
| 军机处档 | 47 | | | |
| 实录 | 2 | | | (箱件)80.5% |
| 清史馆档 | 62 | | | |
| 起居注 | 50 | | | |
| 国书 | 1 | | | |

| | | | | |
|---|---|---|---|---|
| 诏书 | 1 | | | |
| 杂档 | 2 | | | |
| 本纪 | 8 | | | |
| 合计 | 204 | | | (箱件)5.4% |
| 总计 | 2,972 | 238,951 件、册 | | (箱件)22% |
| 备　注 | 参照资料：1. 那志良《故宫四十年》；2. 1932～1934 年《国立北平故宫博物院工作报告》 | | | |

以上所记录的这二十三万余件文物，以后成为设在台湾的故宫博物院藏品的基础。虽然，以后该院院藏也有增加，但是，此次点查登录却为在台湾建立故宫博物院作了技术上的准备；为文物的保管、陈列提供了各种数据；也为博物院的科学管理提供了统计资料；同时，也给了海峡对岸的“黄鹤楼”传来一个“黄鹤”尚在的音讯。

另外，我们考察一下文物迁台后的陈列情况。故宫博物院的文物，在运到台湾之后，国民党当局选定了台中县雾峰乡吉峰村作为贮存地点，这是一个极僻静的地方，目的在于求得文物的安全，避免空袭的危险。后来又有过转移。然而，最初阶段，只注意于文物的保管，后来到了台中北沟，也只是修建了三幢库房，并没有做展览的打算。1956 年春，得到美国亚洲协会的补助六十余万元，兴建了一座小规模陈列室，占地只有六百平方尺，分隔为四个展览室。北沟陈列室完成于 1957 年，3 月 24 日举行预展，25 日正式开幕。每期展出文物是二百余件，每三个月更换一次。

编辑出版运台故宫文物的一个小高潮期，发生在台湾故宫博物院和“中央”博物院两院联合管理处时期。当时“两院”还都没有展厅或陈列室，因此，对于文物保管，只是计划把重要部分逐件摄成影片，备登记流传及供给国内外人士参考研究之用。编辑出版的图书包括：1、重编《石渠宝笈》及《秘殿珠林目录》；2、编辑《文物影集》；3、编辑《中华文物集成》（其中台湾故宫博物院文物有 300 张、占全书选登文物的 60%）；4、编辑《故宫书画录》（共八卷、收书画 1,471 件）；5、编辑《中华美术图集》；6、编辑《故宫名画三百种》；7、编辑《故宫法书》；8、编辑《故宫藏瓷》；9、编辑《故宫铜器图录》；10、编辑《故宫瓷器录》；11、编辑《影印两汉书》；12、编辑《文物影片》（其中属于故宫文物的有 2,699 件）；13、编辑《两院概要》；14、编辑《中国文物图说》（分 13 类）；15、复制名画；16 影印图片（总计 80 余种）。以上编辑出版均在故宫文物运台之后，外双溪新馆建成之前。

## 2 台北故宫文物收藏新址

台湾故宫博物院新馆行将落成之际，原有理事会已感到“国立故宫中央博物院联合管理处”的名义有更改的必要，拟议改称“国立故宫博物院”，直属行政院。并把以前的“理事会”改为“管理委员会”，全称“国立故宫博物院管理委员会”，另颁布临时组织规程。第一届主任委员是王云五，常务委员有王世杰、李济、陈雪屏、连震东、叶公超、阎振兴、罗家伦，另有委员 27 人，其中李宗侗，庄尚严，蒋复璁等列在其中。

新馆建筑于 1965 年落成，坐落于台北市郊士林外双溪。1965 年 11 月 12 日，为纪念孙中山百年诞辰，举行外双溪新馆正式落成开幕典礼。蒋介石为新馆题额“中山博物院”。

士林外双溪博物院的建筑为四层宫殿式大厦，即地面一层之外，有楼三层。全馆四层合计面积 7,204 平方米。第一层中间是讲演厅，厅的两旁是储藏室，前面是办公室、研究室、接待室……后面是图书室、摄影室、裱画室、机械室……第二层至第三层完全是展览室。第一层中央是大厅，两旁各有一个画廊，四角上是四间陈列室。第三层平面与第二层相同，只是第二层的大厅高达两层，所以这一层只有前后左右的四个画廊，及四角上的四个陈列室。第四层大部分是屋顶平台，中央高耸楼阁一座，四周是落地长窗，绕以回廊，中央斗八藻井，外檐是斗拱出跳，反宇翚飞，是典型的中国宫殿式建筑。另有高 180.5 米、宽 2.6 米略呈马蹄形的山洞，以廊桥与正馆第三层相连，桥长 26 米，仿照宫殿游廊式样，并有正馆前非常宽敞的庭园，为中国传统园林设计。

1928 年 10 月 5 日颁布的《故宫博物院组织法》所设组织结构，基本上被 1965 年于台湾外双溪所建新馆的组织设置所承袭。据台湾故宫博物院管理委员会《临时组织规程》第八条所列，博物院设如下单位：

一、古物组：掌理铜器、玉器、漆器、缂丝等古物之编目、典藏、展出、研究、考订等事项。

二、书画组：掌理书画及古籍文献之编目、典藏、展出、研究、考订等事项。

三、总务处：掌理出纳、庶务、招待、警卫及不属于其他各组室事项。

四、出版室：掌理古物书画之影印出版等事项。

五、秘书室：掌理文书机要及有关院内外联系等事项。

六、安全室：掌理有关安全事项。

在《临时组织规程》中，院内各单位的架子明显地缩小了，馆变成了组，但设置基本照旧。又由于运台的文物中，原文献馆的档案数目太少，加之运台文物多是精品，品类清晰，尤以其中的5,760件书画占有十分特殊的地位，因而将书画从古物类中提出与古图书及文献合并，组成书画组的藏品并对其进行特殊保管。另外，总务处是保留了原名的机构，原秘书处变成了秘书室。同时，汇集了全院的出版工作成立了出版室，只是由于故宫文物迁台的初期并没有陈列工作可做，编辑出版故宫文物反成为这一时期的院内主要工作，由此也就形成了一支比较强的编辑出版力量。另一个新的机构是安全室。即使如此，博物院下设组织机构仍可以说变动并不大。这是由于博物院的业务组织机构仍然是根据藏品的种类归纳而划分的，只是职责的规定比起前一个《组织法》要明确了许多。那么这样根据藏品的种类归纳而划分的组织结构的缺陷，一般在于重保管而轻陈列。这一点台湾的故宫博物院的同事们也注意到了，他们认为管理委员会的《临时组织规程》“对于文物展览方面的管理，是忽略了，所以新馆成立之前，便决定成立展览委员会，办理展览室的照料及招待的事宜”，这样就感到比较周全了。

第一届台湾故宫博物院的主管人员如下：

院长蒋复璁，副院长何联奎、庄尚严，古物组组长谭旦冏，书画组组长那志良，总务处处长周凤森，出版室主任黎子玉，秘书室主任王璞，安全室主任史松泉，登记室主任李霖灿，会计室主任周才藻，人事室主任詹冠南，展览委员会执行委员汪继武。

自有了外双溪新馆，存台的故宫博物院文物才算是走出了低谷，有了比较理想的收藏与展出的场馆。在新馆落成的第二年，一下子举办了七个特别展览，包括：明清扇面展览、唐寅画展览、珐琅彩瓷器展览、汉唐故事画展览、历代画马展、古铜镜展览、宋代方册展览。展览中每一件展品有一张卡片，每一个陈列柜有一个分类说明，每一间展览室有一个总说明。而书画的卡片，不但详列时代、作者、画名，而且对画景有说明，有作者小传。如果是一张故事画，还要把故事叙述出来。同时故宫博物院外双溪新馆还利用其广播系统向观众介绍各陈列室及画廊的文物，分门别类，并用汉语及英语两种语言播出。

台湾故宫博物院的文物收藏丰富，展览方面不愁没有展品，所以博物院管理委员会还规定每三个月更换展品一次。开幕后的一年间确实更换展品四次。

新馆还为自己制定了发展计划，主要侧重在如下方面：

1、扩充陈列室。台湾故宫博物院现有的陈列室，每次可以陈列一千七百余件文物，比起在北沟时每次只陈列二百余件已是大得多了，但是如果把每类文物都作有系统的陈列，使观众对其有较为全面的认识，犹感不足。因此，计划在馆的两翼，扩充陈列室若干间，以增加展览文物的件数。

2、补充欠缺文物。台湾故宫博物院的文物全部来自清宫旧藏，品种当然欠缺。例如瓷器一项，总数有两万余件，不为不多，历代官窑悉备，不为不博。但是，有瓷而无陶，有官窑而乏民窑，至于清瓷，则嘉道以后，概付缺空。书画也是如此，清初之石涛，八大山人，扬州八怪，以及乾嘉以后，至于清末，凡非宫廷画家，其作品均无所存。其他文物，也有类似的先天不足。为供研究，了解一类艺术的完整过程与演变，看来有必要予以补充。

另外，还有院内图书馆培植新人，充实各项设备，以及复修文物设备的充实等等，都是台湾故宫博物院新馆面临的现实问题。

人们欣喜地看到，经过二十多年的经营，今天，落户于台湾外双溪的故宫博物院已经在藏品与设施方面取得了长足的进步，这不仅是彼岸值得庆幸的事，从民族统一的长远前景来看，也是此岸人民的荣耀。

## 3 飞去的“黄鹤”必有归期

从北京与台湾的两座故宫博物院的发展情况来看，它们所走的道路，是两条很不相同的道路。然而，殊途是否可以同归？人们企望着“一国两制”的实现。相信迟早有那么一天，存台的故宫文物像是归来的“黄鹤”，飞回北京，飞回到她的故乡，那时两座故宫博物院合而为一，不再分离。

当年，故宫文物南迁，鲁迅就说过：“‘昔人已乘黄鹤去，此地空余黄鹤楼’。……但北平究竟还有古物，且有古书，且有古都的人民。”① 今天的北京人民，同样仍在思念着那离去许多岁月的故宫文物。

1985 年，日本二玄社将台湾的故宫博物院藏画精品制本拿来大陆展览，引起轰动。著名学者启功先生参观后，忆昔抚今，无不感慨。他说：

“好端端的一块陆地，固有一条洼陷处，无情的海水，乘低流过，使得这海峡两岸的家人父子夫妇兄弟互不相聚，已若干年了。我们全家祖先的光辉文化，最集中，最突出的标志，莫过于历代文物。这些年来，在中原各省新出土的几乎近于‘算数譬喻所不能及’了，以古书画论，也发现了五十年前从来没有见过的许多‘重宝’。现在二玄社已把海峡彼岸的部分古书画精品复制出来，饱

① 鲁迅：《“京派”与“海派”》，最初发表在 1934 年 2 月 3 日《申报》，署名栾廷石，载《鲁迅全集》第 5 卷，第 443 页。

了此岸人的眼福。大家看了展览之后，彼此交谈，表现的心情，不约而同地想到了如何把我们此岸的精品，也给彼岸的同胞同好们看看。我们都从童年过来的，回忆童时得到一件好玩具，总想给小朋友看，互相比较夸耀，中心目的，还是共赏。小孩如此，我们今天虽早已成了‘大孩’，‘老孩’，可以说，我们还是童心尚在，天真未泯的。我设想一旦大大小小的天真孩童相见，心中的酸甜苦辣，谁能不抱头倾诉呢？互有的玩具，共同拿出来比较夸耀一番，岂不是弥天之乐吗？

“我个人也可算文物界的一个‘成员’，我敢于代表，也确有把握地代表此岸有童心的大小老少诸童们‘发愿’。‘愿文’一大篇，这里只先说最小的一项：我们愿虚心学习先进的印刷技术，向日本二玄社引进先进的技术，或合作复制此岸的古书画精品，尽快给彼岸的骨肉们瞧；进一步创造条件，使两岸的原迹有并肩展出的机会；再进一步，使两岸骨肉有并肩观看展品的机会。这些机会，有！我相信有。我还相信这机会实现时，大家的眼睛一定都已看不见展品，而是被眼泪迷住了。”①

启功先生的“发愿”是情真意切的，就目前来讲也是最为可行的。故宫文物是一批“千年历劫不磨的文物，是中华民族艺术的精华，也是中华民族文化的表征。”② 这是海峡两岸的炎黄子孙和两座博物院都能接受的认识。在这样的认识基础上，在一致的民族文化的情感的沟通下，此岸与彼岸的两院，首先要开展学术间的各种交流，譬如资料的交换就是必要的，也是可行的。

---

① 启功：《台北故宫博物院藏书画精品复制本展览观后感言》，载《紫禁城》1985年第3期。

② 蒋复璁：《国立故宫博物院的历史使命》，载《故宫文物》，台湾商务印书馆出版。

今天的台湾故宫博物院，文物陈列形式美观，而且尤以不断更换展览与展品而见长，这也是自北沟陈列室以来的传统了。因此在国际上颇有声望。与之相比，故宫博物院的北京本院占有“地利”的条件，它的陈列与紫禁城的宏伟宫殿建筑融为一体，这是在北京的故宫博物院之外可欲而不可求的。

在藏品上，据说台湾的故宫博物院现已有藏品约七十万件；北京的故宫博物院已经超过了一百万件。从质量来说也是各有千秋，更不要说在开放、宣传、出版物方面，两院无不有相似之处，也各有特色。因此大有相互交流，相互切磋之必要。

譬如，北京故宫博物院藏有“三希”中的“二希”，而台湾藏有其中的“一希”，三希堂帖，不能得以延津之合，不可不谓是天下的大憾事。亦可试问，诸如此类，你据东，而我有西，在两院之间还可以尽数吗？假如在两院之间，先行学术情报交递，也将是功德无量，名垂青史的大好事。

然而，两院殊途同归与祖国统一大业一样，其前景并非一派光明，在台湾总有那么一些人，把眼睛盯着脚后跟，在强大的祖国跟前闹独立，硬说要代表台湾的大多数，却无视在祖国大陆上的大多数，这些人难道忘记了在台湾岛存放着的二十万件故宫文物，那可是中华民族文化之精华。可曾记否“国宝摧残，国刑具在，请慎保护以免国诛”！随着台湾故宫博物院藏品的增多，又有人认为“故宫博物院”的名称不适宜了，有几个台湾人提议要改变名称了……这是一种倾向，不能不引起关心故宫文物的人们的关注。

# 后　　记

1989 年我完成了硕士论文答辩，题目为《故宫开院历史意义研究》，事后我并没有感到轻松，当我再一次走入故宫时，我仿佛仍旧是个小学生，关于故宫，我知道的太少，太少……

最初确定以故宫博物院的历史作为研究课题时，我干劲十足，经过如狮扑象的努力，半年后初稿写出了 13 万字，大大地超出了硕士论文所需篇幅，后来，按照指导教授冯承柏先生的意见，将其改写为 4 万字左右。论文虽然已着边际，但仍显得粗糙，也欠火候。

1990 年，我仍然是故宫博物院的常客，故宫博物院的历史仍然是我经常思考的题目。透过高峨的宫殿与精美的古物，在我的耳边似乎时时回响着英国历史学家 E·H·卡尔的告诫：“危险在于我们企图完全忘却并在沉默中无视革命所取得的巨大成就。”在这一年，我在《中国博物馆》杂志上发表了《故宫与卢浮宫、艾尔米塔什开放之比较研究》的论文，由此确定了我重新撰写故宫博物院历史的思路。

1990 年底，我开始重新查阅有关资料，并大大地扩展了研究历史背景的范围。终于在1991年6月6日将这本书脱稿。在写作过程中，我得到了自驱逐溥仪出宫就参与故宫博物院创建工作的原副院长、博物院顾问单士元先生的指教和帮助，他已是年过九旬的高龄，却每天坚持到故宫博物院里来，在他为之奋斗和工作了已超出一个甲子的大院落里走动，检查工作。我几乎每次到故宫都能在不同的位置看到单老的身影。从第一次谈话开始，单士元先生就十分耐心地给我以教诲。他撰著的《小朝廷时代的溥仪》一书，丰富了我这本书的第三章的内容。本书还承蒙单士元先生题写书名，并作《序》，无疑为拙作增添了光彩。

书稿告罄，却因种种原因未能即刻出版，今天看来未必不是一件好事。1993年，我作为交流学者赴日本考察。在东京的外务省外交史料馆，我详细地查阅了有关资料，并在日本的中央大学人文科学研究所作了《关于故宫博物院》的报告。1995年，我给台湾的故宫博物院去信，希望到那里进行实地考察，并接到了复函，只因签证的问题未能成行。回国以后，恰逢日本NHK电视台在故宫博物院拍摄《中华五千年——故宫至宝》系列文献片，我有幸参与其间，在故宫博物院前后工作了一年的时间，这使我于故宫博物院的感性认识大大加强了。1997年以来，我修改充实了原稿，并得到文物出版社的大力支持和帮助。

在本书即将出版之际，我谨向培育我的母校南开大学的老师，向文物出版社与尊敬的单士元先生表示由衷的谢意。同时又为单老在生前未能见到此书而深深地遗憾。

作者于北京

1998年7月6日

封面题签　单士元
封面设计　周小玮
责任印制　张道奇
责任编辑　张广然

**图书在版编目（CIP）数据**

紫禁城的黎明/吴十洲编著．—北京：文物出版社，1998.9
ISBN 7-5010-1114-1

Ⅰ．紫…　Ⅱ．吴…　Ⅲ．故宫-通俗读物　Ⅳ．K928.74

中国版本图书馆 CIP 数据核字（98）第 20735 号

**紫禁城的黎明**
吴十洲　著
*
文物出版社出版发行
（北京五四大街 29 号）
http://www.wenwu.com
E-mail web@wenwu.com
北京市朝阳区安泰印刷厂印刷
新 华 书 店 经 销
850×1168　1/32　印张：8.25
1998 年 9 月第一版　1998 年 9 月第一次印刷
ISBN 7-5010-1114-1/K·448　定价：25.00 元